KB008672

중학생이 미리 배우는

공부법 사회

중학생이 미리 배우는
공부법 사회

1판 1쇄 발행 2017년 7월 20일

저자 진시원, 최수권, 정미영, 민정희, 심현주, 이호균, 조은정
펴낸이 박찬영
편집 김윤하, 정나리, 김솔지, 이현정, 송하룡
마케팅 이진규, 장민영
디자인 이재호
발행처 (주)리베르
주소 서울시 성동구 왕십리로 58 서울숲포휴 1101~2호
등록번호 제2003-43호
전화 02-790-0587(대표), 02-6965-7506(개발팀)
팩스 02-790-0589 **홈페이지** www.리베르.com
커뮤니티 blog.naver.com/liber_book(블로그), www.facebook.com/liberschool(페이스북)
e-mail skyblue7410@hanmail.net
ISBN 978-89-6582-223-3(세트), 978-89-6582-224-0(44300)

리베르(Liber 전원의 신)는 자유와 지성을 상징합니다.

교실 수업과 연계한 사회 교양서이자 현장 경험이
살아 있는 대안 교과서!
지루한 개념 주입 방식에서 벗어나 친숙한 융합 사례로
사회에 쉽게 접근한다!

사람은 다른 사람들과 어울려 집단을 이루고 공동생활을 한다. 이때 사람들이 모여 만든 집단을 '사회'라고 한다. 우리는 살아가면서 다양한 형태의 사회를 경험한다. 부모님, 형제자매와 함께 가족을 이루고, 학생으로서 학교에 속하며, 대한민국을 구성하는 국민의 한 사람이다. 세계화가 급격히 이뤄지고 있는 오늘날에는 지구촌 역시 우리가 속한 사회 중 하나이다. 이처럼 '사회'는 우리의 삶과 떼어 놓을 수 없다. 그래서 아리스토텔레스는 '인간은 사회적 동물'이라는 말을 남겼다. 우리가 사회 구성원으로서 '사회'가 무엇인지, 어떻게 작동하는지 이해하는 것은 무척 중요하다.

사회의 주인은 그 사회를 이루는 구성원들이다. 어떤 한 사회에 속한 사람들은 서로 교류하며 질서를 만든다. 이들은 사회라는 울타리 안에서 가치관, 제도, 문화, 언어 등을 공유하고 이를 발전시켜 나간다. 사회의 모습은 구성하는 사람들의 특성이나 목적에 따라 달라진다. 또한 각각의 사회는 다른 사회들과 유기적으로 결합하여 하나의 커다란 사회를 이룬다. 이런 사회를 제대로 이해하기 위해서는 정치, 경제, 사회, 문화, 법 등을 아우르며 받아들여야 한다.

이 책은 사회를 쉽고 재미있게 배울 수 있는 방법을 활용하여 만들어졌다. 효율적으로 사회를 익힐 수 있는 책을 만들기 위해 현직 사회 교사들이 모였다. 학교 교육 현장에서 사회 교육을 다양하게 시도해 온 경험을 토대로 청소년을 위한 사회 교양서 『공부법 사회』를 완성했다. 개념 정리와 암기 위주의 공부는 자칫 학생들이 사회를 지루한 것으로 느끼게 할 수 있다. 이제 막 본격적으로 사회를 배우기 시작한 청소년들에게 지루한 공부법을 강요하는 것은 바람직하지 않다. 다음의 공부법들을 기본으로 삼아 책을 읽어 나가다 보면 자연스럽게 사회와 친해질 수 있을 것이다.

첫째, 기본 체계를 놓치지 않는다. 어떤 분야를 새로 알고자 할 때 체계를 갖추는 것은 무척 중요하다. 체계는 학습의 기준이자 틀이 된다. 좋은 틀은 학습의 방향을 올바르게 잡아준다. 또한 틀을 갖추고 공부하면 깊이 알아야 하는 것과 가볍게 넘어가야 하는 것을 구분할 수 있다. 따라서 기본 체계만 잘 갖추어도 훨씬 효율적인 학습이 가능해진다. '좋은 틀'로 삼을 수 있는 기준은 여러 가지가 있을 것이다. 이 책은 그중에서도 중학교 사회 교육 과정 체계를 기준으로 구성했다. 교과서는 청소년이 학교에서 공부하는 필수적인 내용을 담고 있기 때문이다. 다만, 딱딱하고 획일화된 교과서의 형식에서 벗어나 다채로운 방법으로 교육 과정을 다뤘다. 이 책은 청소년들이 교실 밖에서 쉽게 읽을 수 있는 사회 입문서이자 현장 경험이 살아 있는 대안 사회 교과서이다.

둘째, 친숙한 사례로 개념에 접근한다. 사회는 일상생활과 밀접한 분야이다. 따라서 사회의 개념을 수학 공식처럼 암기하는 것은 사회의 절반만 이해하는 방법이다. 실제 사례와 연계해서 받아들여야 우리 주변에 사회의 개념들이 어떤 모습으로 존재하고 있는지 파악할 수 있다. 그래야 사회를 직관적이고 완전하게 이해할 수 있다. 이 책에는 이론과 긴밀하게 연관된 다양한 사례를 담았다. 실생활과 관련된 이야기, 미디어에서 접할 수 있는 이야기, 문학이나 영화를 소재로 한 이야기 등 다채로운 사례들을 제시하여 청소년들이 사회에 쉽게 접근할 수 있도록 했다. 이 책을 제대로 읽는다면 창의적이고 융합적인 관점에서 사회를 이해할 수 있을 것이다.

셋째, 풍부한 시각 자료로 이해의 폭을 넓힌다. 공부를 할 때 시각 자료를 활용하면 더욱 효과적이다. 특히 사회는 역사, 지리 등 시간과 공간을 모두 다루는 과목이기에 공부할 때 시각 자료가 반드시 필요하다. 이 책은 다양한 시각 자료를 적극적으로 제시하여 이해를 돕는다. 지도는 세계의 주요 도시의 위치를 파악하고 세계화의 진행 방향을 이해하는 데 도움이 된다. 다양한 현장 사진으로 우리와 다른 문화를 비교하고 사회의 생생한 모습을 확인할 수 있다. 그래프를 바탕으로 국내외 경제 활동의 변동 추이를 분석할 수도 있다. 또한 책 곳곳에 들어간 재치 있는 삽화들은 작은 재미를 느끼게 해 줄 것이다. 주제에 맞게 효과적으로 배치한 지도, 사진, 그래프, 삽화는 사회를 더 넓고 깊게 이해하는 데 아주 유용하다.

넷째, 스스로 생각하는 힘을 기른다. 자기 주도적 학습의 중요성은 이미 오래 전부터 강조돼 왔다. 이 책은 청소년이 스스로 생각할 수 있도록 계속해서 말을 건넨다. 어린 왕자 이야기로 자신의 가치와 정체성을 인식하게 하고, 문화재 파괴와 명예 살인을 소재로 문화를 바라보는 올바른 태도에 대해 논의한다. 다양한 노동권 침해 사례를 살펴보며 나의 권리를 지키는 방법을 탐구하기도 한다. 이처럼 책이 던지는 질문에 답을 찾는 과정에서 청소년들은 창의력과 사고력을 키울 수 있다. 이 과정을 거치며 사고하는 방법을 익힌다면 인문학적 소양도 넓어질 것이다.

다섯째, 탄탄하게 마무리한다. 학습을 할 때는 어떻게 시작하느냐도 중요하지만 어떻게 마무리하느냐도 중요하다. 이 책은 각 장의 마지막에서 공부한 내용 중 핵심 내용을 선별하여 정리하는 시간을 갖도록 했다. 또한 마지막까지 학습에 흥미를 잃지 않도록 각 장의 주제와 관련된 이야기를 '사회 한 걸음 더!'라는 코너에서 풀어냈다. 본문 내용과 연관되어 있지만 조금 더 심화된 이야기들을 가볍게 읽으면서 공부한 내용을 되새겨 볼 수 있을 것이다.

청소년들이 훌륭한 민주 시민으로 성장하려면 '사회'를 공부하고 이해하는 것이 필수적이다. 사회 분야의 지식만이 아니라 세상을 보는 힘도 길러야 한다. 학교나 학원의 주입식 교육에 지친 청소년들이 교실 밖에서 『공부법 사회』를 읽으며 즐겁고 유익하게 사회를 익히기를 바란다. 이 책은 청소년들이 행복한 사회 구성원으로 자라 우리 사회를 더욱 살기 좋은 사회로 만드는 데 좋은 자양분이 될 것이다.

저자 일동

차례

구성과 특징

1 시작하기
미리 알아보는 대단원 전개

- **사진과 삽화**
  이 단원에서 다루는 내용과 관련된 사진과
  삽화예요. 캐릭터들의 대화를 보며 어떤 내용을
  배울지 상상해 봐요.
- **무엇을 배울까요?**
  이 단원의 내용을 간략히 요약했어요. 가볍게
  읽으며 사회 공부를 시작해요.

2 전개하기
알기 쉽고 친절하게 설명된 단원 전개

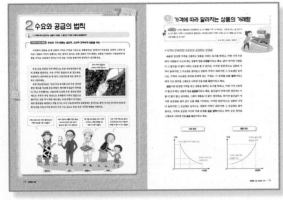

- **커져라~! 생각 풍선**
  본격적으로 사회 공부를 시작하기 전에 먼저
  준비 운동을 해 볼까요? 신문 기사, 영화, 지도,
  그래프 등 다양한 구성의 이야기를 읽으며
  사회와 좀 더 친해져요.
- **호기심 톡톡**
  소단원에서 배울 내용을 우리의 일상생활 속
  이야기에 담았어요. 질문에 대한 답을 생각하며
  앞으로 이어질 내용에 대한 호기심을 가져 봐요.

- **본문**
  2015년 개정 중학교 사회 교육 과정의 내용을
  친근한 문체로 쉽게 풀어냈어요. 책과 대화를
  나누듯이 차근차근 읽어 봐요.
- **개념 풀이**
  본문의 중요한 개념이나 어려운 용어를 쉽게
  설명했어요.

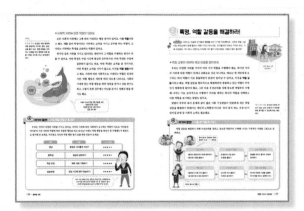

• 확대경
본문 내용과 함께 알아두면 좋은 참고 자료예요.
꼼꼼히 확인하며 조금 더 심화된 사회 지식을
탐구해요.

• 여기서 잠깐!
이야기, 사진, 삽화, 지도, 표, 그래프 등 본문과
관련된 다양한 자료를 소개해요. 본문에 대한
이해를 돕고 보다 다양한 관점에서 사회를
인식할 수 있어요.

• 이야기 속 사회
다채로운 사례들을 활용해 사회를 알아가요. 생활
속에서 경험할 수 있는 이야기, 우리 주변에서 실제로
일어난 이야기, 영화나 책에서 봤던 이야기에서
사회를 발견해요.

• 이미지로 이해해요
다양한 형태의 시각 자료로 사회를 다뤄요. 지도를
보며 위치를 파악하고, 사진으로 실제 모습을
확인해요. 그래프는 현상과 연결 지어 분석해요.
만화로 개념을 더 쉽고 재미있게 이해할 수 있어요.

3 마무리하기
한눈에 쏙 들어오는 개념 정리

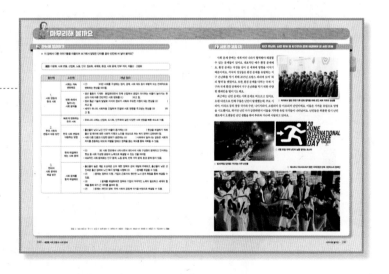

• 한눈에 정리하기
단원의 주요 개념을 한눈에 정리하고 확인해요.
단원에서 익힌 내용을 되새기며 빈칸을 채워
봐요.

• 사회 한 걸음 더!
본문 내용에서 한 걸음 더 심화된 이야기들을
가볍게 읽으며 단원을 마무리해요. 생각의
범위를 넓히고 인문학적 지식도 쌓을 수 있어요.

1

나와 너, 그리고 우리
더불어 행복하게
살아요!
개인과 사회생활

우리는 과연 혼자서 살아갈 수 있을까요? 인간은 다른 사람들과 더불어 살아가는 존재예요. 다양한 사회 집단 속에서 여러 지위에 따른 역할을 수행하며 사회적 존재로서 살아가죠.

인간은 어떤 과정을 거쳐 사회적 존재로 성장할까요? 사회적 지위와 역할의 의미는 무엇일까요? 사회 집단의 유형과 특징을 알아보고, 사회 집단에 나타나는 차별과 갈등을 어떻게 해결할 수 있는지 함께 살펴봐요.

인간의 사회적 성장

1. 이 세상에 나 혼자만 산다면? 2. 딱! 지금 나에게 일어나는 사회화

커져라~! 생각 풍선 **우리는 서로 영향을 주고받으며 살아요!**

> 우우우…….
> 나, 너?

생각 이야기 1 1996년, 나이지리아의 숲속에서 네 살쯤 된 아이가 발견됐어요. 발견 당시 아이는 침팬지 소리를 내고, 네 발로 걷는 등 침팬지처럼 행동했어요. 이후 사람들은 아이에게 '벨로'라는 이름을 지어 주고 말을 가르쳤지만 또래 아이들과 어울리지 못했고, 말도 잘 못했죠. 벨로에게 철창에 갇힌 침팬지의 모습이 담긴 영상을 보여 주니 침팬지의 울음소리를 내며 눈물을 흘렸어요. 침팬지에 의해 길러진 벨로는 침팬지의 사회에서 자라며 자신 역시 침팬지라고 인식하게 됐기 때문이에요.

생각 이야기 2 어린 맹자는 매일 우는 시늉을 하며 장례식 놀이를 하고 놀았어요. 집 근처에 공동묘지가 있었는데 거기에서 들려오는 소리를 듣고 줄곧 그 소리를 흉내 내며 놀았던 거예요. 맹자의 어머니는 그런 맹자의 모습을 안타깝게 여기고 이사를 가기로 결정했어요.

새롭게 이사 간 곳은 시장 옆이었어요. 그곳에는 도살장이 있었는데, 맹자는 그 옆에서 도살 흉내를 내고 장사 놀이를 하며 놀았어요. 그 모습을 본 어머니는 또다시 이사를 하기로 마음먹었죠. 다음으로 이사 간 곳은 서당 근처였어요. 맹자는 서당에서 나는 소리를 들으며 학자들의 말투와 예법을 따라했어요. 그곳에서 성장한 맹자는 뛰어난 유학자가 돼 세상에 이름을 떨쳤어요. 만약 맹자와 어머니가 서당 근처로 이사하지 않았으면 맹자는 장사꾼이 됐을지도 몰라요.

> 일생을 바쳐 학문을 즐기고…….

인간은 다른 사람과의 관계 속에서 사회적 존재로 성장해요. 각 개인은 자신이 맺는 사람들과의 관계와 사회적 환경에 영향을 받아 성장한답니다.

이 세상에 나 혼자만 산다면?

호기심 톡톡 현진이는 요즘 아무도 없는 곳에서 살고 싶다는 생각을 자주 해요. 그렇다면 현진이는 사회를 떠나 혼자서 살아갈 수 있을까요?

나 혼자 살면서 내 맘대로 할 거야!

● 세상을 혼자서 살아갈 수 있을까요?

인간은 다른 사람들과 관계를 맺으며 더불어 살아가는 존재예요. 인간은 다른 사람들과 함께 생활하면서 해야 할 일과 해서는 안 될 일을 익히고 사회 구성원으로 성장하죠. 이처럼 인간이 자신이 속한 사회의 언어와 행동 양식, *규범과 *가치 등을 배우며 사회적 존재로 성장하는 과정을 **사회화**라고 해요.

사회화는 인간이 태어나면서부터 죽을 때까지 평생에 걸쳐 이뤄져요. 먼저 가정에서 언어와 기초적인 생활 양식을 습득하며 사회화를 시작하죠. 어느 정도 성장한 다음에는 또래 집단에서 기본적인 규칙과 질서 등을 배우고, 학교에서 지식과 기술, 규범과 가치 등을 체계적으로 학습해요. 그 밖에도 직장, *대중 매체 등을 통해 지속적으로 사회화가 이뤄져요. 특히 사회가 변화하면 바뀐 환경에 적응하기 위해 새로운 것을 학습하는 과정이 필요한데, 이를 **재사회화**라고 해요.

*규범 사회 구성원으로서 마땅히 따르고 지켜야 할 가치 판단의 기준이다.

*가치 사회 구성원의 행동을 지배하는 신념이나 감정 체계이다.

*대중 매체 많은 사람에게 대량으로 정보를 전달하는 수단으로 신문, 텔레비전, 인터넷 등을 말한다.

여기서 잠깐! | 사회화가 이뤄지는 곳, '다양한 사회 기관'

사회화 기관은 개인에게 영향을 미쳐 사회화하는 집단이나 기관을 의미해요. 사회화 기관에는 여러 종류가 있는데 사회화 시기에 따라 1차적 사회화 기관과 2차적 사회화 기관, 목적에 따라 공식적 사회화 기관과 비공식적 사회화 기관으로 분류해요. 유아기와 아동기에 언어와 행동 양식을 익히는 가족과 또래 집단이 1차적 사회화 기관이에요. 2차적 사회화 기관에는 후기 아동기와 성숙기에 가치, 규범, 지식을 가르치는 학교, 직장, 대중 매체 등이 해당돼요. 사회화를 목적으로 하는 공식적 사회화 기관으로는 학교나 학원 등이 있고, 다른 목적을 추구하는 과정에서 부수적으로 사회화가 이뤄지는 가정, 또래 집단, 직장은 비공식적 사회화 기관으로 분류돼요.

가정   또래 집단   학교   대중 매체

② 딱! 지금 나에게 일어나는 사회화

호기심 톡톡 중학생 수연이는 요즘 자신이 겪고 있는 변화가 무척 낯설어요. 동생의 작은 실수에도 날카롭게 반응하고 부모님과도 자주 다퉈요. 이러한 변화는 수연이 혼자만 겪는 것일까요?

엄마가 뭘 안다고!

구시렁 구시렁~

● 나도 이제 어른이 돼 가고 있어요

*과도기 한 상태에서 다른 상태로 바뀌어 가는 도중의 시기이다.

청소년기는 아동기에서 성인기로 진입하는 *과도기예요. 이 시기의 청소년은 신체적, 정서적, 사회적으로 급격한 변화를 경험하며 어떤 때는 아이처럼 행동하고, 어떤 때는 어른처럼 행동하는 이중적인 모습을 보이기도 하죠.

청소년기에는 신체 성장이 급격하게 일어나고 외모와 이성에 대한 관심이 늘어나요. 자아의식이 더욱 성장해 부모나 다른 성인에게 의지하지 않고 스스로 판단하고 행동하려 하고요. 이 과정에서 부모 또는 기성세대와 갈등을 겪기도 해요.

또한 가족이나 부모와의 관계보다는 친구 관계에 더 많은 관심을 가지며 또래 집단의 영향을 많이 받아요. 또래 집단은 청소년에게 심리적 안정감과 소속감을 주고, 청소년의 올바른 인간관계 형성과 사회성 발달에 중요한 역할을 한답니다.

여기서 잠깐! | 지금 나에겐 친구가 중요해!

자료의 그래프를 살펴보면, 청소년기에는 학교생활 중 가장 큰 만족을 느끼는 부분이 교우, 즉 또래 집단과의 관계예요. 또한 청소년의 상당수가 고민이 생겼을 때 가족보다 친구에게 고민을 털어놓아요. 청소년기에는 자신이 속한 사회 집단 중 또래 집단을 매우 중요하게 여기기 때문이에요.

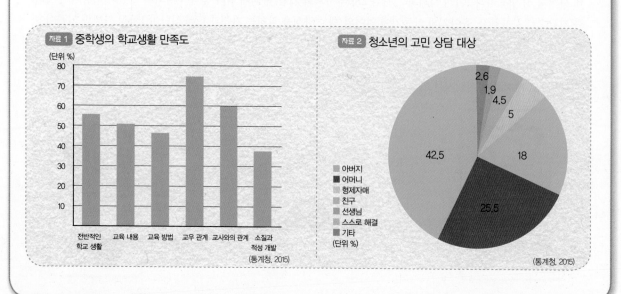

자료 1 중학생의 학교생활 만족도 (단위 %)
(전반적인 학교 생활, 교육 내용, 교육 방법, 교우 관계, 교사와의 관계, 소질과 적성 개발)
(통계청, 2015)

자료 2 청소년의 고민 상담 대상
2.6 / 1.9 / 4.5 / 5 / 18 / 25.5 / 42.5
■ 아버지 ■ 어머니 ■ 형제자매 ■ 친구 ■ 선생님 ■ 스스로 해결 ■ 기타
(단위 %)
(통계청, 2015)

● 내가 정말 원하는 것을 찾아봐요

청소년기는 자신과 자신의 인생에 대해 관심을 가지는 시기예요. 청소년은 '나는 누구인가?', '나는 무엇을 해야 하는가?' 등을 끊임없이 질문하고 그에 대한 답을 찾는 과정에서 자아 정체성을 확립해 나가죠.

자아 정체성이란 다른 사람과 구별되는 자신만의 독특한 모습을 명확하게 인식하는 것을 의미해요. 사회화 과정을 통해 평생에 걸쳐 형성되죠. 그중에서도 청소년기에 형성된 자아 정체성은 미래의 삶에 결정적인 영향을 끼쳐요. 자아 정체성은 현재 나의 모습이기도 하지만 한 사회의 구성원으로서 내가 바라는 나의 모습이기도 해요. 내가 나를 어떻게 바라보는가에 따라서 나의 삶은 얼마든지 달라질 수 있거든요. 청소년기에는 자기 자신을 존중하고 자신의 능력을 믿는 긍정적 자아를 형성하는 일이 무엇보다 중요해요. 이를 바탕으로 자신이 진정 원하는 것이 무엇이고 무엇을 잘하는지 등을 적극적으로 탐색해 나가야 한답니다.

'나는 소중해.' '나는 특별해.' '나는 중요한 사람이야.' '나는 할 수 있어.' '나는 내가 자랑스러워.'

토닥 토닥~

이야기 속 사회 | 어린 왕자가 모르는 장미꽃의 자아 정체성은?

자신의 별에서 '장미꽃'과 헤어지고 온 어린 왕자는 어느 정원에서 수많은 장미꽃을 발견하고는 자신이 아주 불행하다고 생각해요. 자신의 소중한 장미꽃이 흔하디 흔한 꽃 가운데 하나에 불과하다는 사실에 실망했기 때문이죠. 그때 여우가 나타나서 이렇게 말해요.

> 장미꽃이 이렇게 많이 있다니…….
> 내 별에 있는 장미꽃은 소중한 존재가 아니었구나.

> 그렇지 않아.
> 그 많은 장미꽃 중에 네 장미꽃과 같은 꽃은 없단다.

비슷해 보이지만 같은 것은 하나도 없어요. 각자 고유한 정체성을 가지므로 모두가 소중해요. 특히 청소년기에 형성된 자아 정체성은 앞으로의 삶에 결정적인 영향을 끼쳐요. 청소년기에는 자신에게 다른 것과 비교할 수 없는 고유한 정체성이 있다는 것을 깨닫고, 자신의 능력과 가치를 존중해 삶을 적극적이고 긍정적으로 탐색해 나가는 것이 중요하답니다.

2 사회적 지위와 역할

 1. 나에게도 사회적 지위와 역할이 있어! 2. 특명, 역할 갈등을 해결하라!

커져라~! 생각 풍선 인생이라는 무대에서 내 역할은?

영국 작가 셰익스피어는 『뜻대로 하세요』라는 희곡에서 인생에서 겪는 미움과 질투, 사랑과 용서를 주제로 이야기를 펼쳐요. 이야기는 마치 한 인생의 축약판과도 같죠. 이야기에 등장하는 인물들이 '인생'이라는 무대에서 각자 어떤 역할을 하고 있는지 살펴볼까요?

〈희곡 『뜻대로 하세요』의 줄거리〉

동생 프레드릭에게 권력을 찬탈당하고 추방된 전 공작은 자신을 따르는 신하들과 함께 아덴 숲에서 살고 있어요. 아버지가 쫓겨나자 그의 딸 로잘린드는 궁정에서 눈치를 보고 살지만, 로잘린드를 좋아하는 프레드릭의 딸 셀리아가 그녀를 위로하죠. 그러나 로잘린드는 숙부의 시샘을 받아 결국 궁정에서 쫓겨나 아덴 숲으로 가고, 셀리아도 로잘린드를 따라나서요.

그곳에서 오래전부터 로잘린드를 사랑했던 청년 올란도를 만나게 되죠. 올란도의 형 올리버가 올란도를 죽이려고 찾아오지만, 숲에서 올란도에 의해 죽음을 면

○ 프란시스 레이먼, 『셰익스피어의 희극 「뜻대로 하세요」 중 레슬링 장면』 (1750), 런던 테이트 미술관 소장

하고 서로를 용서하게 돼요. 결국 올란도와 로잘린드, 올리버와 셀리아는 사랑의 결실을 맺어요.

투덜이 학생은 어떤 역일까?
내가 만약 투덜이 학생이라면
어떤 역일지 생각해서 빈칸에 적어 봐.

세상은 하나의 무대랍니다.

모든 사람들은 한낱 배우인 셈이죠.

각자에게는 퇴장과 등장이 정해져 있고 한 사람은 일생 동안 여러 배역을 맡죠.

일생을 7막으로 나눌 수 있어요.

첫 번째는 아기. 유모 품에 안겨 침을 흘리며 보채는 역이죠.

다음으로 투덜이 학생은

_____ 역이죠.

-셰익스피어, 『뜻대로 하세요』 중에서

나에게도 사회적 지위와 역할이 있어!

호기심 톡톡 양반인 아버지와 노비인 어머니 사이에서 태어난 홍길동은 서자라는 이유로 아버지를 아버지라 부르지 못하고 형을 형이라 부르지 못했어요. 또 총명한 두뇌를 가지고 있었지만 벼슬 길에 오를 수 없었죠. 왜 홍길동에게는 이런 제약이 따랐던 것일까요?

부르지 못할 이름, 아버……

울지 마라, 멍~

● 사회적 지위란 무엇일까요?

우리는 다양한 집단에 속한 채 많은 사람들과 관계를 맺으며 살아가요. 이때 개인이 집단이나 사회 속에서 차지하고 있는 위치를 **사회적 지위**라고 해요. 예를 들어 가정에서는 딸이나 아들, 학교에서는 학생이라는 지위를 갖는 거죠.

사회적 지위는 **귀속 지위**와 **성취 지위**로 구분해요. 귀속 지위는 여자나 남자, 청소년이나 노인 등 태어나면서 또는 성장하면서 자연스럽게 갖는 지위를 말해요. 반면 성취 지위는 학생, 회사원, 아버지나 어머니 등과 같이 개인의 능력이나 노력에 의해 후천적으로 얻는 지위를 말해요. 과거 신분제 사회에서는 타고나는 귀속 지위가 중요했어요. 하지만 현대 사회에서는 성취 지위의 중요성이 더욱 커지고 있답니다.

이야기 속 사회 | 태어나면서 갖는 지위와 나중에 갖게 되는 지위

중학생 예림이는 오늘 바쁜 하루를 보냈어요. 우선 아침 일찍 일어나 학교에 가서 열심히 수업을 들었고, 방과 후에는 합창 연습을 했어요. 그런데 직장에 다니시는 어머니로부터 전화가 왔어요. 어머니께서는 급한 일이 생겨 퇴근이 늦어질 것 같다며 집에 혼자 있을 여동생을 챙겨 달라고 부탁하셨어요. 서둘러 집으로 간 예림이는 동생에게 저녁 식사를 차려 주고 동생의 학교 숙제도 도와줬어요. 밤늦게 돌아온 어머니께서는 언니로서 동생을 잘 돌본 예쁜 딸 예림이를 칭찬하시며 꼭 안아 주셨답니다.

오늘도 해야 할 일을 잘했네, 우리 딸!

오늘은 언니가 놀아 줄게.

우리 언니 최고!

엄마의 딸, 동생의 언니는 내 귀속 지위야.

나는 대한민국 중학생! 학생의 본분은 공부지. 공부! 정복해 주겠어~!

중학생, 합창단원은 내 성취 지위지.

우리 합창단원 실력이 다들 좋단 말이지. 우승은 따 놓은 당상!

● 사회적 지위에 따른 역할이 있어요

모든 사회적 지위에는 그에 따라 기대되는 행동 양식이 있어요. 이를 **역할**이라고 해요. 예를 들어 학생이라는 지위에는 교칙을 지키고 공부를 하는 역할이, 교사라는 지위에는 학생을 교육하는 역할이 있어요.

하지만 같은 지위를 가지고 있더라도 개인마다 그 역할을 수행하는 방식이 다를 수 있어요. 어떤 학생은 수업 시간에 열심히 공부하지만, 어떤 학생은 수업에 집중하지 않기도 하죠. 어떤 학생은 교칙을 잘 지키지만, 어떤 학생은 교칙을 지키지 않고요. 이것을 **역할 행동**이라고 해요. 지위에 따라 사회적으로 기대되는 역할은 일정하지만, 역할 행동은 개인에 따라 다르게 나타나요. 사회의 기대에 맞는 역할 행동을 하면 칭찬을 받거나 상을 받기도 하고, 그렇지 못한 경우에는 비난을 듣거나 정해진 벌을 받기도 해요.

확대경

보상과 제재 보상은 어떤 행위에 대한 긍정적인 대가로, 칭찬, 상장, 상금 등이 있다. 한편 제재는 규칙이나 규정을 어긴 행위에 대해 벌을 가하는 것으로, 비난, 징계 등이 있다.

사회의 기대에 맞는 역할 행동을 하면 칭찬을 받을 수 있어. 칭찬을 받으면 기분이 좋아서 춤을 추게 돼!

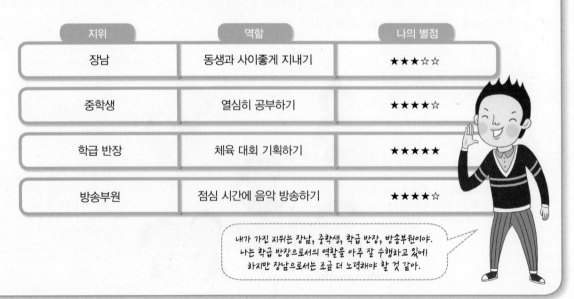

여기서 잠깐! | 나의 역할 행동은 몇 점?

우리는 저마다 다양한 지위를 가지고 있어요. 각각의 지위에 따라 사회에서 요구하는 역할이 다르죠. 여러분은 여러분이 가진 지위와 역할에 따라 적절한 행동을 하고 있나요? 아래는 역할 행동을 얼마나 잘 수행했는지 별점으로 평가해 본 표예요. 여러분도 자신의 역할 행동 평가 표를 한번 만들어 보세요!

지위	역할	나의 별점
장남	동생과 사이좋게 지내기	★★★☆☆
중학생	열심히 공부하기	★★★★☆
학급 반장	체육 대회 기획하기	★★★★★
방송부원	점심 시간에 음악 방송하기	★★★★☆

내가 가진 지위는 장남, 중학생, 학급 반장, 방송부원이야. 나는 학급 반장으로서의 역할을 아주 잘 수행하고 있어! 하지만 장남으로서는 조금 더 노력해야 할 것 같아.

② 특명, 역할 갈등을 해결하라!

호기심 톡톡 서연이는 주말에 친구들과 영화를 보러 가기로 약속했어요. 그런데 하필 그날 아침 부모님께서 함께 할머니 댁에 가자고 하시네요. 친구들과의 약속도 지켜야 하고, 가족 모임에도 가야 하니 서연이는 어디에 가야 할지 고민이에요. 어떻게 해야 할까요?

극장? 할머니 집? 고민이로다~

● 역할 갈등의 의미와 해결 방법을 알아봐요

우리는 다양한 지위를 가지며 여러 가지 역할을 수행해야 해요. 하지만 각각의 지위에 따른 역할이 언제나 조화로운 것은 아니에요. 때로는 한 개인에게 요구되는 여러 역할이 서로 충돌하면서 혼란이 일어날 수 있어요. 이것을 **역할 갈등**이라고 해요. 역할 갈등을 합리적으로 해결하려면 충돌하고 있는 역할이 무엇인지 명확하게 알아야 해요. 그런 다음 우선순위를 정해 중요한 역할부터 수행해 나가는 거죠. 순차적으로 수행하기 어려울 때에는 하나의 역할을 선택하고 다른 역할을 포기하는 방법도 있어요.

맞벌이 부부의 육아 문제와 같이 많은 사회 구성원들이 빈번하게 겪는 역할 갈등을 해결하기 위해서는 개인적 노력뿐만 아니라 *육아 휴직 제도, 직장 내 어린이집 운영 등 사회적 노력도 필요해요.

*육아 휴직 제도 만 8세 이하의 자녀가 있는 남녀 근로자가 양육을 위해 휴직할 수 있도록 하는 제도이다.

여기서 잠깐! | 이럴 땐 어떻게 하죠?

역할 갈등을 해결하기 위해 우선순위를 정하고, 중요한 역할부터 수행해 나가는 구체적인 사례를 그림으로 살펴봐요.

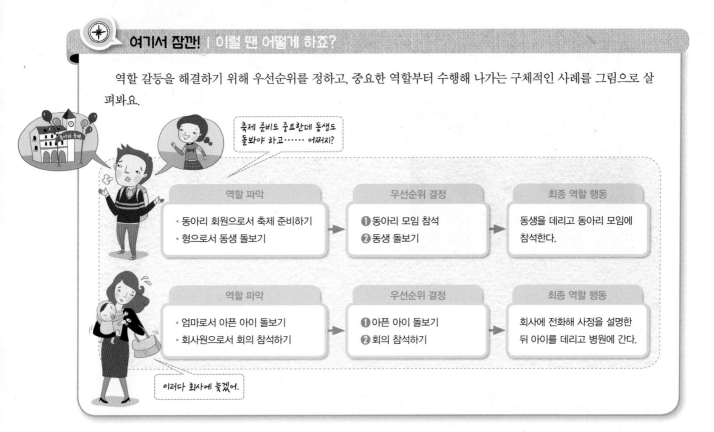

축제 준비도 중요한데 동생도 돌봐야 하고…… 어쩌지?

역할 파악	우선순위 결정	최종 역할 행동
·동아리 회원으로서 축제 준비하기 ·형으로서 동생 돌보기	❶ 동아리 모임 참석 ❷ 동생 돌보기	동생을 데리고 동아리 모임에 참석한다.

역할 파악	우선순위 결정	최종 역할 행동
·엄마로서 아픈 아이 돌보기 ·회사원으로서 회의 참석하기	❶ 아픈 아이 돌보기 ❷ 회의 참석하기	회사에 전화해 사정을 설명한 뒤 아이를 데리고 병원에 간다.

이러다 회사에 늦겠어.

3 사회 집단의 이해

1. '우리'라고 부르는 사람들의 모임, 사회 집단 2. '우리'와 '그들' 3. 서로 '틀림' No! '다름' Yes!

커져라~! 생각 풍선 '우리'가 되는 집단, '우리'가 아닌 집단

지하철역에 모인 사람들

지하철역에는 매일 많은 사람들이 모여요. 이들은 같은 시간, 한 공간에 모이지만 공통점을 가지고 있진 않아요. 잠시 머물렀다가 각자 흩어지죠. 이 집단을 '우리'라고 부를 수 있을까요?

공원에 나들이를 나온 가족

가족도 둘 이상의 사람들이 모인 집단이에요. 우리는 가족 안에서 소속감을 느껴요. 같이 밥을 먹고 대화를 나누며 상호 작용을 하죠. 이 집단을 '우리'라고 부를 수 있을까요?

직장에서 회의를 하는 사람들

직장에 모인 사람들은 가족과 조금 다른 집단이에요. 직장마다 분야와 성격이 다르죠. 저마다 지켜야 할 규칙이 있고 수행해야 할 역할이 있어요. 이 집단을 '우리'라고 부를 수 있을까요?

사회 집단은 사람들이 맺고 있는 사회적 관계가 다음과 같은 특성을 지닐 때 형성돼요. 첫째, 공통의 관심이나 목적을 지닌 '둘 이상의 사람들'이 모여요. 둘째, 이들이 '소속감' 또는 '공동체 의식'을 지녀요. 셋째, 집단 내부 구성원들 사이에 '지속적인 상호 작용'이 이뤄진답니다.

① '우리'라고 부르는 사람들의 모임, 사회 집단

호기심 톡톡 준우는 오늘 청소년 독서 모임에서 자기소개 시간을 가졌어요. 그런데 대부분의 학생이 '저는 ○○중학교 ○학년 ○○○입니다. 우리 가족은…….' 이렇게 소개했어요. 자신을 소개하는데 왜 자신이 속해 있는 학교나 가족을 이야기할까요?

저는 ○○중학교 1학년 김준우입니다.

● 사회 집단이란 무엇일까요?

사람은 태어나고 성장하는 과정에서 다양한 **사회 집단**에 소속돼요. 사회 집단이란 둘 이상의 사람들이 소속감이나 공동체 의식을 가지고 지속적인 상호 작용을 하는 집합체를 말해요. 단순히 사람들이 많이 모여 있다고 해서 무조건 사회 집단이라고 하지는 않는답니다. 예를 들어 버스 안의 승객들은 일시적으로 모였을 뿐이므로 지속적인 관계를 형성하는 사회 집단은 아닌 거죠.

사회 집단 중에서도 목표가 뚜렷하고 구성원의 지위와 역할이 분명하게 정해져 있는 집단을 **사회 조직**이라고 해요. 집단의 경계가 뚜렷하고, 구성원의 역할이 *전문화돼 있으며, 규범이 엄격하게 규정돼 구성원의 개인적인 행동이 상당히 제한되는 사회 집단이죠. 사회 조직의 대표적인 예로는 정부, 군대, 학교, 회사 등을 들 수 있어요. 사회 조직의 특성을 가지지 않은 사회 집단의 예로는 또래 집단, 가족 등을 들 수 있고요.

*전문화 어떤 분야에 상당한 지식과 경험을 가지고 그 일을 잘 해낼 수 있도록 만드는 것이다.

내 버스에 탈 수 있는 사람은 정해져 있어. 학교라는 사회 집단에 소속된 학생들이거든.

회사원, 학생, 주부 등 다양한 승객들을 태워. 그들은 서로 이름도 몰라.

여기서 잠깐! | 그물처럼 얽힌 관계 속에서 서로 영향을 주고받아요!

사람은 사회 집단 속에서 사회적 관계를 형성하고 자신의 지위에 따른 역할을 수행하며 안정적인 사회생활을 해요. 개인은 자신이 속한 집단의 규범과 가치를 익혀 집단의 기대에 따라 행동하며 자아를 실현하죠. 사회 집단을 떠난 개인의 삶은 상상할 수 없어요. 물론, 개인이 일방적으로 사회 집단의 영향을 받기만 하는 것은 아니에요. 인간은 자율성을 지닌 존재로서 자기 성찰과 의지를 통해 집단을 변화시킬 수 있죠.

이처럼 개인과 사회 집단은 서로 영향을 주고받아요. 개인과 사회 집단이 모두 발전하려면 개인의 자율성과 사회 집단의 영향력이 적절히 조화를 이뤄야 한답니다.

◎ 서로 영향을 주고받는 개인과 사회 집단

② '우리'와 '그들'

호기심 톡톡 아버지의 회사에 방문한 성빈이는 평소 친구 같았던 아버지가 직장에서는 정중하고 깍듯해 보여서 놀랐어요. 아버지의 모습은 왜 달랐을까요?

회사에서는 아빠가 달라 보여~

● 내집단과 외집단의 특징을 알아봐요

사회 집단은 개인이 느끼는 소속감에 따라 **내집단**과 **외집단**으로 나눌 수 있어요. 내집단은 자신이 소속된 '우리'라는 공동체 의식을 가지는 집단으로 '우리 집단'이라고도 해요. 반면 외집단은 자신이 소속돼 있지 않으며 '그들'이라는 이질감을 느끼는 집단으로 '그들 집단'이라고도 해요.

하지만 내집단과 외집단의 구분은 고정적이지 않아요. 학급별 체육 대회에서 우리 반은 내집단이고 옆 반은 외집단이 되지만, 학교별 체육 대회에서는 우리 반과 옆 반 모두 우리 학교라는 내집단에 속하죠.

내집단과 외집단의 구분은 개인의 자아 정체성 형성에 영향을 미치며, 같은 집단에 소속된 구성원들 간의 결속력을 강화시켜요. 그러나 내집단의 결속력이 지나치게 강할 경우 외집단과의 갈등이 일어날 수 있어요.

 이야기 속 사회 | 바다에 속해 있지만 인간 세계에 기준을 둔 인어 공주

나도 인간이 되고 싶어.

바닷속 세계에 살지만 인간 세계를 동경하던 인어 공주는 어느 날 인간 왕자를 보고 사랑에 빠져요. 인어 공주는 자신의 아름다운 목소리를 마녀에게 주고 인간이 돼 우여곡절 끝에 왕자를 만나죠. 하지만 왕자는 다른 사람과 결혼하고 인어 공주는 결국 물거품이 돼 사라지고 말아요.

⇨ 인간이 되고 싶어 한 인어 공주의 준거 집단은 인간 세계예요. 준거 집단이란 개인이 생각하고 행동할 때 기준으로 삼는 집단을 뜻하죠. 인어 공주가 바닷속 세계를 벗어나 동경하던 인간 세계에 간 까닭은 자신이 소속된 집단과 준거 집단이 일치하지 않아서예요. 인어 공주는 행복했을까요? 답은 친구들이 내려 봐요.

● 1차 집단과 2차 집단은 뭘까요?

사회 집단은 구성원의 접촉 방식에 따라 **1차 집단**과 **2차 집단**으로 구분할 수 있어요.

1차 집단은 구성원의 만남 그 자체를 목적으로 하는 집단으로, 직접적인 접촉과 친밀한 관계를 바탕으로 형성돼요. 1차 집단은 구성원에게 심리적, 정서적 안정감을 주며 개인의 자아와 인성 형성에 근원적인 영향을 끼치죠. 가족, 또래 집단 등이 대표적인 1차 집단이에요.

2차 집단은 특정한 목적을 달성하기 위한 간접적인 접촉과 수단적인 만남을 바탕으로 결합된 집단이에요. 이때 구성원들의 인간관계는 형식적이고 부분적이에요. 학교, 회사, *정당 등이 대표적인 2차 집단이죠.

하지만 1차 집단과 2차 집단의 구분이 엄격한 것은 아니에요. 특히 2차 집단의 비중이 커지고 있는 현대 사회에서는 2차 집단 내에서도 1차 집단의 성격을 띠는 다양한 집단이 만들어지고 있어요. 직장 내 동호회와 같은 집단이 이에 해당한답니다.

*정당 정치권력의 획득을 목표로 정치적 의견이나 생각을 같이하는 사람들이 만든 집단이다.

 여기서 잠깐! | 주간 계획표에서 사회 집단의 유형 찾아보기

아래는 한 주간의 계획을 적은 표예요. 무심코 지나쳤겠지만 사실 계획표에서 자신이 속해 있는 다양한 집단 유형을 발견할 수 있답니다. 무엇이 있는지 함께 살펴보고 나의 경우는 어떤지도 생각해 봐요.

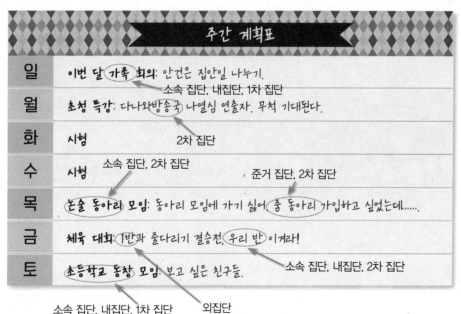

③ 서로 '틀림' No! '다름' Yes!

호기심 톡톡 홍주는 어제 지하철역에 장애인 전용 승강기가 설치돼 있는 것을 봤어요. 오늘은 집 앞 도로에 시각 장애인을 위한 점자 블록이 새로 생긴 것을 발견했죠. 이런 변화는 왜 필요한 것일까요?

점자 블록은 왜 있는 거지?

● 차별과 갈등을 해결해요

우리 사회에는 다양한 사회 집단이 있고, 이 사회 집단들은 각기 다른 특성을 지닌 개인들로 이뤄져 있어요. 서로의 정체성과 이해관계의 차이를 인정하지 않으면 사회 집단 내에서 또는 여러 사회 집단 사이에서 차별과 갈등이 일어날 수 있죠.

차별은 자신 또는 자신이 속한 집단만이 옳고 우수하다고 여기는 편견과 우월 감에서 비롯해요. 성별, 인종, 장애 등의 '다름'을 '틀림'으로 바라보는 시각은 차별받는 사람의 *인권을 침해하고 우리 사회의 통합을 저해하죠.

차별과 갈등을 해결하기 위해서는 먼저 개인의 의식부터 바뀌어야 해요. 개인이나 집단이 가진 다양한 특성을 자연스러운 현상으로 인식하고, 서로의 개성과 입장을 이해하며 존중해야 하죠. 아울러 차별을 단호히 거부하는 자세도 필요하답니다. 사회에서는 차별을 실질적으로 금지하고 인권을 보장할 수 있는 법과 제도를 마련해야 해요.

*인권 사람으로서 당연히 누려야 할 권리이다.

🔍 이야기 속 사회 | 네모 마을에서 동그라미는 틀린 걸까요?

야! 너만 모양이 틀리잖아! 튀지 말고 어서 바꿔!

네모들이 모여 사는 마을에 동그라미가 이사 왔어요. 동그라미를 이상하게 여긴 네모들은 동그라미에게 모양을 바꾸라고 강요했어요. 다들 동그라미의 모습을 지적하니, 동그라미는 자신의 존재 자체가 잘못된 게 아닐까 고민했어요. 하지만 동그라미는 자신이 아무리 노력해도 네모가 될 수 없다는 것을 깨달았어요.

시간이 지나자 동그라미를 구박했던 네모는 자신의 생각이 잘못됐다는 것을 알았어요. 동그라미는 모양이 틀린 게 아니라 다른 거라는 것을 깨달은 거죠.

동그라미야~, 미안해. 넌 모양이 틀린 게 아니라 다른 거였어.

우리 사회의 다양한 사회 집단에서는 어떤 차별과 갈등이 벌어지고 있을까요? 우리 주변에서 빈번하게 일어나는 차별 상황을 그림으로 알아봐요. 또 차별로 인한 갈등을 해결하기 위해 어떤 캠페인들이 진행되고 있는지 살펴보기로 해요.

사례

장애인 차별

인종 차별

여성 차별

포스터

◐ 장애인 차별 금지법 시행을 알리는 국가인권위원회의 포스터

◐ 다양한 인종과 문화가 차별의 대상이 아님을 보여 주는 여성 가족부의 포스터

◐ **한국양성평등교육진흥원의 포스터** 회사 내 여성의 승진이나 참여 기회를 가로막는 분위기를 유리 천장이라고 해요. 이런 분위기를 없애고 양성 평등을 실현하려는 노력이 필요하죠.

마무리해 볼까요

한눈에 정리하기

● 이 장에서 다룬 이야기들을 떠올리며 보기에서 알맞은 단어를 골라 빈칸에 써 넣어 볼까요?

> **보기** 사회화, 외집단, 준거 집단, 자아 정체성, 역할, 편견, 사회적 지위, 사회 집단

중단원	소단원	개념 정리
1. 인간의 사회적 성장	이 세상에 나 혼자만 산다면?	· (㉠)란 자신이 속한 사회의 언어와 행동 양식, 규범과 가치를 배우는 과정을 의미. · 사회화는 인간이 태어나면서부터 죽을 때까지 평생 지속됨.
	딱! 지금 나에게 일어나는 사회화	· 청소년기는 아동기에서 성인기로 진입하는 과도기. · 청소년기에 형성된 (㉡)은 미래의 삶에 결정적인 영향을 끼침.
2. 사회적 지위와 역할	나에게도 사회적 지위와 역할이 있어!	· 개인이 집단이나 사회 속에서 차지하고 있는 위치를 (㉢)라고 함. · 지위에 따라 기대되는 행동 양식을 (㉣)이라고 함.
	특명, 역할 갈등을 해결하라!	· 역할 갈등은 여러 가지 역할이 충돌할 때 발생함. · 역할 갈등을 합리적으로 해결하기 위해서는 충돌하는 역할이 무엇인지 명확하게 파악해야 함.
3. 사회 집단의 이해	'우리'라고 부르는 사람들의 모임, 사회 집단	· 둘 이상의 사람들이 소속감이나 공동체 의식을 가지고 지속적인 상호 작용을 하는 사람들의 집합을 (㉤)이라고 함. · 개인과 사회 집단은 서로 영향을 주고받음.
	'우리'와 '그들'	· 개인이 느끼는 소속감에 따라 내집단과 (㉥)으로 나뉨. · 한 개인이 자신의 태도, 가치, 행동의 기준으로 삼는 집단을 (㉦)이라고 함. · 구성원의 접촉 방식에 따라 1차 집단과 2차 집단으로 나뉨.
	서로 '틀림' No! '다름' Yes!	· 서로의 차이를 인정하지 않는 (㉧)과 우월감에서 차별과 갈등이 비롯됨. · 차별과 갈등을 해결하기 위해서는 개인적 차원에서의 의식 변화와 더불어 사회적 차원에서의 법과 제도의 마련이 필요함.

정답 ㉠ 사회화 ㉡ 자아 정체성 ㉢ 사회적 지위 ㉣ 역할 ㉤ 사회 집단 ㉥ 외집단 ㉦ 준거 집단 ㉧ 편견

중학생 폴라의 가족은 특별해요. 아버지도 어머니도 남동생도 청각 장애가 있어 듣지도 말하지도 못하죠. 가족 중에서 유일하게 듣고 말할 수 있는 폴라는 가족에게 무척 중요한 존재예요. 폴라는 가족이 이웃들과 소통할 수 있는 창구였어요. 목장 건초 가격을 흥정할 때도, 직접 만든 치즈를 시장에서 판매할 때도, 아버지가 시장 선거에 출마해 유세 활동을 할 때도 폴라는 기꺼이 가족의 목소리가 됐죠.

어느 날 폴라는 파리에서 전학 온 남학생을 따라 학교 합창단에 들어가게 돼요. 합창단 선생님은 폴라의 천부적인 재능을 알아봤죠. 선생님은 폴라에게 파리에 있는 합창 학교의 입학시험을 볼 것을 제안해요. 노래하는 즐거움을 알게 된 폴라는 매일 밤 열심히 연습하지만, 자신이 떠나는 것을 두려워하는 가족의 반대에 부딪혀 갈등을 겪어요.

영화 속에서 우리는 다양한 사회 집단을 찾을 수 있어요. 그리고 그 집단에서 폴라의 지위와 역할을 명확하게 볼 수 있죠. 폴라는 가족이라는 1차 집단에서 유일하게 듣고 말할 수 있는 딸로서, 소통의 창구 역할을 해 왔어요. 그러다 합창단이라는 2차 집단에 속했을 때 자신의 재능을 발견하고 꿈을 갖게 되죠. 폴라는 이제 더 넓은 사회로 나아갈 계획을 품게 된 거예요.

이처럼 사람은 처음 태어났을 때 가정을 중심으로 생활하지만, 성장하면서 더 다양한 사회 집단을 경험하게 돼요. 여러분도 어떤 사회 집단에 속해 있는지, 속해 있는 사회 집단이 어떤 과정을 거쳐 바뀌었는지 살펴보세요.

◐ 영화 '미라클 벨리에' 포스터

◐ 영화 '미라클 벨리에' 중 합창 연습 장면

폴라가 남겨진 가족들에게 미안함을 느끼더라도 꿈을 선택하면 좋겠어. 자신이 진정으로 행복해야 가족도 함께 행복해질 수 있다고 생각하거든. 가족들 때문에 꿈을 접는 선택이 계속된다면 평생 자신의 행복을 못 찾을지도 몰라.

나도 비슷한 생각이야. 만약 내가 폴라의 부모님이라면 재능을 찾은 딸을 응원하고 싶어. 평생 폴라만 의지하면서 살 수는 없을 테니 말이야. 남은 가족들은 폴라가 곁에 없어도 생활할 방법을 찾는 게 좋겠어.

2

다양한 사람들이 모여 다양한 문화를 나눠요!
문화의 이해

무엇을 배울까요?

　왜 인간을 '만물의 영장'이라고 부를까요? 인간은 다른 동물에게 없는 특별한 무언가를 가지고 있기 때문이에요. 그중 대표적인 것이 바로 문화랍니다. 인간은 주어진 환경에 적응하고 사회를 이루는 과정에서 문화를 만들고 발전시켰어요. 그렇다면 문화란 무엇일까요? 문화의 의미와 특징, 문화를 바라보는 태도에 대해 함께 알아봐요. 대중 매체와 대중문화의 관계는 무엇인지, 바람직한 대중문화를 형성하기 위해서는 어떤 태도를 지녀야 하는지도 살펴봐요.

1 문화의 의미와 특징

1. 문화와 문화가 아닌 것　2. 문화마다 비슷한 점과 다른 점

커져라~! 생각 풍선　**문화의 좁은 의미와 넓은 의미**

　우리는 생활 속에서 '문화'라는 단어를 많이 사용해요. 이 단어는 좁은 의미와 넓은 의미를 갖고 있어요. 우선 이 단어가 어떻게 사용되는지 만화로 살펴볼까요?

　'문화'라는 단어가 쓰임에 따라 조금씩 다른 의미를 나타낸다는 것을 눈치챘나요? 문화 상품권과 문화생활의 '문화'는 예술과 관련된 활동을 의미해요. 문화인의 '문화'는 교양이나 예의를 나타내죠. 음식 문화의 '문화'는 사람들의 생활 방식을 의미한답니다. '문화'의 좁은 의미와 넓은 의미에 대해 좀 더 자세히 알아봐요.

문화와 문화가 아닌 것

호기심 폭폭 꿀벌은 사람처럼 무리를 지어 살아요. 꿀벌은 각자 역할을 나눠 일하고 독특한 춤을 추며 대화를 나눠요. 힘을 모아 집을 짓고 꿀을 보관하기도 하죠. 그렇다면 꿀벌 세계에도 문화가 존재한다고 할 수 있을까요?

우리 세계에도 '문화'가 있을까?

● 인간의 모든 행위를 문화라고 할 수는 없어요

우리가 일상생활에서 자주 사용하는 문화라는 단어는 다양한 의미를 지녀요. '문화생활', '문화계', '문화인'이라고 할 때의 문화는 예술과 관련된 활동이나 교양 있고 세련된 것을 의미하죠. 이 경우는 좁은 의미의 문화에 해당해요. 넓은 의미의 문화는 한 사회의 구성원들이 주어진 환경을 극복하고 적응해 가는 과정에서 만들어 낸 생활 양식을 말해요. '한국 문화', '청소년 문화'라고 할 때의 문화가 넓은 의미로 사용된 거예요. 한 사회의 모습을 이해하려면 그 사회의 문화를 알아야 해요. 이때 문화는 넓은 의미로 파악해야 한답니다.

하지만 인간의 모든 행위를 문화라고 할 수는 없어요. 유전이나 본능에 의한 행위, 개인의 습관이나 체질에 따른 행동은 문화가 아니에요. 문화는 사회 구성원들이 오랜 기간에 걸쳐 만들고 공유하는 거예요.

 여기서 잠깐! | 세배나 자전거 타기도 문화라고요?

설날에 어른들께 세배를 해요.

베트남에서는 교통수단으로 자전거를 많이 타요.

성준이와 지연이는 주말에 피아노 연주회에 갔어요.

독일 사람은 우리나라 사람보다 평균 키가 커요.

수현이는 감기에 걸려 기침을 해요.

무엇이 문화인지 아닌지 구분할 수 있나요? 설날 세배를 하는 우리나라 명절 문화, 자전거를 주로 교통수단으로 이용하는 베트남의 교통 문화는 문화의 범주에 들어가요. 피아노 연주회도 예술과 관련된 활동으로서 공연 문화에 속하죠. 하지만 독일 사람의 평균 키가 우리나라 사람보다 큰 것은 유전이나 체질에 따른 것이기 때문에 문화라고 할 수 없어요. 감기에 걸려 기침을 하는 것도 신체 변화에 따른 현상이기 때문에 문화라고 할 수 없답니다.

② 문화마다 비슷한 점과 다른 점

호기심 록록 이슬람교를 믿는 사람은 종교적으로 인증을 받은 고기만 먹어요. 이것을 '할랄 식품'이라고 해요. 특히 돼지고기와 알코올 성분이 들어간 음료는 먹지 않아요. 왜 이슬람교에는 이런 문화가 있는 걸까요?

'할랄'은 아랍어로 '허락된 것'이라는 뜻이에요!

● 환경이 다르면 문화도 달라져요

어느 사회에서나 사람들은 음식을 먹고 옷을 입으며 집을 지어 생활해요. 또한 언어를 사용해 의사소통하고 때에 따라 결혼식이나 장례식과 같은 의식을 치르죠. 이처럼 시간과 공간을 초월해 모든 문화에서 공통적으로 나타나는 요소가 있어요. 이를 **문화의 보편성**이라고 해요.

공통적인 문화 요소가 있더라도 문화의 구체적인 내용과 형태는 사회마다 달라요. 주어진 환경이 다르기 때문이에요. 눈이 많이 내리는 지역에 사는 사람은 눈과 얼음을 이용해 집을 짓고, 비가 많이 내리는 곳에 사는 사람은 집이 물에 잠기지 않도록 집을 높이 지어요. 또한 한곳에 머물지 않는 유목민은 이동하기 쉬운 형태로 집을 짓죠. 이렇게 각 사회마다 주어진 환경에 적응하는 과정에서 고유한 문화를 형성하는데, 이것을 **문화의 특수성**이라고 해요.

◑ 습한 땅에 기둥을 세워 집을 높인 캄보디아의 전통 가옥(좌)과 얼음으로 지은 집 이글루(아래) 집을 짓는 모습은 어느 사회에서나 볼 수 있어요. 이는 문화의 보편성이죠. 한편 집을 짓는 방식은 사회마다 다른데 이는 문화의 특수성을 나타내요.

● 문화는 이런 성격을 띠어요

총체성 | 문화는 여러 요소들로 구성돼 있고 각 요소는 서로 긴밀하게 연결돼 있어요. 문화의 한 부분에 변화가 일어나면 다른 부분에도 영향을 미쳐 연쇄적으로 변화가 일어나죠. 한 사회의 문화를 이해할 때는 문화를 하나의 연결된 체계로 파악해야 해요.

공유성 | 문화는 한 사회의 구성원들이 공통적으로 가지는 생활 방식이에요. 다른 사람과 같은 문화를 공유하고 있기 때문에 우리는 타인을 이해하고 타인의 행동을 예측할 수 있으며 타인과 공동생활을 할 수 있어요.

학습성 | 문화는 사회 구성원으로 성장하는 과정에서 후천적으로 학습하는 거예요. 개인은 다른 사람과 상호 작용을 하면서 자신이 속한 사회의 문화를 습득한답니다.

축적성 | 인간은 언어와 문자 등을 사용해 한 세대의 경험과 지식을 다음 세대로 전달해요. 여러 세대의 문화가 쌓이는 과정에서 문화는 다양하고 풍부해져요.

변동성 | 문화는 고정적이지 않아요. 시간이 흐르면서 문화의 내용과 형태는 변해요. 문화의 변동은 새로운 문화 요소의 발명이나 발견, 환경의 변화, 다른 문화의 유입 등 다양한 영향을 받아 일어난답니다.

○ **문화의 학습성** 젓가락을 사용하는 식사법은 후천적으로 배워야 익힐 수 있어요.

○ **문화의 축적성** 예로부터 전해 내려오는 온돌의 원리는 오늘날 온수난방 기술에 적용되고 있어요.

여기서 잠깐! | 사다리를 타고 가면 문화의 성격이 보인다!

다음은 우리가 일상생활 속에서 경험할 수 있는 문화 이야기예요. 각각의 이야기에는 문화의 성격이 담겨 있어요. 앞서 읽은 문화의 성격을 떠올리며 사다리 타기를 시작해 볼까요?

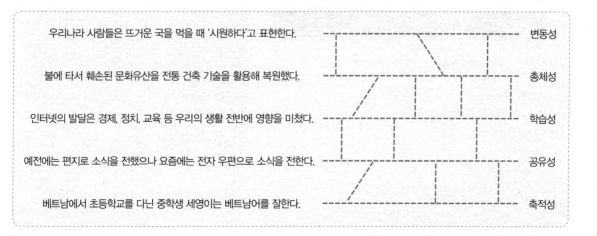

우리나라 사람들은 뜨거운 국을 먹을 때 '시원하다'고 표현한다. ········· 변동성

불에 타서 훼손된 문화유산을 전통 건축 기술을 활용해 복원했다. ········· 총체성

인터넷의 발달은 경제, 정치, 교육 등 우리의 생활 전반에 영향을 미쳤다. ········· 학습성

예전에는 편지로 소식을 전했으나 요즘에는 전자 우편으로 소식을 전한다. ········· 공유성

베트남에서 초등학교를 다닌 중학생 세영이는 베트남어를 잘한다. ········· 축적성

2 문화를 바라보는 태도

 1. 우수한 문화와 열등한 문화가 따로 있나요? 2. 다양한 문화, 풍요로운 삶

> 커져라~! 생각 풍선 **다른 문화, 어떻게 봐야 할까요?**

　*제국주의가 만연했던 19세기 말, 유럽인들은 우수한 국가가 열등한 국가를 지배하는 것이 당연하다고 생각했어요. 당시 유럽인들은 유럽의 문화만이 우수하며 원주민의 문화는 미개하고 야만적이라고 여겼죠.

　이러한 유럽인들의 사고방식을 잘 보여 주는 것이 바로 '인간 동물원'이에요. 유럽인은 아프리카, 아시아, 남미 등을 점령해 식민지를 만들고 그곳에 살던 원주민을 자국으로 데려와 울타리 안에 가뒀어요. '인간 동물원'을 방문한 관람객은 원주민이 생활하는 모습을 신기하게 쳐다봤죠. 그들은 전시장 이름에 '진화가 덜 된 민족'이라는 표현을 쓰기도 했어요.

　비슷한 시기에 미국에서도 이러한 일이 벌어졌어요. 뉴욕 브롱스 동물원도 '오타 벵가'라는 콩고 청년을 가둬 놓고 사람들에게 그의 모습을 보여 줬어요. 오타 벵가는 세계 대전이 끝난 후 동물원에서 풀려났지만, 미국 사회에 적응하지 못하고 젊은 나이에 불행한 죽음을 맞았어요. 오타 벵가뿐 아니라 유럽에 끌려가 인간 동물원에 전시된 많은 원주민들이 유럽의 풍토병으로 고생하다가 그곳에서 죽었죠.

　인간의 존엄성마저 무시한 유럽인들의 태도는 과연 옳은 걸까요?

*제국주의: 우월한 군사력과 경제력으로 다른 나라나 민족을 정벌해 대국가를 건설하려는 침략주의적 경향을 말한다.

◐ 뉴욕 브롱스 동물원에 있었던 오타 벵가(1906)

◐ 인간 동물원을 광고한 독일의 한 포스터(1886)

우수한 문화와 열등한 문화가 따로 있나요?

호기심 톡톡 세종 대왕이 한글을 만들어 백성에게 반포하려 했을 때 많은 사대부들이 반대했어요. 사대부들은 중국의 한자가 있는데 우리 문자를 사용하는 것은 옳지 않다고 주장했죠. 왜 그렇게 생각했을까요?

전하, 우리 문자를 사용하는 것은 옳지 않다고 사료되옵니다.

● 우리 문화만 우수한 걸까요?

자신의 문화가 가장 우수하다고 생각해 자신의 문화를 기준으로 다른 문화를 비정상적이거나 열등한 것으로 평가하는 태도를 **자문화 중심주의**라고 해요. 자문화 중심주의는 자신의 문화에 대한 자긍심을 높이고 사회 구성원의 결속력을 강화하는 데 기여하기도 하죠. 하지만 다른 문화와의 교류를 막아 국제적 고립을 가져오거나 다른 국가와 갈등을 일으킬 수 있어요. 극단적인 자문화 중심주의는 다른 사회의 문화를 파괴하고 자신의 문화를 강요하는 문화 제국주의로 이어지기도 해요.

여기서 잠깐! | 자문화 중심주의가 문화를 파괴할 수 있어요

자문화 중심주의의 태도로 자신의 문화만 우수하다고 고집하면 다른 문화 속에 있는 사람들과 갈등을 일으킬 수 있어요. 자문화 중심주의로 인한 갈등에는 무엇이 있는지 살펴봐요.

◎ 유네스코 세계 문화 유산인 시리아의 팔미라 유적(2010년 모습)

◎ 이슬람 극단주의 무장 단체 '이슬람국가(IS)'에 의해 파괴된 시리아 팔미라 유적(2015년 모습)

이슬람 극단주의 무장 단체인 '이슬람국가(IS)'는 이슬람 문화 외에 다른 문화는 인정하지 않아요. 시리아의 고대 유적인 팔미라 유적도 이슬람교에서 믿는 '알라'가 아닌 다른 신을 섬겼던 신전이라고 해서 무참히 파괴했죠. 건축과 예술 분야에서 역사 가치가 뛰어나 유네스코 세계 문화 유산으로 지정됐던 이 유적은 초토화되고 말았어요.

◎ 중국 중심의 세계관이 담겨 있는 조선 시대의 세계 지도인 '천하도'

◎ 영어 남용 현상에 대한 공익 광고

●우리 문화보다 다른 문화가 더 우수한 걸까요?

자문화 중심주의와 반대로 다른 문화를 더 우수한 것으로 여기고 그것을 동경하거나 숭상하며 자신의 문화를 낮게 평가하는 태도를 **문화 사대주의**라고 해요.

문화 사대주의는 다른 문화의 우수한 점을 적극적으로 수용해 자신의 문화를 발전시킬 수 있는 계기를 제공하기도 해요. 하지만 문화 사대주의가 지나쳐 다른 사회의 문화만을 맹목적으로 숭상하면 자기 문화가 지닌 가치를 제대로 인식하지 못하고 문화적 정체성을 상실할 수 있죠.

자문화 중심주의와 문화 사대주의는 모두 특정 문화를 기준으로 다른 문화를 평가하는 태도예요. 다양한 문화를 하나의 기준이나 관점으로 바라보고 평가하면 각 문화의 가치를 제대로 이해하기 어려워요. 자신의 관점에서 다른 문화를 업신여기거나 다른 문화의 관점에서 자신의 문화를 비하하는 것 모두 문화를 올바르게 이해하는 태도가 아니랍니다.

📖 이미지로 이해해요 | 거리에서 만나는 문화 사대주의

일상생활에서 대화를 나눌 때 또는 상점에서 물건을 고를 때 문화 사대주의를 엿볼 수 있는 사례들이 몇 가지 있어요. 다음은 신문 기사를 토대로 재구성한 그림이에요.

외국 음식이라고 하면 웬지 더 맛있는 것 같고, 외래어로 적혀 있는 상품명을 보면 더 고급스럽게 느껴지나요? 이는 문화 사대주의 의식이 생각 속에 자리잡고 있기 때문이에요. 합리적인 소비를 위해서라도 문화를 올바르게 이해하는 태도가 필요하겠죠?

● 문화는 어떤 마음가짐으로 바라봐야 할까요?

다른 문화를 바라볼 때 그 사회의 자연환경과 역사적 경험을 바탕으로 이해하고 문화의 다양성을 인정하는 태도를 **문화 상대주의**라고 해요. 문화 상대주의는 문화 간 우열을 나누거나 일방적인 기준으로 다른 문화를 판단하지 않게 하는 데 기여하죠.

문화 상대주의라고 해서 모든 문화의 가치를 인정하고 존중하는 것은 아니에요. 문화 상대주의를 내세워 인류의 보편적 가치를 훼손하는 극단적 상대주의를 정당화할 수는 없거든요. 인간의 존엄성이나 자유, 평등, 정의와 같은 가치는 보장돼야 해요.

> 다른 문화를 무시할 순 없지만, 인간의 존엄성을 훼손해서는 안 되는 거잖아.

> 태양 신이시여! 아들을 제물로 바치나이다.

이야기 속 사회 | 명예 살인도 문화로 인정해야 할까요?

'명예 살인'은 이슬람 문화권 일부의 관습으로, 가족들이 약혼자와의 결혼을 거부하는 등 가문의 명예를 훼손했다고 판단한 사람을 죽이는 행위예요. 피해자 대부분이 여성이죠.

명예 살인 문제는 18세 소녀의 실화를 바탕으로 한 다큐멘터리 영화 '강가의 소녀'가 제88회 아카데미 시상식에서 수상하며 재조명됐어요. 영화는 한 소녀가 한 남자를 사랑하지만 가족들의 반대 때문에 집을 나갔다가 아버지와 삼촌에게 붙잡히고, 아버지가 쏜 총에 머리를 맞아 버려졌다가 기적적으로 살아났다는 내용을 담고 있어요. 파키스탄 총리는 영화를 본 뒤 명예 살인 방지법을 마련하겠다고 약속했고, 국제 시민 단체는 명예 살인 근절 캠페인을 벌였죠. 이슬람 지도자들은 이러한 *여권 신장 운동이 이혼율을 높이고 전통적인 가족 체계를 무너뜨릴 것이라며 반대하고 있어요.

한 사람을 그의 가족들이 공개적으로 죽이는 '명예 살인'은 분명 파키스탄의 문화예요. 하지만 인간의 존엄성과 자유를 침해한다는 점에서 인류 보편적 가치에 어긋나죠.

*여권: 여자의 사회적 · 정치적 · 법률적 권리다.

❖ 영화 '강가의 소녀' 중 한 장면

❖ 파키스탄의 명예 살인을 다룬 다큐멘터리 영화 '강가의 소녀' 포스터

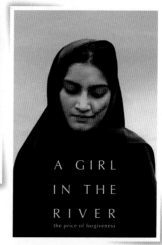

A GIRL
IN THE
RIVER
the price of forgiveness

다양한 문화, 풍요로운 삶

호기심 톡톡 수현이는 친구와 그림을 보다가 다툴 뻔했어요. 수현이가 보기에는 분명히 오리인데, 친구는 자꾸 토끼라고 우겼기 때문이에요. 그런데 집에 돌아와 그림을 다시 보니 수현이 눈에도 토끼로 보였어요. 이 그림은 토끼일까요, 오리일까요?

내가 뭘로 보이니?

● 서로의 문화가 다름을 이해하면 세상이 더욱 풍요로워져요

우리에게 익숙지 않다는 이유로 다른 문화를 배척하면 그 문화를 제대로 이해할 수 없고 문화 간 갈등이 발생할 수 있어요.

문화는 그 사회의 정치, 경제, 종교, 역사, 자연환경 등 여러 요소를 전체적인 맥락 속에서 볼 때 이해할 수 있어요. 각 요소를 개별적으로 봐서는 그 의미와 가치를 정확하게 파악하기 어렵죠. 문화를 구성하는 여러 요소들은 서로 *유기적 관계를 이루고 있기 때문이에요. 또한 문화의 상대성과 다양성을 인정해야 해요. 다양한 문화가 공존하면 개인과 인류의 삶이 다채롭고 풍요로워진답니다.

*유기적 관계 전체를 구성하는 부분들이 서로 밀접하게 연결돼 따로 떼어 낼 수 없는 관계를 뜻한다.

 여기서 잠깐! | 문화를 이해하면 손으로 먹어도 괜찮아!

문화가 달라서 서로의 행동을 오해하는 경우가 있어요. 하지만 각자 다르게 행동할 수밖에 없는 문화적 배경을 이해하면 오해를 풀 수 있죠. 그러려면 다양한 문화에 대한 지식을 갖추고 그 의미와 가치를 인정할 줄 알아야 해요. 젓가락을 사용하는 우리나라 사람과 손으로 음식을 먹는 인도 사람이 서로의 문화에 대해 이해하고 인정한다면 다음과 같이 대화하지 않을까요?

위 사례는 문화에 따라 위생 개념이 다른 데서 온 오해예요. 우리나라는 뜨거운 음식이 많아 숟가락과 젓가락을 이용해 식사를 해요. 인도는 상대적으로 음식이 뜨겁지 않고, 청결의 상징인 오른손을 항상 잘 씻기 때문에 도구보다 더 깨끗한 손으로 식사를 하죠. 또 인도 쌀은 차지지 않아 손끝으로 밥알을 잘 주물러 동그랗게 만들어 먹을 수 있답니다.

3 대중 매체와 대중문화

1. 함께 누리는 대중 매체와 대중문화 2. 대중문화를 바르고 건강하게 가꿔요

커져라~! 생각 풍선 빠르게 퍼지는 요즘 대중 매체에서는 누구나 주인공이 될 수 있죠!

현진이는 요즘 학교 모둠 활동을 할 때 친구들과 내용을 공유하기 위해 *소셜 네트워크 서비스(SNS)로 단체 메시지를 주고받아요. 스마트폰으로 실시간 메시지를 확인할 수 있고, 빠르게 답장할 수 있으며, 개인 컴퓨터로도 동일한 서비스를 이용할 수 있어 빠르고 편리하다는 장점이 있죠.

그러다 보니 현진이는 수시로 스마트폰을 켜 보는 습관이 생겼어요. 메시지가 오지 않았는데도 혹시 자신이 놓친 메시지는 없는지 들여다보는 거예요. 괜히 이것저것 눌러 보기도 하고요. 공부를 하다가도, 밥을 먹다가도, 부모님과 대화하다가도 자기도 모르게 스마트폰을 켰다 껐다를 반복했어요. 우연히 연예인 기사라도 보게 되면 관련 내용을 검색하며 계획에 없던 많은 시간을 허비하고 말아요.

> 스마트폰 때문에 집중을 할 수가 없네. 정말 큰일이야.

*소셜 네트워크 서비스(SNS): 인터넷상에서 정보를 공유하고 의사소통하며 사회적 관계를 맺게 하는 서비스다.

우혁이는 최근 동영상 하나를 SNS에 올렸다가 스타가 됐어요. 부모님이 김장하실 때 김치 담그는 방법을 동영상으로 자세하게 찍어 SNS에 올렸는데, 조회수가 수만 건을 넘었고 많은 외국인들도 동영상에 관심을 보인 거예요. 사람들이 이를 공유하면서 동영상은 순식간에 이곳저곳에 퍼졌고 더 많은 사람들이 이 영상을 보게 됐어요. 누군가는 이 영상에 영어 자막을 넣어서 공유하기도 하고, 누군가는 이 영상을 패러디한 영상을 제작해서 공유하기도 했어요. 우혁이는 이 현상이 기분 나쁘지만은 않았어요. 마치 자신이 스타가 된 것 같아서 우쫄하기까지 했답니다.

> 내가 만든 동영상을 이렇게 많은 사람들이 보다니! 내가 만들었지만 좀 대단한 걸?

함께 누리는 대중 매체와 대중문화

호기심 톡톡 고은이는 어제 본 텔레비전 드라마 속 여배우의 머리 모양이 예뻐 보였어요. 그래서 그 여배우처럼 머리를 묶고 학교에 갔어요. 그런데 단짝 친구 혜지도 똑같은 머리 모양을 하고 왔어요. 어떻게 두 사람이 똑같은 모양으로 머리를 묶은 걸까요?

혹시 너도 그 드라마 본 거야?

● 대중 매체는 소통하는 사회를 만들어 가도록 도와줘요

책, 신문, 라디오, 텔레비전, 영화와 같이 많은 사람에게 동일한 정보를 동시에 전달하는 수단을 **대중 매체**라고 해요. 대중 매체는 인쇄 매체에서 시작해 음성 매체와 영상 매체로 확대됐어요. 최근에는 정보 통신 기술이 발달하면서 인터넷, *소셜 네트워크 서비스(SNS) 등 뉴 미디어가 등장했죠. 대중 매체의 발달로 정보를 전달하는 범위는 아주 넓어졌어요. 속도도 빨라졌답니다. 그 결과 멀리 떨어진 지역에서도 문화나 지식을 쉽게 주고받을 수 있게 됐어요. 이뿐만이 아니에요. 대중 매체에는 사회 구성원에게 그 사회의 가치나 규범을 전달해 사회 통합을 이끌어 내는 **사회화 기능**이 있어요. 사회 구성원의 인식과 행위를 변화시키거나 사회적 갈등을 해소하는 **사회적 조정 기능**도 지니죠.

● 대중문화는 누구나 쉽게 접할 수 있어요

과거 신분제 사회에서는 소수의 특권 계층만이 문화를 누렸어요. 이후 근대화가 진행되면서 개인의 권리가 확대되고 대중 매체가 발달해 누구나 쉽게 문화적 혜택을 즐길 수 있게 됐죠. 이 과정에서 다수의 사람들, 즉 대중이 즐기는 대

유럽의 귀족 문화였던 발레 17세기까지 발레는 왕족과 귀족만 즐길 수 있는 문화였어요. 하지만 오늘날은 누구나 발레 공연을 관람할 수 있죠.

중문화가 형성됐어요.

　대중문화는 대중의 삶을 풍요롭게 해요. 대중 매체가 보급된 오늘날에는 특정한 교육 없이 저렴한 비용으로 누구나 다양한 문화를 자유롭게 접할 수 있어요.

　한편 대중문화는 대중 매체를 통해 대량 생산되고 대량 소비되는 문화여서 획일성을 지녀요. 이러한 특징 때문에 대중문화가 대중의 사고나 취향의 다양성을 저해하기도 하죠. 또한 대중 매체는 이윤 창출을 위해 운영되므로 대중문화도 상업성을 띠게 돼요. 대중 매체가 지나치게 이윤만 추구하면 주로 대중의 흥미를 유도하기 위해 자극적인 내용의 문화가 생산돼 전체 문화의 질이 떨어질 수 있어요.

○ 우리나라의 대중 매체 도입 시기

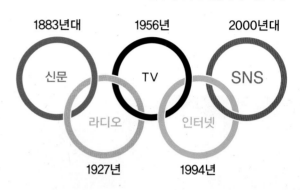

이야기 속 사회 | 대중문화의 그림자, 획일성과 상업성

　대중문화는 사람들의 삶을 풍요롭게 하지만 획일성과 상업성 등의 단점도 있어요. 다음은 대중문화의 획일성과 상업성으로 인해 발생하는 문제점에 대한 이야기예요.

요즘 이 신발 구하기 정말 힘들다던데…… 이걸 신으면 나도 연예인처럼 멋져 보이겠지?

　이야기 1 인기 있는 연예인의 옷차림과 머리 모양, 화장법을 따라 하는 사람이 늘어나고 있어요. 연예인처럼 꾸미는 법을 알려 주는 방송 프로그램이 있을 정도예요. 심지어 연예인과 닮은 외모를 갖기 위해 성형 수술을 받는 사람도 많아지고 있죠.
　화려하고 독특한 모습의 연예인을 따라 하면서 우리는 스스로 '개성의 시대'에 살고 있다고 생각해요. 그러나 그들의 겉모습을 따라 하며 자신이 가지고 있는 본모습은 잃어 가고 있어요. 우리 스스로 개성을 포기하는 셈이에요.

　이야기 2 '막장'이란 광산의 갱도 마지막 부분, 즉 더 이상 갈 수 없는 막다른 곳을 뜻하는 말이에요. 이에 비유해 불륜, 배신, 복수와 같이 자극적인 상황이나 비상식적인 설정으로 시청자의 시선을 사로잡는 것에만 몰두하는 드라마를 '막장 드라마'라고 부르죠. 개연성과 설득력을 잃어버린 막장 드라마가 계속 방송되는 이유는 무엇일까요? 그것은 '욕하면서 본다'는 말이 있을 정도로 막장 드라마를 즐겨 보는 시청자가 많기 때문이에요.
　높은 시청률을 보장하는 막장 드라마는 방송국에 큰 수익을 가져다줘요. 다른 방송국보다 많은 시청자를 확보하려는 방송국들의 경쟁 속에서 대중의 흥미를 이끌어 내기 위해 갈수록 더 자극적이고 극단적인 내용의 드라마가 방송되고 있죠. 이런 현상은 문화의 질적 하락을 가져올 수 있어요.

● 뉴 미디어가 등장하면서 새로운 세상이 열렸어요

신문, 라디오, 텔레비전과 같은 전통적인 대중 매체는 일방적으로 정보를 전달하는 **일방향 매체**예요. 반면 뉴 미디어는 생산자와 수요자가 서로 소통하고 수요자가 생산에도 적극적으로 참여할 수 있는 **쌍방향 매체**죠.

뉴 미디어의 등장은 사회에 큰 영향을 미치고 있어요. 인터넷이 발달하면서 개인은 시간과 공간의 한계를 벗어나 사회적 활동을 하고 다양한 문화를 접하게 됐어요. 인터넷을 이용해 금융 업무를 보거나 물건을 사고파는 일이 가능해졌고, 온라인으로 업무를 보며 재택근무를 하는 경우도 증가하고 있어요. 또한 인터넷을 통해 시민들이 정치에 참여할 수 있게 되면서 전자 민주주의의 실현 가능성도 높아지고 있답니다.

⬦ **스마트폰** 스마트폰은 대표적인 뉴 미디어예요. 우리는 스마트폰으로 다른 사람과 통화하거나 문자 메시지를 주고받을 수 있을 뿐만 아니라 다양한 활동을 할 수 있어요. 인터넷 검색, 게임, 음악과 동영상 감상, 쇼핑, 문서 작성 등 스마트폰의 활용 영역은 계속 넓어지고 있답니다.

이야기 속 사회 | 나의 일상과 함께하는 뉴 미디어

뉴 미디어는 일상에서 어떻게 쓰이고 있을까요? 뉴 미디어가 발달한 요즘, 우리는 생각보다 뉴 미디어를 많이 사용하고 있답니다. 태호의 일기 속에서 자연스럽게 사용되고 있는 뉴 미디어를 찾아 봐요.

> 어, 오늘 오후에 비가 온다네.

태호의 일기

오늘 오전에는 날씨가 화창했는데 오후에 갑자기 비가 내렸다. 하지만 나는 우산이 있어서 비를 맞지 않았다. 집에서 나오기 전, 스마트폰 날씨 애플리케이션에서 오후에 소나기가 내릴 것이라는 일기 예보를 확인하고 우산을 챙겨 나왔기 때문이다. 비가 내리는 날은 알람으로 알려 주기 때문에 따로 일기 예보를 확인하지 않아도 돼서 무척 편리하다.

② 대중문화를 바르고 건강하게 가꿔요

홍기심 톡톡 가수가 꿈인 아름이는 자신이 노래 부르는 모습을 촬영해 온라인 동영상 사이트에 올렸어요. 아름이의 동영상은 화제가 됐고 얼마 후 아름이는 텔레비전 프로그램에 출연하게 됐어요. 평범한 학생인 아름이에게 어떻게 이런 일이 일어날 수 있었던 걸까요?

> 내 노래 실력 어때요?

● 대중문화를 선별해서 받아들이는 태도가 필요해요

대중문화는 대중의 삶에 활기를 불어넣지만 획일성과 상업성을 지니고 있어 문화의 질적 하락, *물질 만능주의의 확산, 정치적 무관심의 확대와 같은 문제를 발생시키기도 해요. 따라서 우리는 대중문화의 부정적 영향을 최소화하고 바람직한 대중문화를 형성하기 위해 노력해야 하죠. 대중문화를 대할 때는 무조건 수용하지 않고 비판적으로 인식하고 선별해서 받아들이는 태도가 필요해요. 또한 온라인 게시판이나 소셜 네트워크 서비스와 같은 다양한 매체를 통해 대중문화의 개선과 발전에 기여해야 해요.

*물질 만능주의 정신적 가치보다 물질적 가치를 더 중요하게 여기면서, 물질을 얻을 수 있다면 무엇이든 할 수 있다는 믿음이다.

 여기서 잠깐 | 심청이는 효녀일까요, 희생양일까요?

다음 두 신문 기사는 같은 사건을 다루고 있어요. 하지만 제목과 기사를 어떻게 쓰느냐에 따라 사건을 바라보는 사람들의 시선이 달라져요. 기사를 읽는 독자는 기사의 내용을 비판적으로 보려는 태도를 가질 때 사건의 진실을 알 수 있어요.

○○ 신문
효녀 심청, 아버지를 위해 자신의 목숨을 기꺼이 내놓다!

소녀 심청(15세)은 앞을 보지 못하는 아버지 심학규 씨(42세)의 눈을 고치기 위해 공양미 300석을 받고 인당수에 빠졌다. 이 이야기가 세상에 알려지자 심청의 지극한 효심에 많은 사람들이 감동해 눈물을 흘렸다.

□□ 신문
비정한 아버지, 자신의 눈을 위해 딸의 죽음 외면

앞을 보지 못하는 심학규 씨(42세)는 눈을 고치기 위해 공양미 300석을 바치기로 약속했다. 하지만 약속을 지키기 어렵게 되자 딸 심청(15세)에게 도움을 구했고 심청은 공양미를 받는 대가로 인당수에 몸을 던졌다.

마무리해 볼까요

한눈에 정리하기

● 이 장에서 다룬 이야기들을 떠올리며 보기에서 알맞은 단어를 골라 빈칸에 써 넣어 볼까요?

> **보기** 대중문화, 대중 매체, 뉴 미디어, 특수성, 자문화 중심주의, 유기적, 문화 사대주의, 문화 상대주의, 보편성, 생활 양식

중단원	소단원	개념 정리
1. 문화의 의미와 특징	문화와 문화가 아닌 것	• 문화는 좁은 의미의 문화와 넓은 의미의 문화로 구분함. • 넓은 의미의 문화란 한 사회의 구성원들이 주어진 환경을 극복하고 적응해 가는 과정에서 만들어 낸 (㉠)을 의미함.
	문화마다 비슷한 점과 다른 점	• 문화의 (㉡)이란 시간과 공간을 초월해 모든 문화에서 공통적인 요소가 나타나는 것을 말함. • 문화의 (㉢)이란 각 사회에 주어진 환경에 따라 서로 다른 고유문화를 형성하는 것을 말함. • 문화는 총체성, 공유성, 학습성, 축적성, 변동성 등의 특징을 지님.
2. 문화를 바라보는 태도	우수한 문화와 열등한 문화가 따로 있나요?	• 자기 문화만을 우수한 것으로 여기며 다른 문화를 비하하는 태도를 (㉣)라고 함. • 다른 문화를 더 우수한 것으로 여기며 자신의 문화를 열등한 것으로 평가하는 태도를 (㉤)라고 함. • 문화를 그 사회가 처한 환경 속에서 이해하고 문화의 다양성을 인정하는 태도를 (㉥)라고 함.
	다양한 문화, 풍요로운 삶	• 한 사회의 문화는 사회를 구성하는 다양한 요소를 전체적인 맥락 속에서 이해해야 함. • 문화를 구성하는 여러 요소들은 서로 (㉦) 관계를 이룸.
3. 대중 매체와 대중문화	함께 누리는 대중 매체와 대중문화	• (㉧)란 많은 사람에게 동일한 정보를 동시에 전달하는 수단임. • (㉨)란 많은 사회 구성원이 즐기고 누리는 문화로, 대중 매체를 통해 확산됨. • 대중문화는 획일성과 상업성을 지님. • 쌍방향 매체인 (㉩)의 등장은 사회 전반에 다양한 영향을 미침.
	대중문화를 바르고 건강하게 가꿔요	• 바람직한 대중문화를 형성하려면 대중문화를 비판적으로 인식하고 선별해서 받아들이려는 자세가 필요함.

해답 ㉠ 생활 양식 ㉡ 보편성 ㉢ 특수성 ㉣ 자문화 중심주의 ㉤ 문화 사대주의 ㉥ 문화 상대주의 ㉦ 유기적 ㉧ 대중 매체 ㉨ 대중문화 ㉩ 뉴 미디어

요즘 많은 사람들이 자신의 생각, 의견 등을 담은 동영상이나 사진을 소셜 네트워크 서비스(SNS)에 올려요. 대중 매체가 텔레비전이나 신문, 라디오에 머물렀던 시절에는 기자나 아나운서, 방송국 PD 등 미디어에 종사하는 전문인들이 미디어를 생산했지만, 요즘은 누구라도 미디어를 생산하고 공유하죠. 개인 컴퓨터와 인터넷이 발달하고 스마트폰이 보급되면서 가능해진 일이에요. 여기에 SNS 산업이 성장하면서 누구라도 매일 새로운 소식을 많은 사람들에게 전할 수 있게 됐답니다.

🔵 누구나 손쉽게 미디어를 생산하고 공유할 수 있도록 도와주는 소셜 미디어

누구나 제약 없이 미디어를 생산하다 보니 문제점도 있어요. 허위 정보나 사실을 확인하지 않은 뜬소문을 바탕으로 미디어를 생산해 피해를 입는 사람들이 많아졌어요. 또한 영상이나 사진, 기존에 있던 글을 의도적으로 편집해 사실을 왜곡하는 경우도 있죠. 이러한 내용을 비판 없이 받아들여 잘못된 정보를 사실이라고 믿는 사람들도 생겨났고요.

이때 우리에게 필요한 것은 미디어를 비판적으로 분석하고 그 안에 있는 진실을 볼 줄 아는 안목이에요. 이러한 비판적 시각으로 자신의 미디어를 제작하는 능력도 필요하고요. 이를 '미디어 리터러시'라고 해요. '리터러시(literacy)'는 '글을 읽고 쓸 줄 아는 능력'을 의미하죠. 즉 미디어 리터러시는 미디어를 읽고 쓸 줄 아는 능력을 뜻해요.

🔵 미디어를 생산하고 공유하는 데 사용할 수 있는 다양한 대중 매체

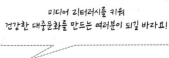

미디어 리터러시를 키워 건강한 대중문화를 만드는 여러분이 되길 바라요!

3

내 삶과 깊이 연관돼 있어요!

정치 생활과 민주주의

무엇을 배울까요?

정치가 없거나 대통령과 국회가 없으면 무슨 일이 벌어질까요? 국가가 없고 시민이 없으면 또 어떤 일이 발생할까요? 정치는 개인, 집단, 국가 간의 이해관계를 조정하고 갈등을 해결하는 역할을 수행해요. 국가와 시민이 제각각 맡은 기능을 제대로 수행하기 위해서는 민주주의가 필요하죠.

정치는 뉴스에나 나오는 어른들의 이야기처럼 보일 때도 있지만, 사실 학교를 다니고 있는 여러분과 밀접한 관련이 있기도 해요. 정치는 무엇인지, 국가와 시민은 어떤 역할을 하는지를 함께 알아봐요.

1 정치와 국가와 시민

1. 질서 있는 사회를 위한 정치 2. 시민은 국가의 주권자

커져라~! 생각 풍선 **누가 갈등을 해결해 주죠?**

우리는 생활 속에서 다양한 갈등 상황을 겪어요. 가정과 학교에서는 물론, 나라 안팎으로 다양한 갈등이 일어나죠. 다음은 갈등이 일어났을 때 이를 누가 해결하는지 생각해 볼 수 있는 이야기예요.

생각 이야기 1 민주는 아침에 동생과 다퉜어요. 빵은 둘이 먹기에도 충분했지만 바나나는 한 개밖에 없었던 게 문제였죠. 민주와 동생은 서로 바나나를 먹겠다고 싸웠어요. 그러자 부모님은 바나나를 공평하게 둘로 나눠 주시면서 다음부터는 평화롭게 대화로 문제를 해결하라고 당부하셨어요.

사회에서도 사람들은 이와 비슷한 이유로 서로 다투기도 해요. 자원은 한정돼 있는데 이를 원하는 사람들이 많은 경우 그렇죠. 부모님이 민주와 동생의 갈등을 해결해 주신 것처럼 사회에서도 이러한 갈등을 해결하는 주체가 있을까요?

생각 이야기 2 시리아와 이라크 등 중동에 기반을 둔 이슬람 극단주의 무장단체인 이슬람 국가(IS)가 북아프리카, 리비아 등으로까지 세력을 넓혔어요. 리비아는 2011년 민주화 시위로 무아마르 카다피 독재 정권이 축출된 이후 비이슬람계 친정부 민병대와 이슬람계 민병대 연합, 이슬람 성전주의 단체 등이 치열하게 대립해 정부의 기능이 제대로 작동하지 못하고 있어요.

나라 안에서 갈등이 일어났을 때 이를 조정하고 해결하는 주체는 누구일까요? 리비아의 사례처럼 나라 안에서 갈등을 조정하는 주체가 없을 때 어떤 일이 일어날까요?

질서 있는 사회를 위한 정치

호기심 톡톡 아리스토텔레스는 "인간은 정치적 동물이다."라고 말했어요. 인간 사회는 정치를 필요로 한다는 의미이죠. 그렇다면 정치는 무엇일까요? 그리고 인간은 왜 정치 활동을 하며 인간 사회는 왜 정치를 필요로 할까요?

인간은 정치적 동물이지.

● 사회에서 일어나는 갈등들을 정치가 해결해 줘요

우리가 사는 사회는 개인, 집단, 국가 등으로 구성돼요. 다양한 사람들이 모여 사는 만큼 *이해관계도 다양하죠. 서로 간의 이해관계가 다른 경우 모든 사람의 욕구를 다 만족시킬 수는 없어요. 사회는 모든 구성원들이 충족하게 나눌 수 있을 만큼 충분한 *권력이나 부를 지니고 있지 않기 때문이에요. 사회는 권력과 부의 *희소성을 지녀요.

개인, 집단, 국가 간에 이해관계가 다르거나 사회에서 필요한 권력이나 부가 소수에게만 집중되면 사회 구성원들 간에는 **합의나 타협**보다 **갈등과 충돌**이 일어나기 쉬워요. 사회가 질서와 안정으로부터 점점 멀어질 가능성이 높아지는 거예요. 무질서하고 불안정한 사회에서는 누구도 자신의 이득을 성취하기 어려워요. 이런 상황에서 *권위를 통해 서로의 이해관계를 조정하고, 희소 자원을 분쟁 없이 분배하기 위한 결정을 내리는 것이 바로 **정치**랍니다.

*이해관계 서로의 이해가 걸려 있는 관계로, 사회의 이해관계는 물질적이고 금전적인 것뿐 아니라 정신적이고 규범적인 것도 존재한다.

*권력 사회 구성원의 행동에 영향을 미칠 수 있는 능력이다.

*희소성 공급이 부족한 상태를 말한다.

*권위 정당성을 지니고 권력을 행사할 수 있는 능력이다.

여기서 잠깐! | 서로 다른 이해관계 때문에 빚어지는 갈등

우리 주변에서는 어떤 사회적 갈등이 일어나고 있을까요? 경제적인 문제와 규범적인 문제로 구분해서 사례와 해결 방안을 함께 살펴봐요.

	경제적인 이해관계의 갈등	규범적인 이해관계의 갈등
사례	• 쓰레기 매립장, 하수 처리장, 화장장 등의 시설 이전 또는 신설로 인한 정부와 해당 지역 주민 간의 갈등 • 미국과 중국 간의 환율 갈등 • 중국과 일본 간의 영토 분쟁(일본명 센카쿠 열도, 중국명 댜오위다오)	• 두발 자유화를 둘러싼 학교와 학생 단체 간의 갈등 • 낙태와 동성애에 대한 미국 내 민주당과 공화당 간의 갈등 • 동성 결혼 합법화에 대한 종교 단체와 성소수자 단체 간의 갈등 • 힌두교와 이슬람교 간의 종교적 대립으로 인한 인도와 파키스탄 간의 갈등
해결 방안	• 어느 한쪽의 이해관계만을 중시하는 것이 아닌 양쪽의 이해관계를 중시해 타협안 도출 • 권위와 신뢰가 있는 기관의 중재 아래 대화로 합의안 마련 • 여론 조사 또는 투표를 통한 합의안 도출 • 다름을 인정하고 다양성을 받아들이는 문화 상대주의적인 태도를 기르기	

태아도 생명! 낙태 반대!

● 정치는 서로의 필요를 채우기 위해 필요해요

*정당성 사리에 맞아 옳고 정의로
운 성질이다.

*무정부 상태 정부나 정치 지도자
가 부재하거나 이들이 정당성을 상
실해 상당히 무질서한 사회 상태를
의미한다.

*정책 정부나 어떤 집단이 목적을
실현하기 위해 세운 방침이다.

정치는 다양한 사회 구성원이 이해관계에 따라 서로 갈등하고 경쟁할 때 이를 조정하고 해결하는 기능을 수행해요. 권위와 *정당성을 지닌 정치인이 이해관계를 조정하거나 사회 구성원들이 서로 대화와 타협으로 문제를 해결하는 것이 정치의 기능이죠.

정치가 없다면 권위나 대화를 통한 갈등의 조정이 불가능해져요. 인간 사회가 *무정부 상태에 빠져 동물의 세계와 같은 약육강식의 사회로 변해 버릴 수도 있죠. 정치가 없는 사회에서는 이해관계를 조정하거나 갈등을 원만하게 해결하기가 어려워요. 정치는 우리의 삶을 평화롭게 살아가기 위해 반드시 필요한 사회적 행위예요.

● 정치는 일상생활과 밀접해요

정치는 우리의 일상생활과 긴밀하게 연결돼 있어요. 경제 *정책과 외교 정책, 국방 정책을 결정할 뿐 아니라, 전기 요금이나 버스 요금 등의 공공요금을 책정하기도 하고, 대학 입시를 어떻게 할 것인지도 결정하기 때문이죠.

이렇듯 정치는 결코 우리의 일상생활과 무관한 것이 아니에요. 오히려 우리의 이해관계와 밀접하게 관련돼 있죠. 따라서 정치에 무관심하거나 적극적으로 참여하지 않으면 자신의 의견이 정책에 반영될 가능성이 줄어들 수밖에 없어요. 정치에 대한 무관심은 우리나라 민주주의 발전을 저해하는 요소가 되기도 하죠.

국가 정책에 여러 사회 구성원들의 이해관계가 충실히 반영되도록 정치에 관심을 가지고 적극적으로 참여하면 구성원들이 원하는 바가 공평하게 실현된 바람직한 사회를 만들 수 있답니다.

가로등을 더 설치해 달라고
구청에 건의했더니
며칠 전부터
가로등 공사를 하더라고요.

잘됐네요!
저도 시 정책에
관심을 갖고 적극적으로
건의해야겠어요.

정치는 우리의 일상생활과 밀접해요. 만약 정치가 없다면 우리의 생활에는 어떤 일이 일어날지 다음 이야기들을 통해 알아봐요.

❶

방과 후 학교 주변 청소 담당자를 정해야 하는데 학급 회의도 없고 담임 선생님도 없다면?

청소하기 귀찮은데 집에 가자.

청소 안 한다고 누가 뭐라고 하겠어?

❷

학교 급식 정책을 결정해야 하는데 국회에서 여당과 야당의 대화와 타협이 없다면?

나는 내 의견을 굽힐 생각이 전혀 없어요.

나도 무조건 당신 의견에 반대예요!

복지 정책 예산

❸

인접 국가의 군사적 도발로 국가 안보가 위태로운데 대통령이 없다면?

국가 안보 문제를 해결할 거기 누구 없소?

대통령

아무도 청소하지 않고, 이를 관리하는 사람이 없다면 교실에 쓰레기가 넘쳐 날 거예요. 책상과 의자가 제대로 정리되지 않아 교실이 엉망이 될 거고요. 교실의 각종 물품이 없어지거나 훼손될 수도 있어요. 교실 분위기가 산만해져서 아이들이 공부에 집중하지 못할 수도 있죠.

서로 싸우기만 하고 타협하지 않으면 정책이 세워지기 어려워요. 급식 정책이 없으면 정부에서 급식 사업을 진행하지 못하고 전국 학교에 급식 대란이 벌어질 수 있어요. 급식 대란이 벌어지면 학생들이 굶거나 도시락을 싸 갖고 다녀야 하기 때문에 큰 불편을 겪게 될 거예요.

불안감에 빠진 국민은 각자가 맡은 역할을 제대로 하지 못하게 될 거예요. 그러면 사회가 혼란에 빠질 수 있어요. 또한 인접 국가의 군사적 도발에 적절히 대응하지 못해서 큰 인명 피해가 발생할 수도 있어요. 다른 국가에 의해 국가가 점령당해 국권을 빼앗길 수도 있죠.

② 시민은 국가의 주권자

호기심 톡톡 국가는 왜 존재할까요? 시민은 무엇을 해야 할까요? 나는 시민으로서 왜 국가에 공동체 의식을 가져야 하며, 나는 왜 국가에 세금을 내고 군 복무를 해야 할까요? 그리고 국가는 시민인 나에게 무엇을 해 주며, 나는 국가에 무엇을 요구할 수 있나요?

한 나라의 시민이자 나라를 지키는 군인들이에요.

*사회 계약론 정치권력의 정당성이 시민과 국가 간의 사회 계약에 의해 발생했다는 이론으로 17~18세기 홉스, 로크 등이 주장했다.

*권리 시민의 권리에는 자유권, 평등권, 참정권, 사회권, 청구권 등이 있다.

*주권 국가의 의사를 결정하는 최고의 권력이다.

● 시민 대신 국가가 정치권력을 행사해요

국가는 시민의 생명과 자유와 권리를 보호하는 일을 수행해요. 이를 위해 국가는 외부의 적으로부터 시민을 보호하고 국내 질서와 안정을 유지하려고 하죠. 국가의 이러한 역할을 설명하는 대표적인 이론은 **사회 계약론**이에요. 이 이론에 의하면 시민들은 사회 계약을 통해 국가에게 정치권력을 위임하고 자신들의 자유, *권리, 생명 등을 보호해 달라는 계약을 맺어요.

● 시민이 정치에 적극적으로 참여해야 건강한 나라를 만들 수 있어요

민주 사회에서 시민은 정치 참여의 주체자로서의 역할을 수행해요. 이를 위해서 시민은 첫째, 민주적 의식과 태도를 지녀야 해요. 타인의 가치관을 인정하며 대화하고 타협하는 태도가 필요하죠. 둘째, 시민은 준법정신을 지녀야 해요. 시민은 법을 준수함으로써 스스로의 존엄성과 자유, 평등을 보장받으며 사회 안정과 질서를 실현할 수 있어요. 셋째, 시민은 공동체 의식을 지니고 자신이 소속된 공동체와 개인의 조화로운 발전을 추구해야 해요. 넷째, 시민은 정치에 적극적으로 참여해야 해요. 선거, 시민 단체, 이익 집단, 여론 형성 과정 등에 참여해 자신의 *주권을 직접 행사하고 국가의 권력 독점을 견제해야 해요. 시민이 주권자로서의 역할을 적극적으로 실행했을 때 건전한 국가가 유지돼요.

짐이 곧 국가다.

백성의 말이 하늘의 이치이니 왕은 이를 바탕으로 나라를 다스려야 하오.

대한민국의 주권은 국민에게 있고, 모든 권력은 국민으로부터 나옵니다.

루이 14세 · 맹자 · 사회 선생님

시민은 권리와 의무를 동시에 지닌 존재예요. 시민이라면 다음의 권리와 의무를 가져요. 그림으로 확인해 봐요.

2 민주 정치의 발전 과정과 기본 원리

👤 1. 민주 정치의 오랜 역사 2. 새의 양 날개 같은 자유와 평등

커져라~! 생각 풍선 국가의 주인은 누구일까요?

민주주의 국가에서 국가를 대표하는 사람은 대통령이에요. 그렇다면 국가의 주인은 대통령일까요? 다음 내용을 살펴보며 국가의 주인은 누구인지 생각해 보세요.

미국 제16대 대통령 링컨은 연설에서 '국민의, 국민에 의한, 국민을 위한 정부'를 강조했어요. 민주주의는 국민이 국가의 권력을 지니고 그 권력을 스스로 행사하는 정치 형태예요. 또한 대화와 타협을 통해 사회 구성원 간의 갈등과 충돌을 조정하고 결정하는 생활 원리로서 현대 사회가 현실적으로 선택할 수 있는 최선의 정치 형태예요.

우리나라 정부는 국민의, 국민에 의한, 국민을 위한 정부입니다!

그리스 고대 철학자 플라톤은 그의 저서 『국가』에서 아테네의 일반 대중은 정치 공동체에 무엇이 최선인지 판단할 수 있는 적절한 능력과 자질이 부족하고, 자신들을 대표해 이를 판단할 수 있는 올바른 정치 지도자를 식별할 수 없다고 지적했어요. 또한 자신의 즉흥적이고 변덕스러운 취향에 부합하는 지도자를 선호하는 경향이 있다고 덧붙였죠.

민주주의는 최대한 많은 국민의 이익을 도모할 수 있는 최선의 정치 형태예요. 민주주의를 꽃피울 수 있도록 국가의 주인인 국민은 정치를 비판적이고 면밀하게 살펴봐야 해요.

이 후보는 나와 고향이 같네? 그렇다고 덮어놓고 이 후보를 찍을 순 없지.

인상이 좋다고 해서 이 후보의 공약까지 덮어놓고 찬성할 순 없어.

① 민주 정치의 오랜 역사

호기심 톡톡 "우리나라는 민주주의 국가이다.", "북한은 민주주의 국가가 아니다.", "우리 집은 비민주적이다.", "학생 회장 선거는 민주적이다." 우리는 이러한 말들을 자주 사용합니다. 민주주의는 무엇이고 역사적으로 어떻게 발전해 왔는지 알아볼까요?

민주주의는 고대 그리스에서 시작됐다요~.

● 민주주의에서 국가의 주인은 시민이에요

민주주의는 그리스어로 민중을 뜻하는 '데모스(demos)'와 지배를 뜻하는 '크라토스(kratos)'의 합성어예요. 민주주의는 민중의 지배, 즉 시민의 지배를 하나의 이상이자 목적으로 추구하며 시민이 국가의 주인으로서 국가 권력을 지니고 그 권력을 스스로 행사하는 거예요.

● 고대 그리스에서는 직접 민주주의가 이뤄졌어요

민주 정치는 고대 그리스에서 시작됐어요. 당시 그리스는 소규모 도시 국가인 *폴리스로 구성돼 있었어요. 인구수가 적은 폴리스에서는 *직접 민주주의가 가능했어요. 민회는 모든 시민이 참여하는 최고의 의결 기구였으며, 시민은 민회에 모여 자신의 의견을 말하고 투표할 권리를 부여받았어요. 모든 시민은 정치인으로서 권력을 행사하는 사람이자 그 권력을 따르는 사람이었죠. 그러나 그리스 민주주의는 여성과 노예, 이주민, 외국인 등의 참여를 제외한 제한적 민주주의였답니다.

*폴리스 그리스 본토에 100개, 식민지에 1,000여 개 정도 있었던 고대 그리스의 도시 국가이다.

*직접 민주주의 국가의 의사 결정과 집행에 국민이 직접 참여하는 민주주의이다.

 이야기 속 사회 | 페리클레스가 생각한 민주 정치와 시민 의식

고대 그리스 아테네의 정치가였던 페리클레스는 펠로폰네소스 전쟁에서 전사한 아테네 병사들의 장례식에서 추도 연설을 했어요. 이 연설문에는 고대 그리스의 민주주의와 시민 의식이 잘 나타나 있죠. 페리클레스가 어떤 이야기를 했는지 함께 읽어 봐요.

우리의 정치 체제는 민주정입니다. 왜냐하면 권력이 소수가 아니라 전체 민중의 수중에 있기 때문입니다. 사적인 분쟁을 해결하는 과정에서는 모든 사람이 법 앞에 평등합니다. …… 부자는 부를 자랑하지 않고 부를 활동의 바탕으로 삼으며, 가난한 자는 가난한 것을 부끄러워하지 않고 가난을 이겨 내려는 노력을 게을리하는 것을 부끄럽게 여깁니다. 모두 공적으로나 사적으로 최선을 다합니다. 전사도 정치에 소홀하지 않습니다. 우리는 정치에 참여하지 않는 자를 쓸모없는 자라고 생각합니다.

◐ 페리클레스의 추도 연설 장면

● 근대에 이르러 시민의 권리가 점차 확대됐어요

*권리 장전 명예혁명 결과로 이뤄진 인권 선언으로서, 영국 헌법의 기초가 되는 법률 문서이다.

*입헌 군주제 군주의 권력이 헌법에 의해 제약되는 정치 체제이다.

*대의 민주주의 선거를 통해 선출된 사람들이 일반 시민들을 대표하는 원칙에 기초한 정부 형태이다.

*부르주아 자본가 계급에 속하는 사람을 말한다.

근대 민주주의는 시민의 자유와 권리, 인권이 확대되고 시민의 정치 참여가 확장되는 데 기여했어요.

영국은 1688년에 **명예혁명**, 1689년 *권리 장전을 통해 의회 정치를 강화하고 왕의 자의적인 권력 행사를 통제해 민주주의를 발전시켰으며, *입헌 군주제를 도입했어요. 그 결과 왕은 의회의 동의 없이 법률을 제정하거나 세금을 징수할 수 없게 됐죠. 1776년, 미국은 '독립 선언문'을 발표하고 모든 인간은 평등하며 자유롭고 행복한 삶을 추구할 권리를 지니고 태어난다고 강조했어요. 프랑스 혁명이 일어난 1789년, 프랑스는 '인간 및 시민의 권리 선언'을 통해 인간은 태어날 때부터 자유와 평등의 권리를 지니며 국가의 주권은 국민이 가진다고 선언했어요.

근대 민주 정치는 국가 권력의 정당성이 국민 주권 원리에 기초하는 방향으로 발전했어요. 국가의 영토가 넓어지고 인구가 늘어나 직접 민주주의를 실행하기가 현실적으로 불가능해지면서 *대의 민주주의가 발달했답니다.

한편 근대 민주 정치에서 선거권은 귀족이나 *부르주아 등 소수 집단에게만 주어졌어요. 여성, 노동자, 농민, 도시 하층민들은 선거권을 갖지 못했죠.

◎ 1776년 미국 '독립 선언문'에 서명하는 모습

여기서 잠깐! | 근대 민주주의에 영향을 미친 정치 사상가

로크, 몽테스키외, 루소는 근대 민주주의의 발전에 큰 영향을 준 정치 사상가예요. 이들이 어떤 주장을 했는지 함께 살펴볼까요?

로크(1632~1704)는 영국의 철학자이자 정치 사상가예요. 로크는 『시민 정부론』에서 정부는 시민의 자유와 생명, 재산권 등을 보호할 의무가 있으며, 통치자가 시민의 권리를 침해할 경우 시민은 이에 저항할 권리가 있다고 주장했어요.

몽테스키외(1689~1755)는 프랑스 계몽 사상가이자 정치 사상가예요. 몽테스키외는 『법의 정신』에서 입법부, 행정부, 사법부의 삼권 분립으로 권력 남용을 막고 서로 견제하며 균형을 이루는 것이 중요하다고 강조했어요.

루소(1712~1778)는 프랑스 정치 사상가이자 문학가예요. 루소는 『사회 계약론』을 통해 국민 주권론을 주장했어요. 국민 주권론은 국민이 국가의 주인이며 국가를 다스릴 권리가 있다는 이론이에요.

● 오늘날에는 다양한 방법으로 정치에 참여할 수 있어요

선거권이 확대되면서 현대 민주주의는 더욱 발전했어요. 선거권을 갖지 못했던 노동자, 여성, 흑인 등이 오랜 노력 끝에 점진적으로 선거권을 얻었어요. 20세기 중반에 이르자 대부분의 국가에서 일정 연령에 도달하면 모든 사람에게 선거권을 주는 **보통 선거제**를 도입했어요.

현대 민주 정치는 몇 가지 특징을 지녀요. 첫째, **대의 민주주의**가 주도적인 민주 정치의 형태로 자리 잡았어요. 둘째, 보통 선거제의 도입으로 일반 시민들이 정치의 주체가 되고 정치 과정에 자유롭게 참여하면서 대중 민주주의가 형성됐어요. 셋째, 일반 시민들이 정치에 무관심하기 쉬운 대의 민주주의를 보완하기 위해 ***국민 투표제**, ***국민 소환제**, ***국민 발안제** 같은 직접 민주주의 제도가 함께 시행되고 있어요. 넷째, 인터넷과 스마트폰 등 정보 통신 기술이 발전하면서 최근에는 전자 민주주의가 발전하고 있어요. 전자 민주주의의 등장으로 전자 투표 등을 통해 시민들의 정치 과정에 대한 직접 참여가 확대되고 있답니다.

*국민 투표제 헌법 개정 등 국가의 중대한 사항을 주권자인 국민의 의사에 따라 투표로 결정하는 제도이다.

*국민 소환제 선거로 선출된 대표 중에서 국민들이 부적격하다고 생각하는 자를 임기가 끝나기 전에 국민 투표로 파면시키는 제도이다.

*국민 발안제 일정 수 이상의 국민이 헌법 개정안이나 법률의 제정안·개정안을 국회에 직접 제출하는 제도이다.

이미지로 이해해요 | 보통 선거권이 확립되면서 민주주의가 풍성해졌어요

성별, 인종, 재산, 소득 등의 요소에 의해 차별받지 않고 더 많은 사람들이 참정권(선거권)을 갖게 될수록 민주주의는 더 많은 사람들의 자유와 권리를 보호하게 됐어요. 가지가 무성해지면서 나뭇잎도 풍성하게 자라는 나무처럼, 참정권이 확대되면서 민주주의라는 나무가 크게 성장한 거예요.

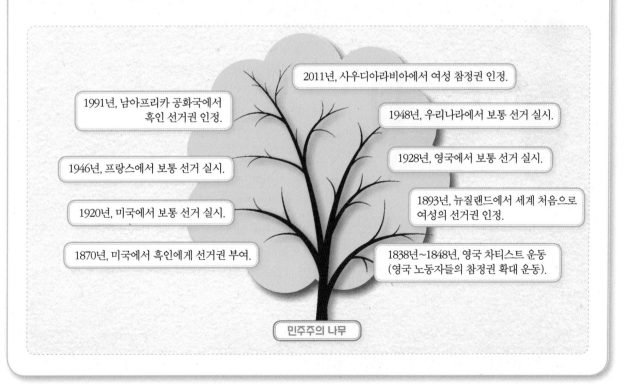

2011년, 사우디아라비아에서 여성 참정권 인정.

1991년, 남아프리카 공화국에서 흑인 선거권 인정.

1948년, 우리나라에서 보통 선거 실시.

1946년, 프랑스에서 보통 선거 실시.

1928년, 영국에서 보통 선거 실시.

1920년, 미국에서 보통 선거 실시.

1893년, 뉴질랜드에서 세계 처음으로 여성의 선거권 인정.

1870년, 미국에서 흑인에게 선거권 부여.

1838년~1848년, 영국 차티스트 운동 (영국 노동자들의 참정권 확대 운동).

민주주의 나무

② 새의 양 날개 같은 자유와 평등

호기심 록록 민주주의는 아무 것도 없는 상태에서는 이뤄지지 않아요. 민주주의 사회에서 추구하는 이념과 원리가 있죠. 우리는 어떤 이념을 추구하고, 어떤 원리 속에서 생활하고 있을까요?

자유와 평등의 균형을 맞춰야 날 수 있어.

● 민주주의에서 인간은 존엄하고 자유롭고 평등해요

*기본권 자유권, 평등권, 참정권, 사회권, 청구권 등 헌법이 보장하는 시민의 기본적인 권리이다.

민주주의가 추구하는 이념은 인간의 존엄성과 자유, 그리고 평등이에요. 시민 중 어느 누구도 집단의 이익이나 특정 가치를 위해 희생돼서는 안 되며, 반드시 동등하고 소중하게 대우받아야 하죠. 이를 위해 민주주의 사회에서는 자유와 평등의 균형적인 발전을 추구해요. 사회 구성원의 자유와 평등은 헌법에 명시된 *기본권을 통해 보장받아요.

🔍 이야기 속 사회 | 어떤 동물은 다른 동물보다 더 평등하다?

조지 오웰의 소설 『동물 농장』과 『1984』은 민주주의의 이념인 자유, 평등, 인간의 존엄성을 바탕으로 *전체주의의 문제점을 이야기해요. 줄거리를 통해 전체주의의 문제점을 살펴볼까요?

우리가 더 평등하니 우리만 특권을 누릴 거야!

내가 너를 보고 있다.

소설 줄거리

- 『동물 농장』

존스 씨의 동물 농장에서 돼지들의 주도로 혁명이 일어난다. 그리고 인간들의 착취 없이 모든 동물들이 평등한 이상 사회가 세워진다. 하지만 이러한 이상 사회는 돼지들만이 특권을 누리는 불평등한 사회로 변한다. 급기야 다른 동물들의 의식까지도 돼지들이 지배하는 공포스러운 전체주의 사회가 되고 만다.

- 『1984』

모든 사람들이 텔레스크린(telescreen)으로 감시받는데, 정신까지도 지배받는 모습이 그려진다.

전체주의 사회에서 개인의 자유는 집단 또는 국가의 이익을 위해 얼마든지 제한되고 박탈당할 수 있으며, 개개인의 특성이나 환경은 고려하지 않은 채 모든 사람을 동일하게 취급하는 형식적 평등이 이뤄져요. 이 같은 전체주의 사회에서 인간의 존엄성은 유지되기 어려우며 개인은 전체주의 사회를 유지하기 위한 부속품으로 여겨질 수 있어요.

*전체주의: 개인이나 하나의 파벌이 지배하는 국가가 무제한적인 권위를 행사하고 국민들의 공적 영역뿐 아니라 사적 영역도 통제하며 관리하는 비민주적인 정치 체제이다.

자유와 평등은 서로 갈등 관계인데, 개인의 자유가 강화되면 사회 공동체의 평등이 약해지고, 사회 구성원 간의 평등이 강화되면 개인의 자유가 약해져요. 민주주의의 자유와 평등은 새의 양 날개에 비유할 수 있어요. 양 날개의 균형을 잘 맞춰 비행하는 새처럼 인간의 존엄성을 추구하기 위해 자유와 평등의 균형을 잘 이뤄야 해요.

● 민주 정치의 기본 원리는 무엇일까요?

민주 정치는 몇 가지 기본 원리를 통해 발전해 왔어요. 첫째, 국가의 의사를 결정하는 최고 권력인 주권은 국민에게 있어요. 이를 **국민 주권 원리**라고 해요. 둘째, 국민 주권 원리가 정치의 운영 원리로 받아들여지면서 주권을 지닌 국민이 국가를 스스로 다스린다는 **국민 자치 원리**가 등장했어요. 셋째, 민주주의는 견제와 균형을 추구해요. 정치권력의 집중은 시민의 자유와 평등과 인권을 침해하기 쉬

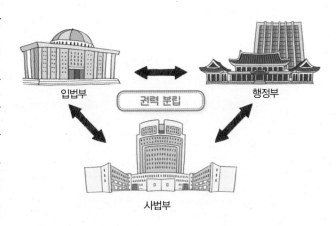

입법부   권력 분립   행정부

사법부

워요. 그래서 민주주의는 **권력 분립 원리**를 통해 정치권력의 분산과 균형을 추구하죠. 넷째, 군주의 절대 권력에 대한 효율적인 견제 장치는 법이에요. 시민의 자유와 권리를 법으로 보장한다는 *입헌주의 원리에 따라 국가 권력은 헌법에 의해 정당화되거나 제한돼요. 시민의 여러 가지 기본권도 역시 헌법에 의해 보호받는답니다.

*입헌주의 정부의 권위나 정치권력은 헌법 등과 같은 법으로부터 나오며 법에 의해 제한된다는 정치사상이다.

국민 주권 원리

국민 자치 원리

권력 분립 원리

입헌주의 원리

민주 정치의 기본 원리

3 민주주의 구현을 위한 정부 형태

 1. 대통령이 있는 나라, 수상이 있는 나라

커져라~! 생각 풍선 **나라마다 정부 형태가 달라요**

미국은 대통령제를 가장 먼저 시작한 국가예요. 입법·사법·행정부가 서로 견제하는 3권 분립의 구조를 처음으로 받아들이기도 했죠. '제왕적 대통령'이라는 말도 미국에서 나왔어요. 우리나라는 미국의 대통령제와 유사해요.

프랑스의 대통령제는 미국과는 조금 달라요. 분권형 권력 구조를 대표하는 모델이죠. 대통령이 있지만, 이에 못지않은 권력을 가진 총리가 내각을 이끌어 '이원 집정부제'라고도 해요. 이원 집정부제는 순수 대통령제와 의원 내각제의 특징을 모두 갖추고 있어요.

이 밖에 다른 나라는 어떤 정부 형태를 갖췄을까요?

◎ 영국 왕가의 모습(2013)

◎ 미국 오바마 대통령과 내각 구성원(2009)

대통령이 있는 나라, 수상이 있는 나라

호기심 톡톡 우리나라와 미국에는 대통령이 있고, 영국과 일본에는 왕과 수상이 있어요.
왜 어떤 나라에는 대통령이 있고, 어떤 나라에는 왕과 수상이 있을까요?

저는 국가의 대표인 대통령입니다.

● 대통령을 중심으로 권력의 균형을 이뤄요

대통령제는 대통령을 중심으로 이뤄진 행정부가 입법부와 사법부에서 독립한 정부 형태예요. 국가 기관 사이의 견제와 균형의 원리를 유지하면서 권력을 분산시켜 국민의 자유와 권리를 보호하는 정부 형태죠. 대통령제는 미국에서 처음 시작됐답니다.

대통령제의 특징은 다음과 같아요. 첫째, 대통령제에서 국민은 직접 선거로 대통령을 선출하며, 대통령은 임기를 보장받아요. 둘째, 대통령은 국가를 대표하는 국가 원수이자 행정부 수반(수장)으로서 강한 힘을 지녀요. 셋째, 대통령과 *의회는 서로 독립적이에요. 국민은 별도의 대통령 선거와 의회 의원 선거로 대통령과 의원을 선출하죠. 대통령과 의회 의원은 선거에 당선돼 권력의 정당성을 인정받아요. 당선된 대통령은 행정부의 *각료들을 임명해 의회와 무관하게 행정부를 구성해요. 넷째, 입법부와 행정부는 각각 독립해 있으므로 대통령은 의회에 대해 정치적 책임을 지지 않으며, 의회를 견제할 수 있는 의회 해산권도 없어요. 또 의회 의원은 임기 동안 행정부 구성원이 될 수 없으며 행정부는 입법부의 법률 제정에 관여할 수 없어요. 하지만 대통령과 행정부는 의회가 만든 법률안이 국민의 생활에 악영향을 미친다고 판단할 경우 그 법률안에 대해 거부권을 행사할 수 있어요.

*의회 선거에서 당선된 의원으로 구성되고 법 제정을 담당해 입법부라고도 한다. 우리나라에서는 의회를 국회라 하고 지방 자치 단체의 의회를 지방 의회라고 한다.

*각료 행정부에서 임무를 맡은 장관을 말한다.

⊙ 대통령제에서 입법부와 행정부가 구성되는 과정

국민 → 선거 → 의원 선출 → 입법부

국민 → 선거 → 대통령 → 행정부

● 의회와 내각이 서로 견제하며 나라를 운영해요

의원 내각제는 의회 내 다수당이 국가의 행정을 담당하는 수상과 각료를 선출하는 정부 형태예요. 의원 내각제는 시민 혁명 이후 발전하기 시작했어요. 의원 내각제가 자리 잡으면서 영국의 의회는 국왕의 권력을 통제할 수 있게 됐고 국왕은 형식적인 군주로 남았죠.

의원 내각제의 특징은 다음과 같아요. 첫째, *내각과 의회는 서로 긴밀한 관계에 있어요. 의회의 대표인 수상은 의원 선거에서 다수를 차지한 정당에서 선출돼요. 그 수상이 국가 행정을 담당하는 내각을 구성하고요. 둘째, 수상과 내각이 의회에 의해 구성되므로, 내각은 의회에 대해 책임을 져요. 만약 의회에서 내각을 불신임하면 내각은 사퇴해야 해요. 셋째, 내각 불신임제와 의회 해산권으로 입법부와 행정부는 서로 견제하며 권력 균형을 유지해요. 내각에서 정책 집행을 잘못할 경우 의회에서 내각에 대한 불신임권을 행사할 수 있고, 의회의 입법 활동에 문제가 있을 경우 내각이 의회를 해산할 수 있어요. 이 경우 총선거를 치러 의회와 내각을 새롭게 구성해요.

의원 내각제는 의회 중심주의에 입각하면서 입법부와 행정부 사이의 권력 융합과 균형을 동시에 추구하는 정부 형태랍니다.

*내각 국가의 행정을 담당하는 최고 합의 기관이다.

○ 의원 내각제에서 의원과 수상이 선출되는 과정

국민 → 선거 → 의원 선출 → 의원이 가장 많이 선출된 당에서 수상 선출 → 행정부 수상

● 우리나라의 정부 형태는 어떤 방식일까요?

우리나라 정부 형태는 기본적으로 대통령제를 취해요. 따라서 국민은 직접 선거로 대통령과 국회 의원을 각각 선출하며, 대통령은 국회를 해산할 수 없고 국회는 대통령을 불신임할 수 없죠. 하지만 국무총리 제도와 행정부의 법률안 제출권 등 내각제 요소도 지녀요. 즉, 우리나라는 대통령제를 기본으로 하면서 의원 내각제 요소를 부분적으로 도입한 정부 형태인 거예요.

대통령제와 의원 내각제는 어떻게 다를까요? 대통령제와 의원 내각제를 비교한 다음의 표를 살펴보면 한눈에 알 수 있을 거예요. 각각의 특징은 무엇인지, 그리고 각각의 장점과 단점은 무엇인지 살펴보고, 우리나라의 정부 형태가 미국이나 영국의 정부 형태와는 또 어떻게 다른지 비교해 봐요.

> 대통령제와 의원 내각제는 서로 다른 특징을 갖고 있어요. 각각에는 장점도 있고 단점도 있지만, 둘 다 민주 정치를 이루기 위한 정치 형태라는 점에서는 동일하죠. 대통령제를 이해하면 우리나라의 대통령이 하는 일이 무엇인지도 더 잘 알 수 있겠죠?

	대통령제	의원 내각제
특징	• 시민 혁명의 영향으로 권력 분립 추구 • 미국에서 발달 • 국민이 직접 선출한 대통령이 국가 원수이자 행정부 수반임 • 행정부 각료는 대통령이 임명하고 의원 겸직이 불가능 • 내각 불신임권이나 의회 해산권이 없음 • 대통령에게 법률안 거부권 부여	• 의회 중심으로 권력 융합 추구 • 영국에서 발달 • 의회의 다수당 대표가 수상이 되고 내각을 구성 • 내각의 각료는 의회의 신임에 의해 임명되며, 의원의 겸직이 가능 • 의회에 의한 내각 불신임제와 내각에 의한 의회 해산권으로 견제와 균형 유지
장점	• 대통령 임기 보장으로 정국 안정 가능 • 국가 정책의 연속성 보장 가능	• 책임 정치 구현이 가능 • 의회와 내각 간 정치적 대립의 신속한 해결 가능
단점	• 대통령의 독재 가능성 • 대통령의 임기 보장으로 책임 정치 구현이 어려움 • 의회와 행정부 사이 갈등으로 국정 중단 가능성	• 잦은 내각과 의회 재편으로 정국 불안 가능성 • 일관된 정책 추진 불가 • 의회 다수파의 횡포 가능성 • 연립 내각으로 정국 불안 가능성

	우리나라의 정부 형태와 미국의 대통령제	우리나라의 정부 형태와 영국의 의원 내각제
유사점	• 대통령을 국민이 직접 선출 • 대통령의 법률안 거부권 행사 가능	• 국무총리 존재, 행정부가 법률안 제출 가능 • 국회 의원의 겸직 가능 • 국회가 국무총리와 국무 위원에 대한 해임 건의를 할 수 있음
차이점	• 부통령이 존재하지 않음 • 의원의 겸직 가능 • 행정부가 법률안 제출 가능	• 국무총리를 선거로 뽑지 않음 • 행정부 수반의 임기가 보장됨

마무리해 볼까요

한눈에 정리하기

● 이 장에서 다룬 이야기들을 떠올리며 보기에서 알맞은 단어를 골라 빈칸에 써 넣어 볼까요?

> **보기** 입헌주의 원리, 국민 주권주의, 권리, 준법정신, 권위, 가치, 정당성, 자유, 존엄성, 행정부, 권력 융합

중단원	소단원	개념 정리
1. 정치와 국가와 시민	질서 있는 사회를 위한 정치	• 정치란 무엇일까?: 이해관계의 조정, (㉠　　　)의 권위적 분배. • 정치는 어떤 기능을 수행할까?: 정치의 기능은 (㉡　　　)와 (㉢　　　), 대화와 타협을 통해 이뤄짐. • 정치는 왜 중요할까?: 정치에 대한 관심은 평등하고 합리적인 사회를 만드는 데 도움이 됨.
	시민은 국가의 주권자	• 국가의 역할은 무엇일까?: 시민의 생명과 (㉣　　　)와 (㉤　　　)를 보호하는 역할을 수행함. • 시민의 역할은 무엇일까?: 민주적 의식과 태도, (㉥　　　), 공동체 의식, 참여를 통해 민주 정치의 실현에 기여하는 역할을 수행함.
2. 민주 정치의 발전 과정과 기본 원리	민주 정치의 오랜 역사	• 민주 정치는 어떻게 발전해 왔을까?: 민주 정치의 발전 과정은 시민의 정치 참여가 확장되고 국가 권력의 정당성이 (㉦　　　) 원리에 있음을 확인해 온 과정임.
	새의 양 날개 같은 자유와 평등	• 민주주의의 이념은 무엇일까?: 인간의 (㉧　　　), 자유, 평등. • 민주 정치의 기본 원리는 무엇일까?: 국민 주권 원리, 국민 자치 원리, 권력 분립 원리, (㉨　　　).
3. 민주주의 구현을 위한 정부 형태	대통령이 있는 나라, 수상이 있는 나라	• 대통령제란 무엇일까?: 대통령을 중심으로 한 (㉩　　　)가 입법부 및 사법부와 독립돼 이들 국가 기관 간에 견제와 균형이 유지되는 정부 형태임. • 의원 내각제란 무엇일까?: 내각과 의회 간에 권력 분립이 아닌 (㉪　　　)을 추구하는 정부 형태임.

해답 ㉠ 가치 ㉡ 정당성 ㉢ 권위 ㉣ 자유 ㉤ 존엄성 ㉥ 준법정신 ㉦ 국민 주권주의 ㉧ 존엄성 ㉨ 입헌주의 원리 ㉩ 행정부 ㉪ 권력 융합

기원전 6세기 무렵 그리스의 대표적인 폴리스인 아테네에서는 활발한 해상 활동이 이뤄져 해외 무역과 상공업이 발달했어요. 이 과정에서 재산을 모은 평민들은 스스로 무장을 해 귀족들과 함께 전쟁에 참여했죠. 아테네 사회에서 평민의 영향력은 점차 커져 갔어요.

이때 등장한 솔론이라는 정치가는 재산 소유의 정도에 따라 평민도 정치에 참여할 수 있게 했어요. 뒤이어 클레이스테네스가 소유 재산의 규모에 상관 없이 정치에 참여할 수 있도록 했죠.

클레이스테네스는 '도편 추방제'를 창안한 것으로도 유명해요. 고대 그리스 아테네에서는 독재자가 나오는 것을 막기 위해 시민들이 위험 인물을 선정해 그 사람을 10년간 국외로 추방하는 제도를 시행했어요. 고대 그리스 민주 정치 시대의 아테네에서 1년에 한 번씩 시민 투표를 통해 민주주의를 위협할 만한 위험 인물을 선정한 거예요. 투표할 때 당시 시민들은 도자기 파편을 투표지로 사용했어요. 그래서 이 제도를 도편 추방제라고 부른답니다.

⊙ 도편 추방제의 창시자이자, 고대 그리스 민주주의의 아버지라고 불리는 클레이스테네스

클레이스테네스가 제안한 도편 추방제는 기원전 487년 고대 그리스에서 처음으로 실시됐어요. 민회에 모인 시민은 스스로 왕이라고 말하는 군주나 독재를 하려고 하는 사람의 이름을 도자기 파편과 조개껍질에 적어 냈고, 6천 표를 넘게 받은 인물은 추방됐어요. 추방된 인물은 10년이 지나야 돌아올 수 있었어요.

이 제도는 민주 정치에서 독재 권력을 막고 시민의 권리를 보호하는 데 큰 역할을 했어요. 하지만 시간이 지나면서 정치가들 사이에 경쟁 상대를 추방하는 정치 도구로 이용되자 기원전 417년 이 제도는 폐지됐어요.

⊙ 추방을 위한 투표가 이뤄지던 장소인 고대 아테네의 아고라 유적

⊙ 도편 추방제에 사용된 도자기 조각(그리스 아고라 박물관)

가
족
꼭
투
여러분! 꼭 투표하세요!
우리는 미성년자라서
아직 투표할 수 없잖아.
선생님, 저도 빨리
만 19세가 됐으면 좋겠어요.
저도 국가의 주인으로서
투표하고 싶어요.
투표는 국가의 주인인 시민이
정치 과정에 참여하는 기본적인
방법이니까 너희도 자격이 되면 꼭
투표하렴.

적극적으로 정치에 참여해요!
정치 과정과 시민 참여

정치 과정에는 누가 참여할까요? 대통령과 국회 의원만 참여할까요? 만약 시민이 정치 과정에 참여하지 않는다면 어떤 일이 발생할까요?

다양한 가치와 이해관계는 정치 과정을 거쳐 조정돼요. 이때 정치 과정에 참여하는 다양한 정치 주체의 역할이 중요하죠. 정치 과정과 정치 주체의 역할에 대해 자세히 살펴보고, 선거와 지방 자치 제도 등 정치 과정에 적극적으로 참여하는 여러 가지 방법을 알아봐요.

1 정치 과정과 정치 주체

1. 여러 가지 생각을 맞춰 나가요 2. 우리는 모두 정치의 주체

커져라~! 생각 풍선 **서로 다른 생각, 다른 가치를 조율해 봐요**

많은 사람들이 함께 살다 보면 각자의 입장이나 생각, 중요하게 여기는 가치가 달라서 대립할 때가 있어요. 이럴 땐 어떻게 해야 할까요? 다음 이야기를 읽고 생각해 봐요.

생각 이야기 1 2013년 타이완의 위생 복리부는 미성년자의 성형 수술을 금지하는 강제 지침을 만들었어요. 이 지침에 따르면 만 18세 미만 미성년자는 코 성형, 쌍꺼풀 수술 등을 받을 수 없어요. 대신 화상 흉터 제거 등 치료를 위한 수술은 나이에 관계없이 허용돼요. 타이완 당국은 이번 조치가 성형 풍조 확산에 따른 무분별한 조기 성형 수술의 부작용을 막기 위한 것이라고 설명했어요.

하지만 이를 반대하는 사람들도 있어요. 그들은 수술을 받은 모든 청소년에게 부작용이 나타나는 것도 아니고, 수술에 대한 선택은 자유인데, 이를 강제로 막아서는 안 된다는 의견을 나타냈어요. 여러분은 어떻게 생각하나요?

> 우리는 아직 성장 중인데 지금 성형 수술을 했다가 나중에 부작용이 일어날 수 있어. 무분별한 미용 성형 수술은 안 돼!

> 학생에게도 선택권과 행복 추구권이 있어. 그걸 법으로 막을 순 없지!

> 도시 이미지가 좋아지면 지역 주민들에게도 이득 아닙니까?

> 난 내 땅을 내 마음대로 못 쓰게 하는 그런 제도는 받아들일 수 없어요!

생각 이야기 2 ○○시 한강 하구에 지정된 습지 보호 구역의 *람사르 습지 등재를 둘러싸고 지역 주민과 환경부 사이에 갈등이 일어났어요. 환경부는 생태 도시 이미지를 부각해 ○○시의 브랜드 가치를 향상하고 람사르 마을, 생물 다양성 관리 계약 등 여러 프로그램을 지원받을 수 있다고 설명했어요. 하지만 주민들은 습지 보호 구역 경계로부터 300m 이내에 있는 지역은 자연 경관 영향 협의 대상에 포함돼 토지 개발 등 재산권 행사에 제약을 받는다고 반발했죠. 특히 주민들은 람사르 습지에 등재되면 남북 관계가 개선될 경우 한강 포구를 복원하고 도로를 개설해야 하는데, 이것이 불가능해진다며 우려를 보였어요. 환경부는 람사르 습지에 등재된다 하더라도 현재의 습지 보호 구역 외에는 다른 규제가 없고 습지 보전법에도 홍수 예방 등을 위한 행위는 보장돼 있어 주민들에게 우려하지 않아도 된다고 강조했어요.

서로의 주장은 상충되지만 각자의 입장에서는 일리가 있어요. 이 문제를 해결하려면 어떻게 해야 할까요?

*람사르 습지: 전 세계의 습지 중 중요성을 인정받아 람사르 협회가 지정·등록해 보호하는 습지.

여러 가지 생각을 맞춰 나가요

각자 원하는 것이 다르니, 정치 과정으로 해결합시다!

우리 동네 쓰레기 매립장 결사 반대!

● 현대 민주주의 사회에서는 다양한 생각이 공존해요

우리가 서로 다른 개성을 지니고 있듯이 사람들마다 중요하게 여기는 가치와 이익이 달라요. 어떤 사회 현상을 두고 서로 다른 주장을 하고, 이로 인해 갈등이 일어나기도 하죠. 현대 사회가 *다원화되면서 사람들마다 추구하는 가치나 이익이 다양해지기 때문이에요. 민주주의 사회에서는 시민의 자유와 권리가 보장되고 시민이 정치에 참여할 수 있는 다양한 제도가 마련돼 있어요. 사람들은 언론 기관이나 인터넷에 의견을 제시하고 시위나 집회를 하는 등 다양하고 적극적인 방법으로 자신의 요구를 주장할 수 있어요.

*다원화 개인과 집단의 다양한 가치와 생활 양식이 존중되고 실현되는 현상이다.

🧭 여기서 잠깐! | 수업 시간에 휴대 전화 수거, 찬성? 반대?

수업 시간에 휴대 전화를 수거하는 것은 학생의 자율권을 침해하는 걸까요? 아니면 학생은 공부에 집중해야 하기 때문에 당연히 필요한 걸까요? 찬성과 반대 의견을 들어 봐요.

휴대 전화 다 냈지? 집에 갈 때 찾아가도록!

내 휴대 전화를 내가 갖고 있을 수 없다니…… 말도 안 돼.

휴대 전화 진동 소리도 수업 시간에 얼마나 방해가 되는데~ 난 찬성이야.

- 찬성 의견: 휴대 전화를 수거하지 않으면 수업 시간에 사용하는 학생들이 늘어날 것이고 수업에 집중하는 학생들에게 방해가 될 거예요.
- 반대 의견: 휴대 전화 수거는 학생의 기본권을 침해하는 행위예요. 휴대 전화 제출 여부는 학생이 선택하도록 해야 해요.

●정치는 정책 요구, 집행, 평가의 과정을 거쳐요

우리 사회에는 다양한 가치와 이익이 공존해요. 때문에 개인이나 집단이 이를 추구하는 과정에서 서로 다른 가치와 이익이 충돌해 갈등이 발생하기도 하죠. 갈등은 자연스러운 현상이지만, 심각해질 경우 사회 문제가 되기도 해요. 이때 민주적이고 합리적인 절차에 따라 갈등을 해결하는 과정이 필요한데, 이를 **정치 과정**이라고 해요. 이러한 정치 과정을 통해 사회적으로 중요한 문제가 표출되고, 다양한 대립과 갈등이 조정돼 사회 통합이 이뤄져요.

정치 과정을 거쳐 정책이 세워지는데, 이때 몇 가지 단계가 있어요. 시민이 새로운 정책을 요구하거나 정부 정책에 대한 지지 또는 반대 의사를 표시하면 **투입**이 이뤄져요. 시민의 요구와 지지는 정책 결정 기구에 전달되고, 정책 결정 기구는 이를 구체적인 정책으로 만들어 집행함으로써 **산출**이 이뤄지죠. 산출된 정책에 대한 시민의 반응이나 평가를 바탕으로 **환류** 과정을 거쳐 새로운 투입이 진행된답니다.

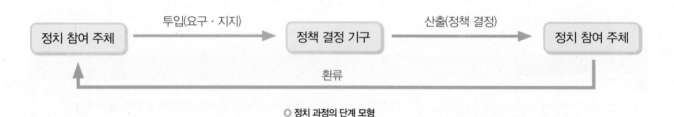

◎ 정치 과정의 단계 모형

 이야기 속 사회 | 약사와 화상 통화를 거쳐 약을 살 수 있게 될까요?

2016년 6월, 규제 혁신의 일환으로 발표된 '원격 화상 의약품 판매 시스템'(일명 의약품 자동판매기)은 의료 서비스의 질과 소비자의 편의를 둘러싼 논쟁을 불러일으켰어요. 이 시스템은 약국 바깥에 원격 화상 통신 기기가 달린 의약품 자판기를 설치해 약국 문이 닫혀 있더라도 소비자가 언제든지 해열제나 소화제 등 일반 의약품을 살 수 있도록 하는 제도예요.

보건 복지부는 이를 위해 '약사법' 50조('약국 개설자 및 의약품 판매업자는 약국 또는 점포 이외의 장소에서 의약품을 판매해서는 안 된다.')를 '약사와 화상 통화 등을 거쳐 판매할 수 있다.'로 개정한다고 입법 예고했고, 약사들은 약물 변질 또는 오남용을 이유로 정책에 반대 의견을 표시했어요.

정책 결정 기구인 정부는 소비자의 편의성을 증대해야 한다는 요구에 따라 법과 정책을 보완하고 이를 산출했을 거예요. 이에 영향을 받은 약사 협회나 사회 단체, 언론 등은 각자의 의견을 표출해 정책에 대한 논의를 진전시켰죠.

② 우리는 모두 정치의 주체

호기심 톡톡 대통령 선거와 국회 의원 선거 기간에 열심히 선거 유세를 펼치는 정치인들을 본 적이 있을 거예요. 정치인은 정치를 맡아서 하는 사람이죠. 그렇다면 정치인이 아닌 사람들은 정치 과정에 참여할 수 없을까요?

국회 의원 이외에도 정치 주체는 다양해.

◎ 국회 의원들이 모이는 국회 의사당

● 입법부, 행정부, 사법부는 각각 맡은 일이 있어요

현대 민주 사회의 정치 과정에는 국가 기관과 다양한 개인, 집단이 참여해요. 이를 **정치 주체**라고 해요. 정치 주체로서의 국가 기관에는 **입법부**, **행정부**, **사법부** 등이 있어요.

시민의 대표로 구성된 입법부는 시민들의 다양한 요구를 모아 법률을 제정하거나 개정함으로써 정치 과정에 참여해요. 법률은 시민의 생활에 영향을 미치기 때문에 시민의 의사를 충분히 반영해야 해요.

◎ 법률을 제정하는 입법부

행정부는 시민의 의견을 수렴해 구체적으로 정책을 수립하고 집행해요. 정책 수립과 집행 과정에서 시민의 의견이 대립하면 정책을 수정하기도 하죠. 도시 환경을 조성하는 일, 치안을 유지하는 일, 복지를 확대하는 일 등이 행정부에서 담당하는 일이에요.

◎ 정책을 결정하고 집행하는 행정부

사법부는 사람들 사이에 갈등이 일어나거나 범죄가 발생했을 때 법률을 적용해 옳고 그름을 가리는 국가 기관이랍니다. 사법부는 재판을 통해 갈등을 해결하는데, 재판이 공정하게 이뤄져야 사회 질서가 유지되고 국민의 권리가 보호될 수 있어요.

◎ 법률을 적용해 재판하는 사법부

◎ 정치 주체로서의 국가 기관의 구성과 기능

	입법부	행정부	사법부
구성	• 국회 의원으로 구성(지역구 국회 의원과 비례 대표 국회 의원).	• 중앙 행정 기관(17부 5처 16청).	• 일반 법원: 대법원, 고등 법원, 지방 법원. • 전문 법원: 특허 법원, 가정 법원, 행정 법원.
기능	• 법률 제정 · 개정 등. • 예산안 심의, 결산 심사 등. • 국정 감사 · 조사 등. • 초청 외교 활동 등.	• 정책 수립 · 집행.	• 법적 분쟁을 심판.

● 정당과 이익 집단, 언론, 시민 단체도 정치 주체예요

정당은 정치에 대한 의견을 같이 하는 사람들이 정치권력을 획득하기 위해 만든 집단이에요. 시민들의 다양한 의견을 모아서 *여론을 형성하고, 법률 제정과 정책 집행 과정에 여론이 반영되도록 노력하죠. 또한 선거에 후보자를 추천해 시민의 대표로 선출될 수 있도록 하며, 정치적 책임을 진다는 점에서 다른 정치 주체와 차이가 있어요.

*여론 시민들의 공통된 의견을 말한다.

다원화된 현대 민주 사회에서 사람들은 자신의 이익을 실현하고 정책 결정 과정에 영향력을 행사하기 위해 집단을 만드는데, 이를 **이익 집단**이라고 해요. 이익 집단은 전문성을 바탕으로 사회 문제에 대한 해결책을 제시하거나 정부의 정책을 평가하기도 해요. 그러나 이익 집단은 특정 이익만 추구하기 때문에 공익과 충돌할 우려가 있답니다.

언론은 정책 결정자에게 시민의 뜻이 무엇인지 알려 주는 역할을 해요. 시민에게는 정부의 정책에 대한 정보를 신속하고 정확하게 전달하죠. 또한 정책에 대한 해설과 비판을 제공하며 여론을 형성하는 데 중요한 역할을 하고 있어요.

시민 단체는 사회 전체의 공익을 실현하기 위해 시민들이 자발적으로 만든 모임이에요. 국가 기관을 비롯한 다양한 정치 주체들의 활동을 감시하고 비판하는 역할을 해요. 또한 사회 문제 해결을 위한 대안을 제시하고 정치 과정에 시민의 참여를 유도하는 등 사회 전 분야에서 다양하게 활동하고 있어요.

아동 인권에 대한 정당과 시민 단체의 활동

2 선거 제도의 이해

 1. 시민을 대신할 정치인을 뽑아요 2. 선거에는 원칙이 있어요

커져라~! 생각 풍선 깨끗한 선거를 위해!

선거는 바르고 공정하게 이뤄져야 해요. 이를 위해 공직 선거법이 마련돼 있어요. 아래 이야기들을 읽고 공직 선거법에 대해 살펴봐요.

장아찌를 받았을 뿐인데, 뇌물이었구나!

생각 이야기 1 설을 앞두고 한 마을 주민들 집에 장아찌 선물이 택배로 배달됐어요. 장아찌 가격은 1만 8,000원. 주민들은 의례적인 명절 선물이겠거니 하고 대수롭지 않게 받았어요. 그러나 주민들은 몇 달 후 집으로 날아온 수십만 원의 과태료 통지서에 깜짝 놀랐어요. 문제의 장아찌를 보낸 사람이 군수 선거에 나설 후보의 칠촌이었기 때문이에요.

출마자와 유권자들이 무심결에 설 선물이나 기부 물품을 주고받았다가는 사법 처리되거나 과태료 폭탄을 맞을 수 있어요. '공직 선거법'은 100만 원 이하의 음식물, 물품 등을 받으면 최대 3,000만 원까지 받은 물품 금액의 10~50배를 과태료로 물도록 하고 있거든요.

생각 이야기 2 ○○시 의원은 한 체육 단체에 쌀을 기부한 혐의로 벌금 70만 원을 선고받았어요. 이 시 의원은 같은 지역 선배인 A씨에게 20kg의 쌀 50포대를 후원받아 일부를 체육 단체에 기부했기 때문이에요.

재판부는 "100만 원 상당의 쌀을 시 의원에게 후원한 A씨는 의정 활동과 관련된 스폰서 역할을 한 점이 인정된다."며 "시 의원이 쌀을 후원받아 체육 단체에 기부한 행위는 유죄"라고 밝혔어요. 기부한 쌀이 많지 않았고 동일한 죄를 지은 적이 없었기 때문에 시 의원은 70만 원의 벌금을 선고받았어요. 재판부는 의원직을 상실할 만큼 중범죄는 아니라고 덧붙였어요. 공직자라면 기부라고 할지라도 물건을 주고받는 일에 더욱 신경을 써야 함을 보여 주는 사례예요.

공직자는 쌀을 기부하는 일도 조심해야 해요!

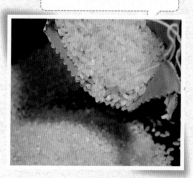

시민을 대신할 정치인을 뽑아요

호기심 톡톡 지수의 부모님은 중학교 때 학급 반장을 담임 선생님이 지정하셨다고 말씀하셨어요.
학급 반장을 담임 선생님이 지명하는 것과 학생들이 선거로 뽑는 것의 차이는 무엇일까요?

나열심 한 표!

●선거는 정치에 참여하는 가장 기본적인 방법이에요

새 학기가 시작되면 학급 반장을 뽑는 것처럼 우리나라에서는 일정 기간마다 대통령, 국회 의원, 지방 자치 단체장, 지방 의회 의원 등을 시민이 선출해요. 이처럼 시민을 대표할 대표자를 뽑는 과정을 **선거**라고 해요.

현대 국가는 인구가 많고 영토가 넓어 모든 시민이 직접 중요한 일을 결정하고 운영하기가 어려워요. 그래서 대부분의 국가는 시민이 선출한 대표가 정치를 담당하는 대의 민주주의를 실시하죠. 이때 어떤 대표자를 선출하느냐가 중요해요. 선거는 시민이 정치 과정에 참여하는 가장 기본적인 방법인 동시에 대의 민주주의를 유지하고 발전시키는 주요 요소예요.

여기서 잠깐! | 선거에 참여해야 정치인이 관심을 기울여요

선거 기간이 되면 투표를 독려하는 캠페인을 자주 볼 수 있어요. 연예인들도 나서서 투표하라고 이야기하죠. 우리는 왜 선거에 참여하고 투표해야 하는 걸까요? 아래 글과 그래프를 보고 그 이유를 생각해 봐요.

그래프를 보면 제12대 이후 제17대 국회 의원 선거까지 투표율이 계속 하락하는 것을 볼 수 있어요. 시민들이 정치에 무관심하고, 선거에도 참여하지 않기 때문이죠. 투표율은 시민이 얼마나 정치에 관심이 있는지를 나타내요. 국민들이 정치에 관심이 없고 투표율이 낮으면 정치인들은 시민들을 신경 쓰지 않고 잘못된 정책을 펼 수 있어요. 하지만 투표율이 높

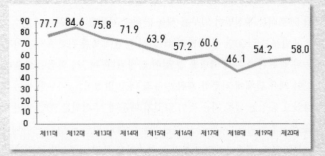

자료 역대 국회 의원 선거 투표율 추이(중앙 선거 관리 위원회, 2016)

으면 그만큼 시민들이 정치에 관심을 갖고 지켜본다는 의미이므로 정치인들이 시민들의 의견을 적극적으로 반영하게 돼요.

●선거는 책임 정치를 이뤄 줘요

대의 민주주의에서 선거는 첫째, **대표자를 선출**하는 기능을 해요. 현대 국가는 영토가 넓고 인구가 많으며, 사회가 전문화되고 복잡해졌어요. 그 결과 국민이 직접 정치에 참여하기가 어려워졌죠. 그래서 대부분의 국가에서는 선거로 대표자를 선출해 국정을 담당하도록 해요. 둘째, 선출된 대표자에게 **정당성을 부여**해요. 선거에서 선출된 대표자는 국민의 지지와 동의를 받았기 때문에 정당성을 부여받아 합법적으로 국정을 운영할 수 있어요. 셋째, **권력을 통제**하고 책임 있는 정치가 이뤄지도록 해요. 선거는 선출된 대표자가 약속한 정책들을 제대로 이행하지 않을 때 책임을 묻는 방법이기도 하거든요. 다음 선거에서 다른 후보자나 정당을 선택함으로써 권력을 통제할 수 있어요. 넷째, 시민들은 선거에 참여함으로써 스스로 국가의 주인임을 인식하고, **주권 의식을 함양**할 수 있어요.

◎ 선거에 나온 후보들의 공약 자료집

이미지로 이해해요 | 그림으로 보는 선거의 기능

영토가 넓고 시민이 많으면 모든 시민의 의견이 반영되기 어려워요. 그래서 정치인을 선출하죠. 대의 민주주의에서 선거는 중요한 기능을 해요. 위에서 다룬 선거의 기능을 다시 한 번 그림으로 살펴봐요.

2 선거에는 원칙이 있어요

 호기심 톡톡 수민이는 선거일에 기표소 앞에서 길게 줄을 서서 투표 차례를 기다리는 사람들을 봤어요. 그날 밤 뉴스에서는 많은 사람들이 밤을 새우며 투표용지를 세기도 했죠. 손을 들어 의사 표시를 하는 간편한 방법을 쓰지 않고 이렇게 투표하는 이유는 무엇일까요?

> 투표 용지를 잘 접어서 여기에~.

● 민주 선거의 네 가지 원칙은 무엇일까요?

선거는 대의 민주주의를 유지하고 발전시키는 중요한 요소이기 때문에 민주적이고 공정하게 이뤄져야 해요. 이를 위해서 **보통 선거**, **평등 선거**, **직접 선거**, **비밀 선거**의 기본 원칙을 지켜야 하죠.

① **보통 선거** 사회적 신분, 인종, 종교, 성별, 재산, 교육 수준 등에 따라 선거권을 제한해서는 안 됨.

② **평등 선거** 모든 유권자에게 1인 1표의 투표권을 인정해 투표의 가치를 동등하게 부여함.

③ **직접 선거** 대리인을 통해 투표한다면 유권자의 의사가 왜곡될 수 있으므로 반드시 직접 투표함.

④ **비밀 선거** 어느 후보자에게 투표했는지 공개한다면 유권자는 자유롭게 의사를 표시하지 못하므로 비밀을 보장함.

✳ 여기서 잠깐! | 투표의 역사는 나라마다 달라요

시민의 투표권 역사는 나라마다 조금씩 달라요. 현대 민주주의가 일찍부터 발달한 미국과 최근에 여성 투표권이 보장된 사우디아라비아 등 세계 여러 나라의 투표 역사를 살펴볼까요?

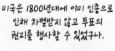

> 미국은 1800년대에 이미 인종으로 인해 차별받지 않고 투표의 권리를 행사할 수 있었구나.

미국 헌법에 나타난 투표에 대한 시민의 권리

• 미국 시민의 투표권은 인종, 피부색 또는 과거의 예속 상태로 인해 미국이나 주에 의해 거부되거나 제한되지 아니한다. -수정 제15조 제1절(1870년 *비준)

• 미국 시민의 투표권은 성별로 인해 미국이나 주에 의해 거부 또는 제한되지 아니한다. -수정 제19조 제1절(1920년 비준)

*비준: 법 조항을 최종으로 확인·동의하는 절차

여성의 투표권

세계 최초로 여성의 선거권을 보장한 나라는 뉴질랜드예요. 1893년 11월 여성이 선거권을 행사하는 세계 최초의 선거가 실시됐어요. 가장 최근에 여성의 선거권을 보장한 나라는 사우디아라비아로 2015년 12월 지방 의회 선거부터 여성이 선거에 출마할 수 있고 투표도 하게 됐어요.

> 성별로 투표의 권리를 차별하면 안 돼.

● 공정한 선거를 위해 선거 공영제를 운영해요

우리나라는 공정한 선거를 위해 선거구를 미리 법으로 정하는 **선거구 법정주의**를 실시해요. 선거구를 임의로 정하면 특정 정당이나 후보에게 유리하게 작용해 시민들의 의사가 왜곡될 수 있기 때문이에요. 또한 우리나라는 선거 과정을 국가 기관이 관리하고, 선거 비용의 일부를 국가나 지방 자치 단체에서 부담하는 **선거 공영제**를 운영해요. 이를 통해 선거 운동이 지나치게 과열되는 것을 막고, 경제 사정이 어렵지만 능력이 뛰어난 후보자에게 선거 운동의 기회를 균등하게 보장할 수 있답니다.

선거와 관련된 각종 사무를 처리하는 기관은 **선거 관리 위원회**예요. 선거 관리 위원회에서는 선거와 국민 투표의 관리, 정당과 정치 자금에 관한 사무 처리 등을 수행해요.

○ 중앙 선거 관리 위원회 누리집(www.nec.go.kr)

중앙 선거 관리 위원회의 활동 ✏

- 설립 취지: 독립 기관으로서 공정한 선거를 실시하기 위해 선거와 관련된 각종 사무를 처리한다.
- 주요 활동: 각종 선거 관리, 정당 사무 관리, 정치 자금 사무 관리, 민주 시민 정치 교육, 선거·정치 제도 연구
- 부정 선거 적발 사례: ▲ 기표소 안에서 투표지를 촬영하는 행위
  ▲ 투표 당일 특정 정당이나 후보자의 선거 사무소나 선거 벽보, 선전물 등을 배경으로 찍은 사진을 소셜 네트워크 서비스에 올리는 행위

 이야기 속 사회 | 선거구 지도가 전설 속의 괴물을 닮았어요

선거할 때 특정 후보자나 정당에 유리하도록 선거구를 확정하는 경우가 있어요. 이를 '게리맨더링'이라고 해요. 우리나라에서는 이를 막기 위해 선거구를 행정 구역에 맞게 정하도록 하고 있어요. 게리맨더링이 무엇인지 자세히 알아봐요.

1812년, 미국의 매사추세츠 주지사인 게리(Gerry)는 자신이 소속된 정당이 유리하도록 선거구를 임의로 정했어요. 반대 당원들은 부자연스러운 모습으로 길게 뻗어 있는 게리의 소속 선거구 모양을 전설 속의 괴물 '샐러맨더(salamander)'에 빗대어 '게리맨더'라고 불렀어요. 지금도 정당이나 개인에게 유리하게 선거구를 조작하는 것을 게리맨더링이라고 부른답니다.

○ 1812년의 미국 게리맨더링 지도

3 지방 자치 제도와 시민 참여

 1. 우리 지역 문제는 우리가 해결! 2. 우리 지역 정치 과정, 함께 참여해요

커져라~! 생각 풍선 학생회는 중앙 정부, 학급 회의는 지방 자치 단체?

반장인 현주는 학교 축제를 앞두고 학생회 회의에 참석했어요. 학생회 회의는 학생회장과 학생회의 임원들, 그리고 각 학급의 반장들이 참여하는 회의예요. 이번 안건은 학교 축제 때 무엇을 할지에 대한 거예요. 현주네 반 학생들은 이미 학급 회의를 거쳐 작품 전시회를 열기로 결정했어요. 그런데 학생회 회의에서는 반 대항 춤 대회를 열기로 결정됐어요. 현주는 학급 회의에서 결정된 내용과 학생회 회의에서 결정된 내용이 달라서 이를 어떻게 조율해야 할지 고민에 빠졌어요.

현주는 학급으로 돌아가 학생회 회의에서 결정된 내용을 알렸어요. 반 친구들은 다시 학급 회의를 열었어요. 그리고 선생님의 허락을 받아 축제 기간 동안 교내 일정 공간에서 작품 전시회를 열기로 하고, 반 대항 춤 대회에도 열심히 참여하기로 결정했죠.

현주네 반 학생들은 학생회의 결정을 따르면서도 학급 내에서 자유롭게 의사를 표현하고 갈등을 조율하는 과정을 통해 자율적인 의사 결정을 이끌어 냈어요.

정치에서도 이처럼 자율적으로 지역의 일을 처리하는 제도를 지방 자치 제도라고 해요. 지방 자치 제도에 대해 자세히 알아볼까요?

우리 지역 문제는 우리가 해결!

호기심 톡톡 현수는 신문에서 올해 지방 선거가 있다는 기사를 읽었어요. 얼마 전 국회 의원 선거를 통해 지역구 국회 의원을 뽑았는데, 지방 선거에서는 어떤 대표를 뽑는 걸까요?

시장, 교육감, 시 의원 등을 뽑아 주세요!

◎ 지방 선거 투표용지

● 우리 지역에 딱 맞는 정치 제도가 필요해요

국가가 민주적으로 운영된다고 하더라도 지방에서 제기되는 지역 주민의 요구를 모두 반영하기는 어려워요. 지역의 일은 그 지역에 대해 잘 아는 주민들과 지역 대표가 해결하는 것이 바람직하죠. 이처럼 일정한 지역을 기초로 지역 주민이 스스로 선출한 대표를 통해 자율적으로 그 지역의 일을 처리하는 제도를 **지방 자치 제도**라고 해요.

지방 자치 제도에서는 중앙과 지방이 국가 기능을 분담하기 때문에 국가 권력이 중앙 정부에 집중되는 것을 방지할 수 있어요. 또, 지역 주민의 복리 증진을 목표로 지역의 특성에 맞게 업무를 처리할 수 있어요. 지역 주민에게 정치 참여의 기회를 제공하며, 이를 통해 민주주의를 실현할 수 있답니다.

지방 자치 단체는 주민들이 가장 가까이에서 민주주의를 체험하고 배울 수 있기 때문에 '민주주의의 학교'라고 불려요.

국민 개개인에게 공고루 영향을 미치는 민주주의의 기초라는 의미에서 '풀뿌리 민주주의'라고도 하죠.

● 지역 문제는 지방 자치 단체가 맡아요

지방 자치 제도를 실시하기 위해서는 지역의 일을 담당할 지방 자치 단체가 필요해요. 우리나라의 지방 자치 단체는 **광역 자치 단체**인 특별시, 광역시, 도, 특별자치도, 특별자치시와 **기초 자치 단체**인 시, 군, 구가 있어요.

지방 자치 단체를 구성하는 기관에는 의결 기관인 지방 의회와 집행 기관인 지방 자치 단체장이 있어요. **지방 의회**는 *조례를 제정하고 지역 실정에 맞는 정책을 결정해요. 또한 지방 자치 단체가 사용할 예산을 *심의 · *의결하며, 지방 자치 단체의 행정 사무에 대한 감사를 진행하죠. **지방 자치 단체장**은 지방 의회의 의결 사항을 집행하며, 조례의 범위 내에서 *규칙을 제정해요. 또한 지방 자치 단체의 재산을 관리하며, 주민 복리에 관한 각종 업무도 처리해요.

*조례 지방 의회가 법률과 명령의 범위 내에서 정할 수 있는 자치 법규이다.

*심의 어떤 사항에 관해 상세하게 토의하는 것이다.

*의결 의논해 의사를 결정하는 행위 또는 결정된 결론을 의미한다.

*규칙 지방 자치 단체의 장이 조례의 범위 내에서 정할 수 있는 자치 법규이다.

지방 자치 단체

광역 자치 단체 (특별시, 광역시, 특별자치시, 도, 특별자치도)	기초 자치 단체 (시, 군, 구)
의결 기관 (시 · 도 의회) / 집행 기관 (시장, 도지사)	의결 기관 (시 · 군 · 구 의회) / 집행 기관 (시장, 군수, 구청장)

◎ 우리나라 지방 자치 단체의 조직도

② 우리 지역 정치 과정, 함께 참여해요

호기심 톡톡 경희네 반은 이번 주 학급 회의에서 투표를 해 현장 체험 학습 장소를 결정했어요. 우리 학급의 일을 학생 스스로 결정하듯이 우리 지역의 일도 주민들 스스로 결정할 수 있을까요?

각 지역에는 지역의 일을 결정하는 지방 자치 단체가 있어요.

● 진정한 지방 자치는 주민들의 참여가 뒷받침돼야 해요

지방 자치 단체가 지역 사회의 문제를 해결하고 지역의 발전을 도모하기 위해서는 지역 사회의 정치 과정이 민주적으로 이뤄져야 해요. 지방 자치 단체는 지역 사회의 문제가 무엇인지 파악하고 주민의 의견을 수렴해 정책을 만들죠. 수렴된 의견을 반영한 정책은 구체적인 실행에 옮겨져요. 이때 지방 자치 단체가 집행한 정책에 대한 시민들의 평가 결과를 다시 반영해 정책을 수정하거나 새로운 정책을 실시한답니다.

그러나 지방 자치 단체가 주민의 요구를 적극적으로 수용한다고 해도 지역 사회의 문제를 해결하려는 주민의 참여가 없으면 지방 자치 제도는 실현되기 어려워요. 지역 주민은 지방 자치 단체의 의사 결정 과정에 참여해 주민의 요구가 정책에 반영되도록 노력해야 하고, 지방 자치 단체의 권력 남용을 감시하고 비판하는 역할을 수행해야 해요.

이야기 속 사회 | 지방 자치 단체와 지역 주민이 힘을 합쳐 태화강을 살려 냈어요!

지역의 문제를 해결하기 위해 정책을 세우고 지역 주민이 함께 노력해 문제를 개선한 사례를 통해 지방 자치 단체와 시민의 노력을 살펴봐요. 또한 우리 지역에서는 문제를 해결하기 위해 어떤 정책이 펼쳐지고 있으며 지역 주민들이 어떻게 노력하는지 생각해 봐요.

2000년 여름, 태화강에서 발생한 물고기 집단 폐사 사건을 계기로 태화강의 수질 개선 노력이 시작됐어요. 울산광역시는 수질 개선과 태화강 주변 녹지 조성을 위해 약 5,800억 원을 투자했어요. 또한 환경 단체와 합동해 태화강 정화 사업을 추진했으며, 2006년에는 환경 단체와 기업체가 함께 태화강 살리기 운동을 대대적으로 전개했어요. 이러한 노력으로 회복되기 시작한 태화강을 더욱 깨끗하게 관리하기 위해 이제는 낚시 금지 구역을 지정하고 시민 환경 감시단이 이를 관리하고 있어요.

● 울산광역시 태화강

● 주민들도 지역 사회의 정치 과정에 의견을 낼 수 있어요

지역 주민은 다양한 방법으로 지역 사회의 정치 과정에 참여해요. 주민은 자신을 대신해 지역의 일을 담당할 대표를 선출하는 지방 선거에 참여해 주권을 행사하죠. 또한 주민은 지역 사회의 여러 가지 문제를 해결해 달라고 관련 행정 기관에 청원을 하거나 민원을 제기할 수 있어요. 공청회 등에 참여해 지역 사회의 문제와 관련된 의견을 제시할 수도 있고, 언론에 투고해 지방 자치 단체의 정책에 대한 자신의 의견을 전달할 수도 있어요.

지역 주민의 적극적인 참여를 유도하기 위해 **주민 발의제, 주민 투표제, 주민 소환제, 주민 참여 예산제** 등 다양한 제도도 시행되고 있어요.

여기서 잠깐! | 사다리 타기로 지역 주민의 정치 참여 방법을 알아봐요

지역 사회의 정치 과정에서 주민은 어떤 방법으로 참여할 수 있을까요? 아래의 학생들이 말해 주는 방법을 살펴본 다음 사다리 타기를 통해 구체적인 사례를 확인해 봐요.

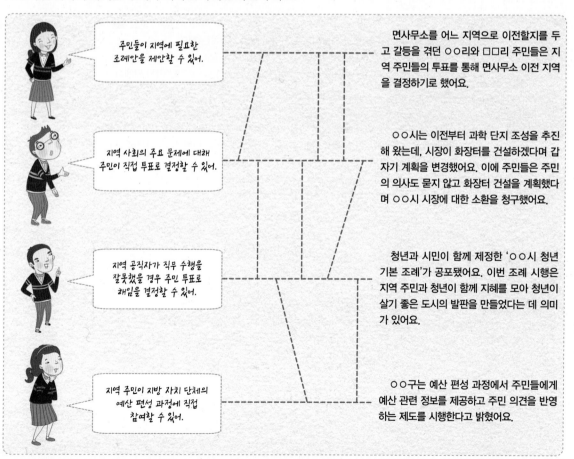

주민들이 지역에 필요한 조례안을 제안할 수 있어.

지역 사회의 주요 문제에 대해 주민이 직접 투표로 결정할 수 있어.

지역 공직자가 직무 수행을 잘못했을 경우 주민 투표로 해임을 결정할 수 있어.

지역 주민이 지방 자치 단체의 예산 편성 과정에 직접 참여할 수 있어.

면사무소를 어느 지역으로 이전할지를 두고 갈등을 겪던 ○○리와 □□리 주민들은 지역 주민들의 투표를 통해 면사무소 이전 지역을 결정하기로 했어요.

○○시는 이전부터 과학 단지 조성을 추진해 왔는데, 시장이 화장터를 건설하겠다며 갑자기 계획을 변경했어요. 이에 주민들은 주민의 의사도 묻지 않고 화장터 건설을 계획했다며 ○○시 시장에 대한 소환을 청구했어요.

청년과 시민이 함께 제정한 '○○시 청년 기본 조례'가 공포됐어요. 이번 조례 시행은 지역 주민과 청년이 함께 지혜를 모아 청년이 살기 좋은 도시의 발판을 만들었다는 데 의미가 있어요.

○○구는 예산 편성 과정에서 주민들에게 예산 관련 정보를 제공하고 주민 의견을 반영하는 제도를 시행한다고 밝혔어요.

한눈에 정리하기

● 이 장에서 다룬 이야기들을 떠올리며 보기에서 알맞은 단어를 골라 빈칸에 써 넣어 볼까요?

> 보기 지방 의회, 지방 선거, 이익, 시민 단체, 정당, 정당성, 보통, 선거 공영제, 기초, 광역

중단원	소단원	개념 정리
1. 정치 과정과 정치 주체	여러 가지 생각을 맞춰 나가요	• 정치 과정의 의미: 서로 다른 가치와 (㉠)이 대립하는 상황에서 민주적이고 합리적인 절차에 따라 해결하는 과정.
	우리는 모두 정치의 주체	• 정치 주체: 입법부, 행정부, 사법부, (㉡), 언론, 이익 집단, (㉢) 등을 이름.
2. 선거 제도의 이해	시민을 대신할 정치인을 뽑아요	• 선거의 의미: 시민을 대표할 대표자를 뽑는 과정. • 선거의 기능: 대표자 선출, 선출된 대표자에게 (㉣) 부여, 권력 통제, 주권 의식 함양.
	선거에는 원칙이 있어요	• 선거의 기본 원칙: (㉤) 선거, 평등 선거, 직접 선거, 비밀 선거. • 공정한 선거를 위한 제도와 기관: 선거구 법정주의, (㉥), 선거 관리 위원회.
3. 지방 자치 제도와 시민 참여	우리 지역 문제는 우리가 해결!	• 지방 자치 제도: 일정한 지역을 기초로 지역 주민의 투표를 통해 주민의 의견을 대신할 대표를 뽑고 자율적으로 지역의 일을 처리하는 제도. • 지방 자치 단체: (㉦) 자치 단체, (㉧) 자치 단체. • 지방 자치 단체 구성 기관: (㉨), 지방 자치 단체장.
	우리 지역 정치 과정, 함께 참여해요	• 지역 사회 정치 과정: 주민들의 의견을 반영해 정책 결정, 정책 집행 후 평가가 이뤄짐. • 시민 참여 방법: (㉩), 청원, 민원 제기, 공청회, 언론 투고, 주민 발의제, 주민 투표제, 주민 소환제, 주민 참여 예산제.

정답 ㉠ 이익 ㉡ 정당 ㉢ 시민 단체 ㉣ 정당성 ㉤ 보통 ㉥ 선거 공영제 ㉦ 광역 ㉧ 기초 ㉨ 지방 의회 ㉩ 지방 선거

대통령 선거나 국회 의원 선거 때가 되면 투표하자는 캠페인을 텔레비전이나 길거리 등에서 자주 볼 수 있어요. 시민이 정치에 적극적으로 참여하도록 하는 캠페인이죠. 이처럼 시민들에게 독려는 하지만 강제로 투표를 하게 하지는 않아요. 우리나라는 자유 투표제를 시행하기 때문이에요.

자유 투표제란 선거인이 자유 의사로 투표하거나 기권할 수 있는 제도예요. 투표를 하러 가지 않거나 투표소에서 기권해도 아무런 제재를 받지 않죠. 자유 투표제의 반대로 의무 투표제가 있어요. 의무 투표제는 강제 투표제라고도 해요. 기권율을 감소시키기 위해 선거인이 정당한 이유 없이 투표하지 않을 경우 제재를 가하는 제도죠.

의무 투표제를 시행하는 나라는 벨기에, 오스트레일리아, 볼리비아, 브라질, 싱가포르, 아르헨티나, 이집트 등 26개국이 있어요. 이에 따라 국민은 기권 의사가 있더라도 원칙적으로 투표소까지 가야 해요. 갈 수 없다면 불참할 수밖에 없는 사정을 관련 기관에 알려 납득시켜야 해요. 의무 투표제 시행 국가 중에는 투표에 불참한 시민을 처벌하는 국가도 있어요.

🔵 의무 투표제를 시행하는 그리스의 국민 투표

🔵 브라질 전자 투표 기기

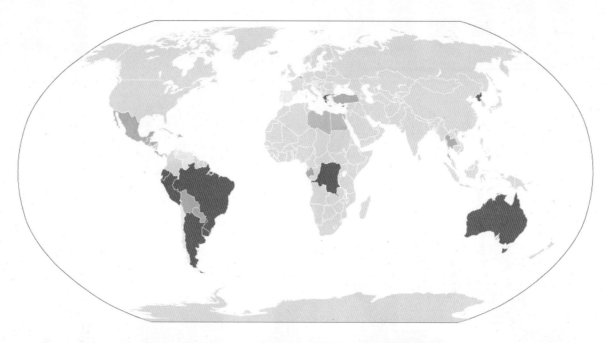

■ 벌칙을 시행하는 의무 투표제　　■ 벌칙을 시행하지 않는 의무 투표제　　■ 남성만 투표권을 행사하며 벌칙이 있는 의무 투표제
■ 남성만 투표권을 행사하며 벌칙이 없는 의무 투표제　　■ 과거에 의무 투표제를 시행한 국가

5

법을 알고
법을 지키고!
일상생활과 법

무엇을 배울까요?

우리가 살아가는 세상에 법이 없다면 어떨지 생각해 본 적이 있나요?
법이 없다면 사회 질서가 무너지고 우리의 행복도 보장받지 못할 거예요.

이 장에서는 법은 무엇이고 왜 필요한지 자세히 살펴보고, 법과 재판의
종류를 살펴봐요. 일상생활 속에서 법을 어떻게 적용하는지, 공정한 재판
이 이뤄지기 위해 무엇이 필요한지도 알아봐요.

1 법의 의미와 필요성

1. 꼭 지켜야 하는 '법' 2. 법이 필요한 이유

커져라~! 생각 풍선 **이럴 땐 이런 법으로 해결!**

　다양한 사람들이 모인 사회에서는 여러 가지 사건과 사고가 일어나요. 다음과 같은 사건은 어떻게 해결하는 게 좋을까요?

생각 이야기 1 화목중학교 3학년 2반 학생들 사이에 최근 좋지 않은 일이 발생했어요. 반 친구들이 모여 있는 모바일 단체 채팅방에서 A군을 지속적으로 비난하고 따돌린 사건이 일어난 거예요. B군이 따돌림을 시작했고 이에 몇몇 학생들이 동조했어요. A군이 채팅방을 나가면 다시 초대해 더욱 심하게 괴롭혔죠. 따돌림에 직접적으로 관여하지 않은 다른 친구들도 함부로 채팅방을 나가지 못했고, 2반 교실에는 어색하고 불편한 분위기가 만들어졌어요.

> 본인이 거부하는데 억지로 채팅방에 초대하다니…… . 온라인 메신저를 이용한 따돌림은 가중 처벌해야 한다고 생각해.

생각 이야기 2 어느 지역 시내버스 기사들이 3일 후에 파업을 하겠다고 선언했어요. 며칠 전, 적자에 시달리던 회사 측이 기사들의 월급을 줄이겠다고 일방적으로 발표했기 때문이에요. 기사들은 이에 강력히 반대하며 회사 측과 몇 차례 대화를 시도했지만 이뤄지지 않았고, 결국 파업을 결정했어요.

> 회사가 사원들과 협의 없이 일방적으로 월급을 줄이지 못하게 해야 한다고 생각해. 직원들도 되도록 시민에게 불편을 덜 주는 방법으로 의사를 표현했으면 좋겠어.

꼭 지켜야 하는 '법'

 호기심 톡톡 지혜가 횡단보도 앞에서 발을 동동 구르고 있어요. 지금 건너지 않으면 지각인데 오늘 따라 신호가 바뀌지 않네요. 지각을 하지 않기 위해 지혜는 무단횡단을 해도 될까요? 안 된다면 그 이유는 무엇일까요?

무단횡단을 할까? 말까?

● 법은 구체적이고 명확하며 강제성을 지녀요

사회는 다양한 가치를 지닌 사람들이 살아가는 공동체예요. 사회에서 구성원들 간의 이해관계가 다른 경우 갈등이 일어날 수 있어요. 이때 서로 자신의 이익만 주장한다면 사회는 혼란스러워져요. 혼란을 피하고 갈등을 원만히 해결하기 위해서는 일정한 기준이 필요하죠. 이를 **사회 규범**이라고 해요.

사회 규범에는 종교, 관습, 도덕, 법 등이 있어요. 과거에는 종교와 관습이 중시됐지만 오늘날에는 도덕과 법을 더 중요하게 여겨요. 도덕은 인간이 마땅히 지켜야 할 도리로, 행위자의 내면과 동기를 중시하는 규범이에요. 반면 법은 사회 질서를 유지하고 정의를 실현하기 위해 국가가 제정한 사회 규범이죠. 겉으로 드러나는 행위와 그 행위의 결과를 중시하기 때문에 보다 구체적이고 명확해요. 또한 법은 사회 구성원으로서 꼭 지켜야 한다는 강제성을 지니고 있어요.

 여기서 잠깐! | 정의의 여신이 들고 있는 저울과 칼은 무엇을 의미할까요?

로마 신화에는 유스티티아라는 정의의 여신이 등장해요. 유스티티아는 법을 집행하는 기관에 동상으로 주로 세워 두는데, 두 눈을 가리고 한 손에는 칼을, 다른 한 손에는 저울을 들고 있는 모습으로 표현되죠. 칼은 단호하고 엄정하게 법을 집행하여 정의를 실현하는 것을 나타내요. 저울은 어느 쪽으로도 기울지 않는 공평함을 뜻하고요. 눈을 가리는 것 역시 신분이나 성별, 나이에 상관없이 공정하게 정의를 실현하겠다는 의미예요.

그리스 신화에도 디케라는 정의의 여신이 등장해요. 디케는 질서의 신 테미스의 딸이죠.

신화에 등장하는 정의의 여신의 특징에서 알 수 있듯이 법과 정의, 질서는 밀접한 연관이 있어요. 정의를 실현하기 위해 법이 존재하고, 법을 지킴으로써 사회의 질서를 유지할 수 있는 거랍니다.

◐ 정의의 여신 유스티티아

● 법은 일상생활과 관련이 깊어요

'법'이라고 하면 다소 어렵고 낯설게 느껴질 수도 있지만, 우리의 일상을 찬찬히 살펴보면 무수히 많은 법을 쉽게 찾을 수 있어요.

아기가 세상에 태어나면 가족 관계 등록법에 따라 출생 신고를 해요. 또한 인간은 일정한 나이가 되면 초·중등 교육법에 따라 학교에 입학해 사회 구성원이 되기 위해 필요한 교육을 받죠. 우리가 접하는 음악이나 영화와 같은 각종 창작물은 저작권법에 따라 보호받으며, 우리가 보는 텔레비전 프로그램은 방송법에 따라 관리된답니다.

이 밖에도 법은 식품, 의료, 교통 등 일상생활과 관련한 수많은 요소를 보장하거나 규제해요. 결국 인간은 살아가면서 법과 밀접한 관계를 맺을 수밖에 없어요.

헌법
법률
명령
조례
규칙

● 법의 단계

 이미지로 이해해요 | 우리 주변에서 적용되고 있는 법들

일상에서 무심코 지나친 일에도 법이 적용되고 있다는 사실을 알고 있나요? 일상생활에 적용되는 법은 어떤 게 있는지 알아봐요.

② 법이 필요한 이유

호기심 톡톡 한 부족의 남자 두 명이 활쏘기 대결 끝에 사슴 한 마리를 잡았어요. 사슴의 몸에는 두 사람의 화살이 모두 꽂혀 있었죠. 두 사람은 자신이 이겼다며 다투기 시작했어요. 다툼을 원만하게 해결하려면 어떻게 해야 할까요?

법대로 하자고!

● 법이 없으면 사회가 혼란스러워져요

'사회가 있는 곳에 법이 있다.'라는 말이 있어요. 학교의 경우를 예로 들어 볼게요. 만약 학교에 교칙이 없다면 어떻게 될까요? 교실과 복도는 장난을 치고 뛰어다니는 학생들로 아수라장이 될 거예요. 또한 학생들 사이에 갈등이 생겨도 이를 쉽게 해결할 수 없을 거예요.

이러한 가정은 사회에서도 그대로 적용돼요. 사회는 서로 다른 가치관과 목적을 가진 다양한 사람들이 모여 있어 언제든 분쟁이 일어날 수 있어요. 갈등이 생겼을 때는 원만하게 합의하는 것이 가장 좋은 해결법이지만 자율적으로 해결하기 어려운 문제도 있어요. 이때 필요한 것이 바로 법이에요.

법은 객관적이고 명확하기 때문에 분쟁과 갈등을 합리적으로 해결하는 기준이 돼요. 법은 개인의 권리를 보호하고 범죄를 예방해 사회 질서를 유지하는 역할도 수행하죠. 사회 구성원은 법을 기준으로 삼아 타인의 권리를 침해하거나 타인에게 피해를 줄 수 있는 행동을 스스로 조심할 수 있답니다.

 이야기 속 사회 | 위험한 보복 운전, 법으로 처벌되나요?

사람들은 서로 다른 가치관과 목적을 가지고 있기 때문에 분쟁이 일어나면 자신이 옳다고 주장해요. 이때 법을 기준으로 누가 옳고 그른지를 분별할 수 있어요. 다음 사례는 법이 생명을 위협하거나 질서를 어지럽히는 행동을 금지한다는 것을 보여 줘요.

박○○ 씨는 서울의 한 교차로에서 신호를 기다리고 있었어요. 뒤에 있던 택시 기사가 빨리 출발하지 않는다며 경적을 울리자 박 씨는 화가 나 택시를 향해 욕설을 퍼부었어요. 택시가 박 씨를 지나쳐 앞서가자 택시를 향해 경적을 울리는 등 보복 운전을 했어요. 경찰에 붙잡힌 박 씨는 혐의를 부인했지만 경찰이 난폭·보복 운전 내용이 담긴 영상 기록 장치(블랙박스)의 영상을 제시하자 잘못을 인정했어요. 타인의 생명을 위협하는 보복 운전을 하면 1년에서 10년의 징역이나 1,000만 원 이하의 벌금형에 처할 수 있어요.

2 법의 종류와 특징

 1. 개인 vs 개인, 개인 vs 국가의 법 2. 사회적 약자를 보호하는 법

커져라~! 생각 풍선 **사회적 약자를 위한 법**

사적인 관계에서 분쟁이 생기면 대부분 약자가 불리해요. 이때 국가가 개입해 사회적 약자를 보호하고 인간다운 생활을 보장할 필요가 있어요. 이를 위해 만들어진 법이 사회법이에요. 사회적 약자를 보호하는 법과 기관에 대해 살펴봐요.

근로자의 노동과 그에 따라 받는 임금에 대해 국가가 보장하도록 노력해야 한다는 내용이 헌법에 나와 있구나.

대한민국 헌법 제32조 1항
모든 국민은 근로의 권리를 가진다. 국가는 사회적 · 경제적 방법으로 근로자의 고용의 증진과 적정 임금의 보장에 노력해야 하며, 법률이 정하는 바에 의해 최저 임금제를 시행해야 한다.
최저 임금법 제1조(목적)
이 법은 근로자에 대해 임금의 최저 수준을 보장해 근로자의 생활 안정과 노동력의 질적 향상을 꾀함으로써 국민 경제의 건전한 발전에 이바지하는 것을 목적으로 한다.

우리 사회에는 다양한 모습의 사회적 약자가 있단다. 이들이 자신의 권리를 누릴 수 있도록 돕는 기관도 있지. 예를 들면 한국소비자원, 독거노인종합지원센터, 한국장애인고용공단 등이 있어.

개인 vs 개인, 개인 vs 국가의 법

호기심 톡톡 연예인들은 종종 "사생활을 존중해 주세요!"라고 해요. 연예인뿐만 아니라 모든 사람의 생활은 공적인 부분과 사적인 부분으로 나뉘고 각각 적용되는 법도 달라요. 그렇다면 어떤 법이 어떻게 적용되는 걸까요?

내게도 사생활이 있어요!

●갈등의 대상에 따라 사법과 공법으로 나뉘어요

개인은 다른 사람들과 관계를 맺으며 사회를 구성해요. 결혼을 하거나 가족을 부양하는 일, 물건을 사고파는 일, 돈을 빌리거나 빌려주는 일 등이 이러한 사적인 관계에 속하죠. 이렇게 개인과 개인의 관계에서 일어나는 다양한 갈등이나 문제를 규율하는 법을 **사법**(私法)이라고 해요.

사법에는 **민법**과 **상법**이 있어요. 민법은 출생, 입양, 결혼, 상속 등의 가족 관계와 사적인 재산에 관한 법이에요. 상법은 개인이나 기업 간의 경제생활 관계를 규정하죠.

개인은 한 국가의 구성원이기도 해요. 때문에 개인의 생활 중 많은 부분은 국가와 관련돼 있죠. 우리는 국민으로서 투표를 하거나 세금을 납부하는 등 여러 가지 권리와 의무를 행사해요. 국가는 범죄와 같은 위험으로부터 국민을 보호하는 역할을 수행하고요. 이때 개인과 국가의 관계를 규율하는 법을 **공법**(公法)이라고 해요. 공법에는 **헌법, 형법, 행정법, 소송법** 등이 있어요.

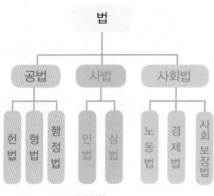

◎ 법의 분류

 여기서 잠깐! | 우리 주변의 법을 사법과 공법으로 구분해 보세요

다음은 우리 주변에서 흔히 볼 수 있는 실제 사례예요. 각 사례에 나타난 상황을 해결하기 위해 사법과 공법 중 어떤 법이 필요한지 살펴봐요.

❶ 퇴직 후 그동안 마련한 자금으로 통닭집을 차리려고 한다. (사법)
❷ 대학생인 오빠가 만 19세가 돼서 군대에 가기 위해 신체검사를 받았다. (공법)
❸ 전남편과의 사이에 자녀가 있는데 재혼을 하면서 자녀의 성을 새아버지의 성으로 바꾸려 한다. (사법)
❹ 옆집 할머니께서 사기 전화를 받고 2,000만 원을 사기당했다. (공법)
❺ 보석상에서 보석과 현금을 훔친 일당이 어제 저녁 경찰에 붙잡혔다. (공법)

② 사회적 약자를 보호하는 법

호기심 폭폭 유영이는 아르바이트를 하던 중 일한 만큼의 월급을 받지 못해 사장님께 항의했어요. 하지만 사장님은 도리어 유영이에게 화를 냈죠. 이 문제를 어떻게 해결할 수 있을까요?

싫으면 그만둬도 돼!

사장님, 월급이 모자라요!

● 국가가 사회적 약자를 돕는 과정에서 사회법이 만들어졌어요

산업 혁명 이후 자본주의가 발달하면서 인류는 물질적인 풍요를 얻게 됐어요. 그러나 빈부 격차가 커지고 노동자와 *사용자 간의 대립이 일어나는 등 새로운 사회 문제가 함께 발생했죠. 특히 어린이와 여성, 장애인과 같은 사회적 약자들은 인간으로서 최소한의 생활도 보장받을 수 없었어요. 사회적 약자들에게는 국가적인 차원의 보호가 필요했고 그 결과 등장한 법이 **사회법**이에요.

사회법은 개인과 개인의 관계에 국가가 개입하는 것으로, 사법과 공법의 중간 법이라고 볼 수 있어요. 사회법에는 **노동법**, **경제법**, 그리고 **사회 보장법** 등이 있답니다.

*사용자 노동을 제공하는 사람에게 그에 대한 보수를 지급하는 사람, 곧 근로자를 고용하는 개인이나 법인을 말한다.

사회법의 종류

사회법의 종류	주요 내용	예
노동법	· 근로자와 사용자 간의 이해관계 또는 갈등 조정 · 근로자의 권리 보호	근로 기준법, 최저 임금법, 노동조합 및 노동관계 조정법
경제법	· 공정한 경쟁 구도와 안정적 국민 경제 확립 · 소비자와 중소기업의 권익 보호	독점 규제 및 공정 거래에 관한 법률, 소비자 기본법
사회 보장법	· 사회적 약자의 기본적인 생활권 보장 · 시민 복지 향상	국민 기초 생활 보장법, 국민 건강 보험법, 국민연금법

사회법의 등장 과정

증기 기관의 발명 이후 시작된 산업 혁명

어린이 노동자들의 열악한 근무 환경

인권 보장을 요구하는 어린이 노동자들

사회법의 등장

사회적 약자를 보호하는 사회법은 구체적으로 무엇이 있을까요? 어려움에 처한 사람들을 법적으로 도울 수 있는 사회법은 다음과 같아요.

> 최저 임금보다 더 낮은 시급을 주다니…….

 저는 현재 대학생이에요. 스스로 학비를 벌어야 하는 형편이라 아르바이트를 하고 있는데 온종일 서서 일을 하려니 너무 힘들어요. 그런데 그보다 더 힘든 건 사장님이 최저 임금보다 더 적은 시급을 준다는 거예요. 전에 있던 아르바이트생이 이에 항의했다가 해고됐다고 해서 함부로 말을 꺼낼 수도 없어요. 어떻게 하면 좋죠?

> 하루 종일 폐지를 주워도 몇 푼 안 되니 막막하군.

 나는 공병과 폐지를 주워서 생활하고 있다네. 하지만 손수레에 폐지를 한가득 모아 팔아도 수입은 하루에 채 3,000원도 안 되지. 집에는 할멈이 몸이 아파 누워 있는데 도무지 살길이 막막해. 도움을 받을 방법이 없겠나?

> 손해가 이만저만이 아니야.

 저는 '○○우유'의 대리점을 운영하고 있습니다. 며칠 전 납품받은 제품들이 아직 냉장고에 쌓여 있는데 오늘 본사에서 또 물건을 떠넘기고 갔습니다. 이러다 유통 기한을 넘기면 큰일인데……. 이 일을 어쩌면 좋을까요?

위 사례에 나타난 문제를 해결하려면 어떻게 해야 하는지 알아볼까요?

이야기 A: 주변의 어른이나 변호사의 도움을 받아요. 관련 정부 기관에 신고해요.

이야기 B: 복지 기관, 구청이나 시청의 안내나 도움을 받아요. 법을 통해 보장받을 수 있는 방법을 알아봐요.

이야기 C: 공정 거래에 관한 법률의 도움을 받거나 관련 정부 기관에 신고해요.

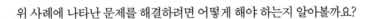

위 사례에 나타난 문제를 해결할 수 있는 법은 무엇인지 알아봐요.

이야기 A: 근로 시간과 근로 환경 등의 내용이 담겨 있는 '근로 기준법'의 도움을 받을 수 있어요.

이야기 B: 경제적 약자 보호를 위한 '국민 기초 생활 보장법' 등 사회 보장법에 기반한 혜택을 받을 수 있어요.

이야기 C: '독점 규제 및 공정 거래에 관한 법률'의 도움을 받을 수 있어요.

3 우리나라의 사법 제도

 1. 민사 재판과 형사 재판을 구분해 봐요 2. 공정한 재판을 위한 제도

커져라~! 생각 풍선 **판사님, 누가 옳고 그른지 판결해 주세요!**

다음과 같은 갈등 상황에서 누군가 피해를 입었다면 어떻게 해야 할까요? 대화와 타협을 통해 해결되지 않을 경우, 법을 통해 누가 옳고 그른지 판결하는 제도를 이용할 수 있어요. 판사에게 합리적이고 공정한 판단을 내려 달라고 요청해서 갈등을 해결하는 것이죠.

생각 이야기 1 김원만 씨는 요즘 층간 소음 문제로 이웃과 갈등을 겪고 있어요. 밤 늦게까지 소리를 지르며 뛰어다니는 위층 아이들 때문에 극심한 스트레스를 받고 있죠. 원만 씨는 수차례 전화로 항의하고 위층에 찾아가 조금만 주의해 달라고 부탁했어요. 하지만 돌아오는 것은 '우리는 그런 적이 없다'는 답변뿐이었어요. 게다가 언쟁이 오고 간 다음날이면 소음이 더 심해지거나 원만 씨의 집 현관문 앞에 쓰레기가 버려져 있었어요. 참다못한 원만 씨는 위층을 상대로 소송을 제기했어요. 결국 원만 씨와 위층 사람들은 법원에서 열리는 재판에서 다시 만나게 됐어요.

말이 안 통하면 법으로 해결하는 수밖에 없지!

판사가 판결을 내리면 모두 따라야 하지. 판사의 권위는 그만큼 중요해.

생각 이야기 2 외국 영화에서 재판하는 장면을 보면 하얀 가발을 쓰고 있는 판사들의 모습을 종종 볼 수 있어요. 판사들은 왜 가발을 쓰는 걸까요? 그 유래는 17세기 영국으로 거슬러 올라가요.

당시 영국의 판사들은 법조인의 위상을 높이고 법에 대한 국민들의 존경심을 고취시키기 위해 특별한 가발을 착용하고 재판에 참여했어요. 또한 판사는 법정 밖에서와는 다른 모습으로 보다 공정하게 판결을 내릴 수 있었죠. 판사의 가발은 법의 권위와 판사의 익명성을 위한 상징적 장치였던 거예요.

오늘날 영국에서는 가발의 편의성과 위생 등의 이유로 형사 재판에서만 가발을 착용해요.

민사 재판과 형사 재판을 구분해 봐요

호기심 뿜뿜 예슬이는 요즘 법정에서의 이야기를 다룬 드라마에 푹 빠져 있어요. 그런데 어떤 재판에서는 변호사와 변호사가, 또 다른 재판에서는 변호사와 검사가 논쟁하는 게 아니겠어요? 어떤 차이가 있는 걸까요?

변호사 vs 변호사? 변호사 vs 검사?

● 개인과 개인 사이의 갈등은 민사 재판으로 해결해요

갈등이 일어나거나 범죄가 발생했을 때 사회 구성원들은 *재판을 통해 해결할 수 있어요. 법을 기준으로 판결을 내리기 때문에 공정한 결과를 얻을 수 있죠.

재판은 *법원에서 일정한 절차를 거쳐 이뤄지는데, 갈등의 성격에 따라 여러 종류로 나뉘어요. **민사 재판**은 개인과 개인 사이에서 일어난 문제를 해결하기 위한 재판이에요. 개인은 자신의 권리나 이익을 침해당했을 때 민사 소송을 제기해 재판을 받을 수 있어요. 이때 소송을 제기한 사람을 원고, 제기당한 사람을 피고라고 해요. 원고와 피고는 자신을 대신해 재판을 진행할 변호사를 선임할 수 있어요. 양측이 자신의 주장이 옳다는 증거를 준비해 법원에 제출하면 법원에서는 이를 바탕으로 재판을 한답니다. 판사는 판결을 내리고, 원고와 피고는 이의가 없으면 판결을 따라야 해요.

*재판 사회 구성원들 사이의 갈등이나 범죄에 대해 법원에서 일정한 절차를 거쳐 내리는 공적 판단이다.

*법원 법을 적용해 갈등을 해결하고 사회 질서를 유지하는 기관이다.

이야기 속 사회 | 민사 재판에서 원고와 피고는 누구예요?

법정 드라마를 보면 재판 장면에서 판사가 원고와 피고를 부르는 것을 볼 수 있어요. 원고와 피고는 각각 누구를 가리키는 걸까요? 이야기를 통해 알아봐요.

만화 작가 나황당은 얼마 전 한 영화를 보고 깜짝 놀랐어요. 영화의 내용이 자신이 발표한 만화와 매우 비슷했기 때문이에요. 세부적인 내용은 달랐지만 중심이 되는 이야기가 아주 유사했어요. 나황당은 해당 영화의 시나리오를 쓴 정억울을 저작권법 위반으로 고소했어요. (원고: 나황당, 피고: 정억울)

시나리오 작가 정억울은 매우 난처한 상황에 처했어요. 법적 판결이 나기도 전에 나황당이 '정억울이 내 만화를 표절했다'는 내용의 글을 인터넷 게시판에 올렸기 때문이에요. 이 내용은 일파만파 퍼져 정억울에게는 '표절 작가'라는 낙인이 찍혔어요. 정억울은 차기작의 계약을 파기당하고 영화 제작사에 위약금을 내야 했어요. 이에 정억울은 나황당에게 손해 배상을 청구했어요. (원고: 정억울, 피고: 나황당)

내 만화를 표절했어!

판결도 안 났는데 그런 글을 올리면 안 되지!

영화 시나리오 만화 표절!

● 범죄가 발생하면 형사 재판이 열려요

절도나 폭력과 같이 사회 질서를 해치는 각종 범죄가 발생했을 때는 죄의 유무를 판단하고 죄에 대한 처벌을 하기 위한 재판이 이뤄지는데, 이를 **형사 재판**이라고 해요. 수사 기관에서 범죄를 저지른 것으로 의심되는 사람(피의자)를 찾아내면, 검사가 피의자를 상대로 *공소를 제기해 법원에 재판을 요청하죠.

형사 재판이 열리면 피의자는 피고인이 돼요. 피고인은 변호사를 선임해 자신을 변호할 수 있어요. 형사 재판의 원고는 검사이며, 범죄로 피해를 입은 사람은 증인이 돼 재판에 참여할 수 있어요. 판사는 범죄 사건에 대한 진술과 증거를 바탕으로 피고인의 유무죄를 판단하고, 유죄일 경우 어떤 방식으로 얼마나 처벌할 것인지를 결정한답니다.

*공소 검사가 법원에 특정 형사 사건의 재판을 청구하는 것이다.

<table>
<tr><td colspan="2">민사 재판과 형사 재판의 비교</td><td>민사 재판</td><td>형사 재판</td></tr>
<tr><td colspan="2">내용</td><td>개인 간의 분쟁</td><td>범죄 사건에 대한
사실 여부와 형벌 결정</td></tr>
<tr><td rowspan="2">원고와
피고</td><td>원고</td><td>소송을 제기한 사람
(피해자)</td><td>검사</td></tr>
<tr><td>피고</td><td>소송을 제기당한 사람
(가해자)</td><td>피고인</td></tr>
<tr><td colspan="2">재판 절차</td><td>원고의 소(訴) 제기 →
원고와 피고 호출 → 심판
→ 불복 시 항소</td><td>수사 → 검사의 소(訴) 제기 → 심판
→ 불복 시 항소 → 형벌 집행</td></tr>
</table>

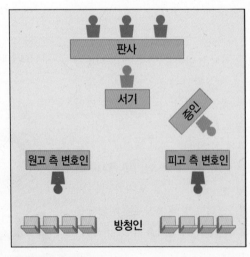

○ **민사 재판 법정 모습**
원고의 변호사와 피고의 변호사가 각각 변론하고, 판사가 최종 판결을 내려요.

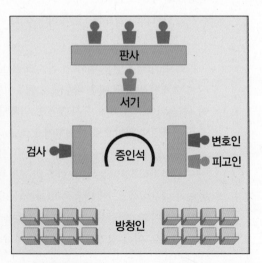

○ **형사 재판 법정 모습**
검사가 피의자를 상대로 재판을 요청하고, 검사와 피고의 변호사가 변론하면 판사가 최종 판결을 내려요.

●사건의 성격에 따라 재판의 종류가 달라요

민사 재판과 형사 재판 외에도 다양한 종류의 재판이 있어요. 먼저, 행정 기관에 의해 개인의 권리가 침해당했을 때는 국가를 상대로 **행정 재판**을 요구할 수 있어요. 이혼이나 상속 등의 문제로 가족 또는 친족 사이에서 일어난 분쟁은 **가사 재판**에서 다루고, 가족 구성원 사이의 폭력 행위 등은 **가정 보호 재판**에서 담당해요. 10세 이상 19세 미만의 청소년이 저지른 범죄는 일반 형사 재판이 아닌 **소년 보호 재판**에서 따로 다루고요. 선거와 관련해 발생한 문제는 **선거 재판**을 통해 해결한답니다.

일반인도 재판 방청 신청을 할 수 있어요. 신청은 법원 누리집에서~!

 여기서 잠깐! | 판례로 보는 다양한 재판

사회에는 다양한 사건과 사고가 일어나고 있어요. 그만큼 이러한 문제를 해결하기 위한 재판도 다양하답니다. 기존의 재판 결과를 판례라고 하는데, 판례를 통해 법이 어떻게 적용되는지 함께 살펴봐요.

> **이야기 1** 한○○는 남편 서◇◇가 외도와 폭력 등을 저질렀다는 이유로 이혼 및 위자료 청구 소송을 제기했어요. 이후 한 씨는 남편으로부터 각서를 받고 소송을 *취하했어요. 그로부터 2개월 뒤 한 씨는 서 씨를 상대로 다시 동일한 내용의 소송을 제기했어요. 이에 재판부는 "소송을 취하한 지 2개월 만에 이혼을 청구하는 것은 합당하지 않고 재소 금지의 원칙(최종 판결을 받았거나 소송을 취하했을 경우 동일한 내용으로 다시 소송을 제기할 수 없다는 내용)에 따라 허용할 수 없다."라며 청구를 기각했어요.
>
> *취하: 신청했던 일이나 소송을 취소하는 일.

> **이야기 2** 운동선수 이△△(29)는 얼마 전 입대 연기를 신청했으나 허가를 받지 못했어요. 주로 해외에서 머물며 경기를 하는 이 씨가 병무청에 국외 여행 기간을 연장해 줄 것을 요청했는데 거절당한 거예요. 병무청은 이 씨에게 더 이상 입대를 미룰 수 없으니 곧 귀국하라고 통보했어요. 이 씨는 병무청을 상대로 '국외 여행 기간 연장 불허가'를 취소해 달라는 소송을 제기했어요. 이에 재판부는 해외에서 활동하는 운동선수일지라도 계속해서 입대를 연기할 수는 없으므로 병무청의 조치는 합당하다는 판결을 내렸어요.

> **이야기 3** 조□□ 씨는 현직 국회 의원이 주최한 행사에 갔다가 참석자들의 식사 비용을 대신 지불했어요. 이에 대해 재판부는 조 씨가 선거법을 위반했다는 판결을 내렸어요. 조 씨는 아직 국회 의원 선거가 3년 가까이 남았기 때문에 자신의 행동은 선거와 관련이 없다고 주장했어요. 그러나 재판부는 선거까지 오랜 기간이 남아 있다는 이유만으로 조 씨의 행위가 선거와 무관하다고 볼 수 없다는 입장을 밝혔어요. 또한 현직 국회 의원은 다음 선거에 출마할 가능성이 높다고 여겨 조 씨의 행동을 '후보자가 되고자 하는 자를 위한 기부 행위'로 간주했고, 조 씨에게 벌금형을 선고했어요.

② 공정한 재판을 위한 제도

호기심 톡톡 배가 너무 고파 빵을 훔친 장 발장은 절도죄로 붙잡혀 재판에서 징역 5년 형을 선고받았어요. 처벌이 너무 과하다고 생각한 장 발장은 판결을 다시 받고 싶은데, 어떻게 해야 할까요?

억울해, 판결을 다시 받을 수만 있다면 얼마나 좋을까?

● 재판은 세 번까지 받을 수 있어요

우리나라의 사법권은 다른 국가 기관에서 독립돼 있어요. 법적 기준과 재판관의 양심에 따라 재판을 실시하죠. 재판관의 판결은 외부의 압력을 받지 않고 공정하게 내려져야 하기 때문이에요. 재판이 공정하게 이뤄지지 않으면 개인의 권리는 보호받지 못하고 법과 사법부, 나아가 국가의 권위도 떨어지고 말아요. 국민의 권리를 보호하고 정의로운 사회를 만들어 가려면 재판의 공정성이 반드시 보장돼야 해요.

우리나라는 공정한 재판을 위해 다양한 제도를 시행하고 있어요. 재판의 결과에 승복할 수 없다면 상급 법원에 다시 판결을 요구해서 재판을 다시 받을 수 있죠. 이를 **심급 제도**라고 해요. 우리나라에서는 3심제를 시행하여 세 번까지 재판을 받을 수 있답니다.

공정한 재판을 위한 또 다른 제도로는 **공개 재판주의**와 **증거 재판주의**가 있어요. 공개 재판주의에 따라 재판 과정과 결과를 소송 당사자 외에 일반인에게도 공개하며, 증거 재판주의에 따라 증거를 토대로 판결을 내려요.

◎ 민·형사 사건의 심급 제도

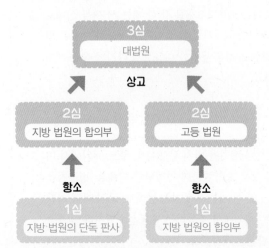

 여기서 잠깐! | 일반 사람들도 재판에 참여할 수 있다고요?

우리나라는 2008년부터 국민이 배심원으로 재판에 참여하는 '국민 참여 재판 제도'를 도입했어요. 국민 참여 재판은 형사 재판 중에서 피고인이 요청하거나 사건이 법률로 정한 특정 범죄일 때 진행돼요.

배심원단은 무작위로 선정된 만 20세 이상의 국민 5~9명으로 구성된답니다. 배심원은 피고인의 유무죄 여부와 형벌의 정도에 관한 의견을 제시하고 판사는 이를 참고해 판결을 내리죠. 배심원은 법령에 따라 성실히 직무를 수행해야 하며, 재판에 참여하는 과정에서 알게 된 비밀을 누설하거나 재판의 공정성을 해쳐서는 안 돼요.

국민 참여 재판은 재판의 투명성과 공정성을 높이기 위한 제도예요. 그러나 한쪽에서는 일반인에게 사건의 내용이 알려지는 것이기 때문에 피해자의 인권이 침해당할 수 있다고 우려하기도 해요.

언뜻 봐서는 잘못이 없는 것 같지만 법을 기준으로 했을 때는 잘못이 드러나는 경우가 있어요. 다음 사례들을 통해 민사 재판과 형사 재판 중 어떤 재판을 받았으며, 어떤 판결을 받았는지 함께 생각해 봐요. 과연 누가 옳고 누가 잘못한 걸까요?

이야기 A

왕자님과 결혼한 신데렐라는 언니들이 식당을 운영할 수 있도록 도와줬어요. 얼마 뒤 신데렐라는 언니들의 식당에 저녁을 먹으러 갔어요. 식사를 마치고 나온 신데렐라는 깜짝 놀랐어요. 벗어 두었던 신데렐라의 유리 구두가 없어진 거예요. 언니들에게 말해 봤지만 언니들은 "신발 분실에 대해서는 식당 주인이 책임지지 않는다."라고 말할 뿐이었어요. 언니들은 신발 주인이 신발을 관리해야 한다며 신데렐라에게 책임을 돌렸죠. 신데렐라의 유리 구두가 없어진 사건의 책임은 누구에게 있는 걸까요?

이야기 B

카페에서 친구를 기다리던 무개념 씨는 친구가 오지 않자 연락을 하려고 했어요. 하지만 휴대 전화를 집에 두고 나왔다는 사실을 깨달았죠. 마침 무개념 씨의 옆자리 테이블 위에 휴대 전화가 놓여 있었고, 휴대 전화의 주인은 자리에 없었어요. 무개념 씨는 그 휴대 전화를 들고 나와 30분 정도 사용했어요. 다시 카페로 돌아간 무개념 씨는 아무도 모르게 계산대에 휴대 전화를 놓고 나왔죠. 그런데 얼마 후 무개념 씨는 절도죄로 고소를 당했어요. 무개념 씨는 휴대 전화를 잠시 사용했을 뿐이고 분명히 돌려주었는데 절도죄가 성립될까요?

이야기 A: 상법과 관련한 재판이므로 민사 재판이에요. 신데렐라의 언니들은 유리 구두가 없어진 것에 대한 책임을 지고 신데렐라에게 손해를 배상해야 해요. 다음은 관련 법 조항이에요.
- 상법 제152조(공중 접객업자의 책임)
② 공중 접객업자는 고객으로부터 *임치받지 아니한 경우에도 그 시설 내에 휴대한 물건이 자기 또는 그 사용인의 과실로 인해 멸실 또는 훼손됐을 때에는 그 손해를 배상할 책임이 있다.
*임치: 당사자 중 한쪽이 금전이나 물건을 맡기고 상대편이 이를 보관하기로 약속함.

이야기 B: 무개념씨는 절도죄에 해당하며 벌금을 내야 해요. 다음은 관련 법 조항이에요.
- 형법 제360조(점유 이탈물 횡령)
① 유실물, 표류물 또는 타인의 점유를 이탈한 재물을 횡령한 자는 1년 이하의 징역이나 300만 원 이하의 벌금 또는 과료에 처한다.
- 형법 제329조(절도) 타인의 재물을 절취한 자는 6년 이하의 징역 또는 1천만 원 이하의 벌금에 처한다. 〈개정 1995.12.29.〉
- 형법 제355조(횡령, 배임) ① 타인의 재물을 보관하는 자가 그 재물을 횡령하거나 그 반환을 거부한 때에는 5년 이하의 징역 또는 1천 500만 원 이하의 벌금에 처한다.

한눈에 정리하기

● 이 장에서 다룬 이야기들을 떠올리며 보기에서 알맞은 단어를 골라 빈칸에 써 넣어 볼까요?

> **보기** 결과, 권리, 범죄, 사회 질서, 개인, 국가, 심급 제도, 사회 규범, 강제성, 사회적, 법, 자본주의, 민사 재판, 형사 재판

중단원	소단원	개념 정리
1. 법의 의미와 필요성	꼭 지켜야 하는 '법'	· 법은 사회 내에서 일어나는 다양한 갈등을 해결하기 위한 (㉠) 중의 하나임. · 법은 행위의 동기보다는 (㉡)를 중시하며, 구체적이고 명확한 동시에 (㉢)을 지님.
	법이 필요한 이유	· 법은 분쟁과 갈등을 합리적으로 해결할 수 있는 기준임. · 법은 개인과 단체의 (㉣)를 보호하고 각종 (㉤)를 예방하여 (㉥)를 유지하는 역할을 함.
2. 법의 종류와 특징	개인 vs 개인, 개인 vs 국가의 법	· 사법은 개인과 (㉦)의 관계를 규율하는 법. · 공법은 개인과 (㉧)의 관계를 규율하는 법.
	사회적 약자를 보호하는 법	· (㉨)가 발달하면서 각종 사회 문제가 발생하자 국가 차원에서 (㉩) 약자들을 보호하기 위해 사회법이 만들어짐. · 대표적인 사회법으로는 노동법, 경제법, 사회 보장법이 있음.
3. 우리나라의 사법 제도	민사 재판과 형사 재판을 구분해 봐요	· 사회 구성원들 사이에 분쟁이 발생했을 경우 재판을 통해 (㉪)을 기반으로 하는 공정한 결과를 얻을 수 있음. · 개인 간의 분쟁을 해결하기 위한 재판을 (㉫)이라고 하며, 사회 질서를 해치는 범죄와 관련된 재판을 (㉬)이라고 함. · 이외에도 행정 재판, 가사 재판, 선거 재판 등 다양한 종류의 재판이 있음.
	공정한 재판을 위한 제도	· 국민의 권리 보호와 사회 정의의 실현을 위해 재판은 공정하게 이뤄져야 함. · (㉭)란 재판의 결과에 승복할 수 없는 경우 다시 재판을 요청할 수 있도록 하는 제도. 우리나라에서는 3심제를 원칙으로 함. · 이외에 공개 재판주의, 증거 재판주의 등의 원칙을 적용해 공정한 재판이 이뤄지도록 함.

정답 ㉠ 사회 규범 ㉡ 결과 ㉢ 강제성 ㉣ 권리 ㉤ 범죄 ㉥ 사회 질서 ㉦ 개인 ㉧ 국가 ㉨ 자본주의 ㉩ 사회적 ㉪ 법 ㉫ 민사 재판 ㉬ 형사 재판 ㉭ 심급 제도

세계에서 가장 오래된 성문법은 함무라비 법전이에요. 성문법이란 문자로 기록돼 공식적으로 선포된 법을 의미하죠. 함무라비 법전은 '눈에는 눈, 이에는 이'라는 말로 유명한 고대 법이에요. 1901년 말 프랑스 탐험대가 페르시아의 수사라는 고대 도시 유적에서 함무라비 법전을 발견했죠. 지금은 루브르 박물관에 보관돼 있어요.

함무라비 법전은 높이 2.25미터의 돌 비석에 쐐기문자로 새겨져 있어요. 돌 비석의 가장 윗부분에는 왕이 태양과 정의의 신에게 옥새를 받는 모습이 조각돼 있죠.

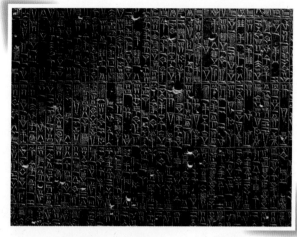

◎ 함무라비 법전의 뒷면에 새겨진 법률

함무라비 법전의 법문은 서문 · 본문 · 결문으로 이뤄져 있어요. 서문은 신들을 공경하는 왕의 인격에 대한 내용이고, 본문은 282조의 법률로 이뤄져 있어요. 결문은 이 법률을 지키도록 자손을 깨우쳐야 한다는 내용이에요.

함무라비 법전의 법률에는 전쟁에 나갔거나 포로가 된 병사의 토지 경작권, 소작, 빚과 채무, 노예 제도, 혼인과 가족, 각종 노동자 고용 등에 대한 판정 기준이 제시돼 있어요. 법률에는 당시 생활이 반영돼 있어서 사회적 신분에 따라 처벌이 다르고, 보통 화해로 해결되는 경우가 많음을 알 수 있는 내용도 있답니다.

◎ 루브르 박물관에 전시돼 있는 함무라비 법전

◎ 왕이 태양과 정의의 신에게 옥새를 받는 모습을 새긴 부조
◎ 함무라비 법전을 펴낸 고대 바빌로니아 왕조의 함무라비왕

사회는 계속해서 변화해요!
사회 변동과 사회 문제

어렸을 때 사진을 보면 어떤 생각이 드나요? '내가 많이 성장하고 변했구나.'라는 생각이 들지 않나요? 우리가 살아가는 사회도 시간이 흐르면서 변화해요. 지금 우리 사회는 과거와 어떻게 다를까요?

사회의 과거와 현재 모습을 살펴보고, 우리나라에서 나타나는 여러 변화의 원인과 대응 방법을 알아봐요. 또한 현대 사회의 주요 사회 문제와 그 해결 방안도 생각해 봐요.

1 사회 변동과 현대 사회

 1. 사회는 계속 변화해요 2. 변화 속에서 일어나는 사회 문제들

커져라~! 생각 풍선 1970년대와 오늘날 중학생의 하루는 얼마나 다를까?

영국의 사회학자 앤서니 기든스는 자신의 저서 『현대 사회학』에서 인류의 시간을 하루라고 했을 때 인류의 변화가 하루 중 언제 일어났는지 비유로 설명했어요.

50만 년 동안 지구에서 생활한 인류는 약 1만 2,000년 전에 농업을 시작했고, 약 6,000년 전에 문명 생활을 시작했어요. 만약 인류가 살아온 50만 년의 기간을 하루로 환산해 생각한다면 농업은 밤 11시 56분에 시작됐고, 문명은 밤 11시 57분부터 존재하기 시작했을 뿐이에요. 그리고 근대 사회의 발전은 밤 11시 59분 30초에 겨우 시작됐죠. 하지만 30초 동안에 발생한 인류의 변화는 그 이전에 발생한 모든 변화와 맞먹을 정도로 엄청난 것이었어요.

이러한 변화는 우리나라 사회의 변화에서도 엿볼 수 있어요. 1970년대의 중학생 모습과 현재의 중학생 모습을 비교하면 사회가 얼마나 많이 변화했는지 알 수 있답니다.

학교에 지각하지 않으려면 자명종 시계는 꼭 가지고 있어야 해. 친구에게 연락할 때는 전화가 최고지!

웬만한 건 다 휴대 전화 하나로 해결할 수 있어요. 버스 탈 때도, 친구에게 메시지를 보낼 때도, 아침에 울리는 알람도 휴대 전화로 해요.

1970년대 중학생 지호의 하루	시각	현재 중학생 수민이의 하루
자명종 시계 소리를 듣고 기상	7:00	휴대 전화 알람을 듣고 기상
회수권을 내고 버스 탑승	8:00	교통 카드로 요금을 내고 버스 탑승
칠판과 종이 교과서를 활용한 수업	15:00	디지털 교과서, 스마트 기기를 활용한 수업
도서관에서 책 읽기	17:00	온라인 강의를 이용해 공부
유선 전화기로 친구와 통화	20:00	휴대 전화, 소셜 네트워크 서비스(SNS)로 친구와 대화

사회는 계속 변화해요

호기심 톡톡 세진이의 할머니는 젊었을 때 손으로 직접 편지를 써 우체통에 넣으셨대요. 그런데 세진이는 한 번도 우체통에 편지를 넣어 본 적이 없어요. 언제든지 휴대 전화로 친구에게 메시지를 보낼 수 있기 때문이죠. 왜 이런 변화가 생긴 걸까요?

> 휴대 전화가 없었을 때는 어떻게 연락을 주고받았을까?

● 정치, 경제, 문화 등이 교통 · 통신의 발달로 빠르게 바뀌고 있어요

인간이 태어나고 성장하면서 계속 변화하는 것처럼 사회도 변화해요. 인류의 역사는 원시 사회에서 농경 사회, 산업 사회, 정보 사회로 변화했어요. 이처럼 사회를 구성하는 정치, 경제, 문화, 제도, 가치관 등이 변화하는 현상을 **사회 변동**이라고 해요.

사회 변동은 자연환경의 변화, 과학 기술의 발전, 가치관이나 제도의 변화, 역사적 사건, 문화 접촉 등 다양한 원인에 의해 발생해요. 교통과 통신이 발달하면서 현대 사회의 변동 속도는 더욱 빨라졌으며, 그 범위도 더욱 넓어졌답니다.

여기서 잠깐! | 사회 변동이 일어나는 이유는 뭘까요?

사회 변동이 일어나는 이유는 무엇일까요? 다음 사다리 타기를 해 보고 사회 변동이 일어나는 다양한 원인에 대해 알아봐요.

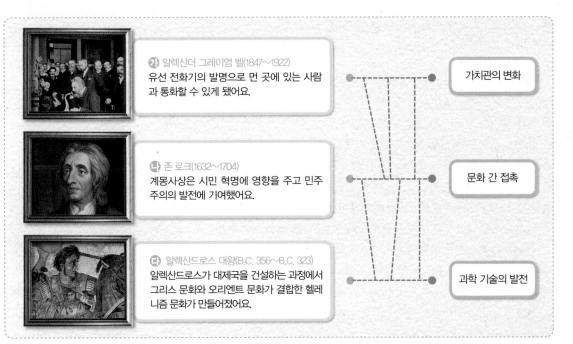

가 알렉산더 그레이엄 벨(1847~1922)
유선 전화기의 발명으로 먼 곳에 있는 사람과 통화할 수 있게 됐어요.

나 존 로크(1632~1704)
계몽사상은 시민 혁명에 영향을 주고 민주주의의 발전에 기여했어요.

다 알렉산드로스 대왕(B.C. 356~B.C. 323)
알렉산드로스가 대제국을 건설하는 과정에서 그리스 문화와 오리엔트 문화가 결합한 헬레니즘 문화가 만들어졌어요.

가치관의 변화

문화 간 접촉

과학 기술의 발전

변화 속에서 일어나는 사회 문제들

호기심 톡톡 혜지는 매주 일요일 아침에 영국으로 유학을 간 친구와 화상 전화를 해요. 바다 건너 먼 곳에 있는 친구와 얼굴을 보며 대화할 수 있다니 정말 신기하죠? 우리의 일상에서 알 수 있는 현대 사회의 변화를 더 알아봐요.

영국은 저녁이겠구나. 화상 전화를 하니 바로 옆에 있는 것 같아.

● 산업화가 일어나면서 사람들이 도시로 이동했어요

*분업화 생산의 효율성을 높이기 위해 각각 일을 나눠 진행하는 것을 말한다.

현대 사회에서는 산업화, 정보화, 세계화 등 다차원적이고 광범위한 변동이 나타나요.

산업화는 생산 활동이 기계화되고 *분업화되면서 전체 산업에서 공업이 차지하는 비율이 높아지는 현상과 이에 따른 사회 전반의 변화를 의미해요. 18세기 말 영국의 산업 혁명을 기점으로 시작된 산업화는 점차 전 세계적으로 확산됐죠. 산업화를 거치며 **대량 생산**과 **대량 소비**가 가능해졌고 생산성이 증대되면서 사람들은 물질적으로 풍요로워졌어요. 농업 중심에서 공업 중심으로 산업 구조가 변하자 농촌에 살던 사람이 공장이 있는 도시로 이동하며 도시화가 이뤄졌답니다. 그 과정에서 전통적 가족 제도의 붕괴와 가치관의 혼란, 빈부 격차, 도시와 농촌 간 격차, 환경 오염 등 다양한 문제가 일어났죠.

◐ 산업 혁명 당시 영국의 공장

이야기 속 사회 | 영화 '모던 타임즈'의 주인공 찰리는 나사 같은 존재일까요?

영화 '모던 타임즈'(1936)의 주인공 찰리는 컨베이어 벨트 공장의 노동자예요. 그는 공장에서 나사를 조이는 일을 담당해 매일 같은 일을 반복하죠. 나사를 조이는 감각이 몸에 배어 버린 찰리는 일을 하지 않을 때도 주변의 모든 사물을 조이려고 들었어요. 한바탕 소동을 겪은 뒤 찰리는 정신 병원에 수감돼 치료를 받았어요. 병원에서 퇴원한 찰리는 실업자 신세가 돼 거리를 떠돌다가 시위대의 주동자로 오해를 받고 감옥에 갇히고 말아요. 몇 년 후 감옥에서 풀려난 찰리는 일자리를 찾아 또다시 거리를 헤매는 신세가 됐어요.

우리는 '모던 타임즈'를 통해 산업화의 특징과 문제점을 엿볼 수 있어요. 산업화가 빠르게 발전했던 당시에 공장이 급격하게 늘어나고, 근로자들은 기계화와 자동화된 시설에서 일하기 시작했어요. 노동 현장에서는 인간성이 사라지고 인간 소외 현상마저 나타났어요. 영화의 주인공 찰리는 이러한 산업화의 문제점으로 인해 고통받는 노동자의 모습을 대변해요.

나사 조이는 일만 반복하는 나는 대체 누구죠?

◐ 영화 '모던 타임즈'의 한 장면

●정보화로 인해 정보 격차와 사이버 범죄가 발생했어요

정보 통신 기술이 발달하면서 산업 사회는 정보 사회로 변화했어요. 정보 사회에서는 지식과 정보가 주요 자원이 되고, 정보를 생산하고 활용하는 능력이 중요해져요. 이러한 변화를 **정보화**라고 해요.

개인의 개성과 창의성을 강조하는 정보 사회에서는 상품의 생산 방식이 *다품종 소량 생산** 방식으로 바뀌고 있어요. 업무의 생산성과 효율성이 향상됐고 정보 통신 기술 관련 산업이 빠르게 성장하고 있어요. 정보화는 전자 민주주의 확산에도 영향을 줬어요. 전자 투표, 인터넷을 이용한 여론 수렴, 전자 공청회 등 국민이 정치에 참여할 수 있는 창구가 다양해졌죠. 또한 인터넷을 이용해 송금을 하거나 물건을 사고팔 수 있고, 음악이나 영화와 같은 문화 콘텐츠를 즐길 수 있어 우리의 일상생활이 더욱 편리해졌어요. 한편, 정보화로 인해 새로운 사회 문제도 발생했어요. *정보 격차, 개인 정보 유출, 인터넷 중독, 사이버 범죄 등은 정보 사회에서 해결해야 할 과제랍니다.

*다품종 소량 생산 다양한 종류의 상품을 각각 적은 양만 생산하는 것이다.

*정보 격차 새로운 정보와 기술에 대한 접근이 불평등하게 이뤄져 발생하는 사회적·경제적 격차를 말한다.

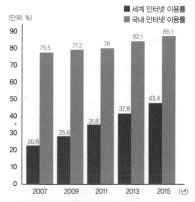

◎ 세계 인터넷 이용률과 국내 인터넷 이용률의 변화 추이(국제전기통신연합·한국인터넷진흥원, 2016)

*IPTV: 인터넷망을 이용해 제공되는 양방향 텔레비전 서비스.

● 세계가 하나로 연결되면서 국가 간 불평등이 심화됐어요

현대 사회는 세계가 하나의 마을처럼 긴밀하게 연결되는 지구촌 시대에 접어들었어요. 이처럼 여러 나라가 영향을 주고받으며 상호 의존적인 관계를 이루는 것을 **세계화**라고 해요. 교통과 통신 기술이 발달하면서 세계화는 시간과 공간의 제약을 뛰어넘어 빠르게 진행되고 있죠.

세계화로 인해 국가 간의 전통적인 경계가 무너지고 개인과 국가의 활동 영역이 전 세계로 확대됐어요. 무역이 자유로워졌고, 상품뿐만 아니라 자본과 노동의 이동도 활발해졌죠. *다국적 기업도 증가했고, 문화와 예술 분야의 교류가 늘어나 우리는 보다 다양한 문화를 접할 수 있게 됐어요. 또한 세계화는 민주주의 이념의 확산과 *국제기구의 영향력 증가에 기여했죠. 그러나 세계화 과정에서 국가 간 경제적 불평등이 심화되거나 선진국을 중심으로 문화가 획일화돼 영향력이 약한 지역의 문화가 소외되는 등 문제가 나타나고 있어요.

*다국적 기업 여러 나라에 계열 회사를 두고 상품을 생산 · 판매하는 기업이다.

*국제기구 두 나라 이상의 회원국으로 구성된 국제적 조직체이다.

◎ 국적에 상관없이 세계 여러 나라를 다니며 부상자를 치료하는 '국경 없는 의사회'

◎ 라스베이거스 소비자 가전 전시회에 참여한 다국적 기업

여기서 잠깐! | 드라마와 음악을 넘어 화장품도 이제 코리아 전성시대!

전 세계에 우리나라 문화를 알리는 한류에는 드라마와 음악뿐만 아니라 화장품도 있어요. 한류 열풍이 큰 영향을 미쳤던 중국과 아시아 전 지역에서 우리나라 화장품이 주목받고 있답니다. 세계 최대 규모의 화장품 시장인 중국에서는 한국산 화장품의 유사 제품이 너무 많아져서 문제가 됐을 정도예요. 국내 화장품 기업들은 이 기회를 이용해 아시아 국가를 적극적으로 공략하고 있어요. 우리나라 기업에 투자하는 중국 자본도 크게 늘어나고 있죠.

◎ 우리나라 화장품 수출액 변화 추이(관세청, 2016)

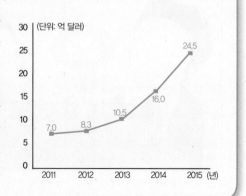

2 한국 사회의 변동과 대응 방안

 1. 빠르게 변화하는 한국 사회 2. 한국 사회 변동에 대응하는 방법

커져라~! 생각 풍선 **우리나라의 산업, 가족 모습 등에서 일어나고 있는 변화들**

오늘날 우리나라는 정보 통신 산업과 건설업, 서비스 등 3차 산업이 발달해 있어요. 그런데 50년 전만 해도 우리나라에서는 농업과 어업의 비중이 지금의 3차 산업만큼 높았답니다. 50년 사이에 우리나라 사회는 많은 변화를 겪었어요. 산업뿐 아니라 가족의 모습도 많이 변했죠. 그래프와 포스터를 보면 변화의 과정을 짐작해 볼 수 있을 거예요.

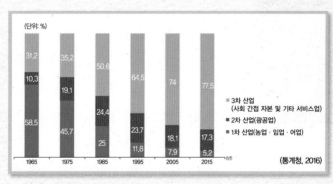

(단위: %)

■ 3차 산업 (사회 간접 자본 및 기타 서비스업)
■ 2차 산업(광공업)
■ 1차 산업(농업·임업·어업)

(통계청, 2016)

 우리나라의 산업별 취업자 비율

1970년대	1980년대	1990년대	2000년대

 2015년에 결혼 이민·귀화자 수는 30만 명을 넘었어. 2007년에 비해 두 배 넘게 증가했지. 이런 현상이 지속된다면 우리 사회는 앞으로 어떻게 변할까?

 우리 사회에 외국인의 수가 증가하면 문화도 다양해질 거야. 다양한 문화가 공존하는 다문화 사회로 변화지 않을까?

*귀화: 다른 나라의 국적을 얻어 그 나라의 국민이 되는 것.

빠르게 변화하는 한국 사회

호기심 톡톡 민서는 역사 박물관에 가서 1950년대 서울 풍경을 찍은 사진을 보고 깜짝 놀랐어요. 높은 건물이 하나도 없는 서울의 모습은 민서에게 정말 낯설었어요. 어떻게 이런 변화가 이뤄졌을까요?

60년 전만 해도 서울 광화문 네거리에 고층 빌딩이 없었어요. 지하 보도 건설을 계획하고 있었죠.

● 한강의 반포대교 모습 1960년대 이후 우리나라는 빠른 속도로 성장했어요. 이를 일컬어 '한강의 기적'이라고 해요.

● 빈부, 지역, 계층 간 갈등이 심화됐어요

전형적인 농경 사회였던 우리나라는 1960년대 정부의 경제 개발 정책 추진을 계기로 급속한 산업화와 도시화를 이뤘어요. 국민의 자유와 권리를 억압하는 정부에 대항해 민주화 운동도 활발히 일어났고요. 1980년대에 이르러 민주화가 빠르게 진행됐고 우리나라는 민주 사회로 거듭날 수 있었어요. 또한 1980년대 후반부터 뛰어난 정보 통신 기술을 구축해 정보 사회로 변화했어요. 현재는 평등과 다양성을 중시하는 사회로 나아가기 위해 끊임없이 노력하고 있답니다.

그러나 사회가 빠르게 변하면서 문제도 발생했어요. 도시와 농촌 간 격차와 빈부 격차가 커졌고 지역과 계층 간 갈등이 심화돼 사회 통합이 어려워진 거예요. 서구 문화가 급격히 유입돼 우리나라의 전통 문화와 충돌을 일으키기도 했어요. 단기간에 많은 변화를 겪으면서 세대 갈등이나 가치관의 혼란이 발생하기도 했죠. 최근에는 저출산, 고령화, 다문화 현상이 두드러지게 나타나고 있어요.

이미지로 이해해요 | 우리나라의 농촌 인구가 급격히 줄고 있어요

그래프를 보면 1970년대부터 2015년까지 막대 그래프의 모양이 급격하게 경사를 이루며 내려가는 것을 볼 수 있어요. 이는 전국 인구수에 비해 농촌 인구수가 현저하게 적어졌다는 의미예요. 1970년대만 해도 인구의 절반 가량이 농촌에 살았는데, 오늘날에는 100명 중 4명에도 미치지 못할 정도로 농촌 인구가 적어졌죠. 이 때문에 농촌 지역은 옥수수나 마늘 수확, 모내기 등이 한꺼번에 겹치는 농사철마다 심각한 인력 부족을 겪고 있어요.

인력 부족을 해결하기 위해 대부분의 농가에서는 인력 소개소나 지인을 통해 사람을 구하고 있다고 해요. 이렇게 하면 인건비 외에도 소개비나 차량 임차비 등이 발생해 경제적 부담이 커질 수밖에 없어요. 일할 사람을 구하느라 많은 농민들이 애를 먹고 있어요.

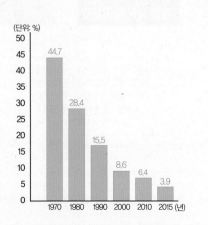

● 총인구 대비 농가 인구 비율(한국농촌경제연구원, 2016)

② 한국 사회 변동에 대응하는 방법

호기심 쏙쏙 오늘날 우리나라의 출산율은 경제 협력 개발 기구(OECD) 가입국 중 가장 낮다고 해요. 하지만 1970년대의 우리나라 정부는 아이를 적게 낳으라는 홍보물을 배포하며 산아 제한 정책을 시행했어요. 이런 변화가 일어난 이유는 무엇일까요?

1970년대에 정부에서는 출산율을 낮추려고 가족 계획 사업을 실시했어요.

● 출산율은 낮아지고 평균 수명은 늘어났어요

2000년대에 들어서며 우리나라의 출산율은 급격하게 낮아졌어요. 핵가족이 보편화되고 맞벌이 부부가 늘었으며, 자녀의 양육에 대한 경제적 부담이 증가하면서 아이를 적게 낳으려는 사회적 분위기가 형성됐기 때문이에요. 반면, 의학 기술이 발달하고 생활 수준이 향상하면서 평균 수명이 늘어나 노인 인구는 빠르게 증가하고 있어요. 그 결과 한국 사회의 **저출산·고령화 현상**은 심각한 수준에 이르렀죠.

80년대만 해도 초등학교 한 반의 학생 수는 50~60명이었는데, 이제는 한 반에 평균 24명 정도가 있어요.

◎ 1970년대 초등학교 교실 모습

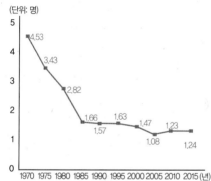

(단위: 명)

◎ 우리나라 *합계 출산율의 변화(통계청, 2016)
*합계 출산율: 한 여성이 평생 동안 낳는 자녀의 수.

📖 이미지로 이해해요 | 그래프로 보는 저출산·고령화

오른쪽 그래프는 우리나라의 인구수를 100이라고 했을 때 연령별로 차지하는 비율을 나타낸 그래프예요. 1970년부터 현재까지의 자료를 정리하고, 2050년까지 어떻게 변화할지 예측한 것이죠.

그래프를 보면 저출산·고령화 현상이 나타나고 있음을 알 수 있어요. 65세 이상의 인구 비율은 점차 늘어나고, 14세 이하 인구 비율은 계속 줄어들고 있죠? 저출산·고령화 현상이 지속되면 노동력이 감소하고 생산성이 낮아져 경제 성장이 둔화되고, 노인을 부양하는 데 드는 비용이 증가해 사회적 부담이 커지는 문제가 나타나요.

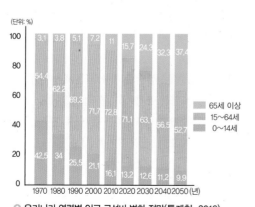

(단위: %)

65세 이상
15~64세
0~14세

◎ 우리나라 연령별 인구 구성비 변화 전망(통계청, 2016)

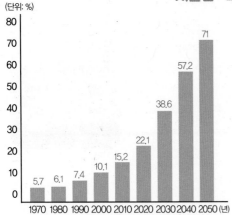

(단위: %)

우리나라의 *노년 부양비 변화와 전망(통계청, 2016)

*노년 부양비: 생산 가능 인구(15세~64세) 100명이
부양해야 하는 65세 이상 인구의 수.

●저출산·고령화 현상을 완화하려면 사회 전체의 노력이 필요해요

저출산·고령화 현상이 지속되면 노동력이 감소해 생산성이 낮아지므로 경제 성장이 둔화될 수 있어요. 국가 경쟁력은 하락하는데 노인 부양 비용이 증가하기 때문에 사회적 부담도 커지죠.

출산율을 높이려면 출산과 육아에 대한 사회적 지원이 필요해요. 국가 차원의 다양한 정책과 제도가 확대돼야 하고, 직장에서 출산과 육아로 인한 불이익이 발생하지 않도록 건강한 기업 문화와 근무 환경이 갖춰져야 해요.

또한 노년층의 삶의 질을 향상시키기 위해서는 개인적인 노후 대비도 필요하지만 사회적인 노력도 중요해요. 정부는 취업 기회 제공, 평생 교육 지원, 연금 제도 확대, 노인 편의 시설 마련 등 노인을 대상으로 하는 복지 정책을 강화해야 해요.

 여기서 잠깐! | 특별한 노인 마을과 480일 간의 출산 휴가

저출산과 고령화 현상으로 인해 발생한 문제를 해결하기 위해 다른 나라에서는 어떤 정책을 펼치고 있을까요? 문제점을 극복한 스웨덴과 네덜란드의 사례를 살펴봐요.

이야기 1 네덜란드에는 치매를 앓고 있는 노인들을 위해 만들어진 특별한 마을이 있어요. 바로 호그벡 마을이에요. 이 마을의 노인들은 자유롭게 산책을 하고 이웃들과 어울릴 수 있어요. 마을 전체가 마치 거대한 요양원과 같죠. 의료진들은 미용사나 우체부, 가게 종업원 등으로 위장한 채 환자를 보살피고 진료해요. 이처럼 안전하고 쾌적한 환경에서 노인들은 운동, 원예, 요리, 미술과 같은 다양한 프로그램에 참여하며 자연스럽게 치료를 받아요. 환자가 치매에 걸렸다는 사실을 모르게 한다는 점 때문에 환자의 알 권리를 침해한다는 논란도 있지만, 호그벡 마을의 노인들의 약물 투여량이 줄고 수명도 늘어나는 등 긍정적인 효과가 나타나고 있어요.

이야기 2 심각한 저출산 문제를 겪고 있던 스웨덴은 복지 정책과 여성의 경제 활동 지원을 통해 위기를 극복했어요. 여성은 출산 60일 전부터 480일간 월평균 소득의 80%가 지급되는 출산 휴가를 쓸 수 있어요. 또한 12세 이하의 아이가 아프면 그 부모는 간병 휴가를 사용할 수 있고, 16세 미만의 아동에게는 매월 아동 수당이 지급돼요. 스웨덴은 매년 국내 총생산(GDP)의 2% 이상을 보육 인프라 확보에 투자한다고 해요.

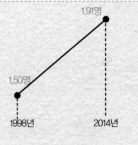

스웨덴의 출산율 변화

● 외국인이 증가해 다문화 사회가 됐어요

　서로 다른 인종과 다양한 문화가 공존하는 사회를 **다문화 사회**라고 해요. 세계화와 개방화가 이뤄지면서 우리나라는 다문화 사회로 변하고 있어요. 외국인 근로자, 국제결혼 이주자, 외국인 유학생 등 국내로 유입되는 외국인의 수가 증가하고 있죠. 그 결과 우리 사회에 새로운 문화 요소가 유입돼 문화적 배경이 다채로워지고 있으며 다문화 가족의 수도 늘어났어요.

　국내 체류 외국인 중에 가장 많은 비중을 차지하는 것은 외국인 근로자예요. 외국인 근로자는 인력난을 겪고 있는 산업 분야에 도움을 줘요.

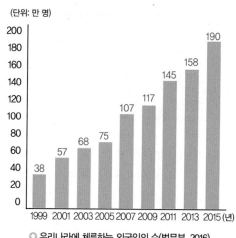

（단위: 만 명）

◎ 우리나라에 체류하는 외국인의 수(법무부, 2016)

◎ 다문화 가족 전통 음식 만들기 행사

◎ 서울 이태원에서 열린 문화 축제에 참여한 다양한 국적의 사람들

● 편견과 차별이 없는 다문화 사회를 만들어 가요

　다문화 사회로 변하는 과정에서 서로의 언어, 가치관, 문화 등이 달라 여러 갈등이 일어나기도 해요. 이주민에 대한 편견과 차별을 없애는 것은 쉽지 않지만, 다문화 사회에서 나타나는 갈등을 해결하기 위한 노력이 필요해요.

　우리는 이주민을 한국 사회의 동등한 사회 구성원으로 인정하고 서로의 문화적 차이를 존중하는 태도를 지녀야 해요. 또한 이주민이 우리 사회에 적응하며 살아갈 수 있도록 다문화 가족 자녀에 대한 교육 지원, 외국인 노동자에 대한 복지 확대 등과 같은 사회적 지원 제도가 필요해요.

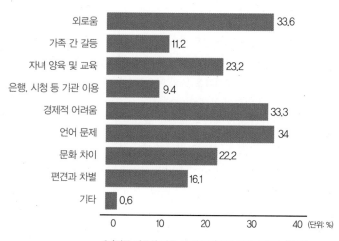

◎ '전국 다문화 가족 실태 조사'에서 드러난 한국 생활의 어려운 점(여성 가족부, 2015)

③ 현대의 사회 문제와 해결 방안

👨 1. 현재 해결해야 하는 사회 문제 2. 사회 문제를 함께 해결해요

커져라~! 생각 풍선 우리 사회는 저출산 · 빈부 격차 등의 문제를 안고 있어요

　앞으로 우리 사회가 건강하고 발전적인 사회로 나아가려면 현재 겪고 있는 문제들을 해결해야 해요. 앞서 살펴본 것처럼 저출산·고령화 문제, 빈부 격차 문제 등의 문제를 해결하지 않으면 미래에는 더 큰 문제에 봉착하게 될 거예요. 현재의 문제들을 해결하지 않았을 때 어떤 문제가 발생할지 예상해 봐요.

　생각 이야기 1 통계청에 따르면, 2015년 우리나라의 총인구는 약 5,062만 명이었어요. 인구는 2030년까지 꾸준히 늘어 약 5,216만 명에 이를 것으로 예상돼요. 하지만 2031년부터는 인구가 줄어들기 시작해 2050년에는 인구 성장률이 -1%에 이를 것으로 보여요. 출산율이 계속해서 낮아지고 평균 수명이 길어지면서 2060년 65세 이상 고령 인구는 1,762만 2,000명에 가까워질 것으로 예상돼요. 반면, 생산 가능 인구와 유소년 인구(0~14세)는 지속적으로 줄어들 것으로 보여요. 이와 같은 사회에서는 인구 연령 구조 그래프의 모양이 절벽처럼 보인다고 해 이를 '인구 절벽'이라고 해요.

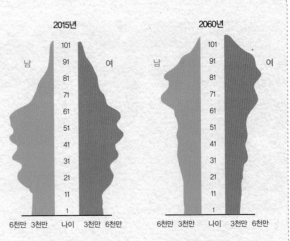

✪ 우리나라 인구 연령 구조의 변화 예측(통계청, 2015)

　생각 이야기 2 구직자를 대상으로 한 설문 조사에서 '가장 불쾌했던 취업 시장 신조어' 1위가 '금수저'(29.4%)라는 결과가 나왔어요. 2위는 비슷한 유행어인 '흙수저'(10.3%)였죠. 이런 결과가 나타난 이유는 구직자들이 상대적 박탈감을 크게 느꼈기 때문일 거예요. 왜냐하면 불쾌감을 느낀 이유를 '불공평한 의미를 담고 있어서'라고 설명한 사람들이 많았거든요. 금수저는 부모가 고학력자거나 재산이 많아 크게 노력하지 않아도 누릴 수 있는 부와 기회가 많은 자녀들을 의미해요. 반대로 흙수저는 가정 형편이 어려워 남들보다 더 많은 노력을 기울여야 기회를 얻을 수 있는 사람을 의미해요. 빈부 격차가 심하거나 이러한 현상이 지속되면 상대적 박탈감으로 인해 사회가 무기력해지거나 분열될 수 있어요.

노력이 뭐야? 먹는 거야?

아무리 노력해도 기회를 잡기가 어려워.

현재 해결해야 하는 사회 문제

호기심 쏙쏙 효진이는 뉴스에서 수도권과 비수도권 지역의 산업 구조 차이가 커 수도권으로 젊은이들이 모인다는 뉴스를 봤어요. 지역에 따라 이러한 차이가 발생하는 이유는 무엇일까요? 이 현상은 우리 사회에 어떤 영향을 줄까요?

지역 간 산업 구조 차이가 커 사회 문제가 발생하고 있습니다.

●사회에서는 인구, 노동, 환경 등 다양한 문제가 나타나요

사회 문제란 사람들이 모여 함께 살아가는 사회 속에서 일어나는 여러 가지 문제들을 통틀어 일컫는 말이에요. 대다수의 사회 구성원이 문제로 인식하는 현상을 뜻하기도 하죠. 사회 문제를 해결하려면 사회 구성원이 함께 노력해야 해요. 인구 문제, 노동 문제, 빈부 격차 문제, 환경 문제가 대표적인 사회 문제랍니다.

같은 사회 문제일지라도 사회마다 중요하게 여기는 정도가 다를 수 있어요. 시대나 장소, 가치관 등에 따라 사회 문제를 판단하는 기준이 다르기 때문이에요. 예를 들어, 현대 사회에서 환경 문제는 심각한 사회 문제이지만 산업화 이전의 사회에서는 환경 문제를 심각하게 여기지 않았어요.

인구 문제 | 인구 문제는 지역에 따라 다양한 모습으로 나타나요. 출산율이 높은 개발 도상국의 경우, 산업화를 겪으면서 사망률이 낮아져 인구가 급격히 증가하고 있어요. 이로 인해 **기아, 빈곤, 주택 부족** 등의 문제가 발생했죠. 출산율이 낮은 선진국은 **저출산 · 고령화 현상**이 심화돼 노동력 부족, 경제 성장 둔화, 노인 부양 부담 증가와 같은 문제를 겪고 있어요.

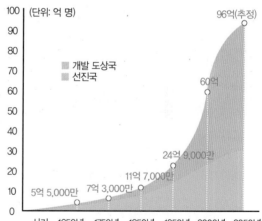

◎ 세계 인구 증가 추이(유럽 연합, 2015)

노동 문제 | 노동은 생활을 위한 소득을 얻고 자아를 찾는 과정이에요. 또한 사회의 유지와 발전을 위해 반드시 필요한 활동이죠. 현대 사회에서는 노동의 종류가 다양해지면서 노동과 관련한 문제도 여러 가지 형태로 발생해요. **실업 증가**는 개인은 물론 사회 전체를 불안정하게 만들어요. 성별, 학력, 고용 형태, 직종, 국적 등에 따라 나타나는 **임금 차별**과 **저임금** 문제는 사회 불평등을 초래하죠. 근로 환경이나 노동 조건과 관련한 **노사 갈등** 역시 해결해야 할 노동 문제예요.

◎ 지구 온난화 때문에 녹아내린 빙하

100만 달러 초과 　0.7　45.6%

10만 달러 ~ 100만 달러　7.3%　40.6%

1만 달러 ~ 10만 달러　21%　11.4%

1만 달러 미만　71%　2.4%

현재 축적 자산　　전 세계 성인 인구 비율　　전 세계 자산 비율

◎ 세계 부의 피라미드(크레디트 스위스 은행, 2016)

빈부 격차 문제 | 빈부 격차란 경제적 자산이나 소득의 차이에서 발생하는 불평등 현상을 말해요. 빈부 격차는 사회적 약자에게 소외감과 박탈감을 주며 계층 간 갈등을 유발해 공동체의 통합을 저해해요. 극심한 빈부 격차는 소비층을 축소시켜 경기 침체를 가져오기도 하죠. 최근에는 세계화가 진행돼 국제 거래가 활발해지면서 국가 간 빈부 격차의 심화가 국제 사회 문제로 대두되고 있어요.

환경 문제 | 현대 사회는 물질적으로 풍요로워요. 하지만 산업화를 통해 경제 성장을 이루는 과정에서 여러 환경 문제가 나타났어요. 무분별한 개발로 생태계가 파괴됐고, 대량 생산과 대량 소비로 인해 자원이 고갈될 위기에 처했어요. 또한 각종 폐기물과 생활 쓰레기, 폐수, 자동차 배기가스 등 오염 물질의 배출이 증가하면서 환경 오염이 심각한 수준에 이르렀어요. 특히 온실가스의 배출량이 증가해 지구 온난화가 빠르게 진행되고 있어요. 최근에는 전 세계적으로 이상 기후가 발생해 환경 문제를 개선해야 한다는 국제적 움직임이 확대되고 있답니다.

② 사회 문제를 함께 해결해요

호기심 톡톡 수현이 어머니께서는 장을 보러 가실 때 장바구니를 꼭 챙기세요. 가게에 장바구니를 가져가면 할인 혜택을 주기 때문이죠. 이런 노력은 왜 필요한 걸까요?

장바구니를 가져가면 환경도 보호하고 할인도 받을 수 있지!

● **현대 사회의 사회 문제는 어떻게 해결해야 할까요?**

인구 문제 | 인구가 급증하고 있는 개발 도상국은 인구 문제를 해결하기 위해 산아 제한 정책, 식량 생산 증대, 경제 개발 등의 정책을 시행하고 있어요. 저출산·고령화 현상으로 사회 문제를 겪고 있는 선진국은 각종 출산 장려 정책과 노인 복지 제도를 시행하죠. 이와 같은 정책은 각 나라와 지구촌의 인구 균형을 이루기 위해 필요해요.

노동 문제 | 낮은 실업률과 고용 안정을 위해 정부는 일자리를 창출하고 취업을 지원해야 해요. 또한 최저 임금제 등 근로자를 위한 사회적 안전망을 제공하고 직장 내 각종 차별을 규제해야 하죠. 기업과 근로자는 서로 소통하고 협력해 노사 갈등을 해결할 수 있어요.

빈부 격차 문제 | 빈부 격차를 해결하려면 정부의 적극적인 지원이 필요해요. 저소득층을 위한 복지 정책과 조세 제도를 활용해 격차를 줄이고 소득을 재분배해야 해요. 기업은 이윤만 추구하는 것이 아니라 기부, 봉사 등의 활동으로 사회 전체가 함께 성장하는 데 기여해야 하죠. 세계 각국이 상생을 위해 노력하는 것도 중요해요.

◐ **친환경 전기 자동차** 공해 물질을 배출하지 않는 전기 자동차는 환경 문제를 해결할 수 있는 미래 교통수단으로 주목받고 있어요.

환경 문제 | 환경 문제는 개인과 정부, 국제 사회의 공동체 의식을 바탕으로 해결할 수 있어요. 개인은 자원과 에너지를 아껴 쓰고 재활용하는 등 환경 보호를 실천하고, 정부는 법과 제도를 통해 환경을 파괴하는 행위를 제한하고 미래를 위한 새로운 자원과 기술 개발에 주력해야 해요. 환경 문제는 범지구적 현상이므로 여러 국가가 협력해 대책을 마련하고 시행해야 한답니다.

한눈에 정리하기

● 이 장에서 다룬 이야기들을 떠올리며 보기에서 알맞은 단어를 골라 빈칸에 써 넣어 볼까요?

> **보기** 다문화, 사회 변동, 산업화, 노동, 인구, 정보화, 세계화, 환경, 사회 문제, 빈부 격차, 저출산 · 고령화

중단원	소단원	개념 정리
1. 사회 변동과 현대 사회	사회는 계속 변화해요	• (㉠)이란 사회를 구성하는 정치, 경제, 사회 제도 등이 부분적 또는 전체적으로 변화하는 현상을 의미함.
	변화 속에서 일어나는 사회 문제들	• 생산 활동이 기계화 · 분업화되면서 전체 산업에서 공업이 차지하는 비율이 높아지는 현상과 이에 따른 전반적인 사회 변화를 (㉡)라고 함. • 정보 통신 기술의 발달로 지식과 정보가 사회의 주요한 자원이 되는 현상을 (㉢)라고 함. • 세계가 하나의 사회처럼 긴밀하게 연결돼 서로 영향을 주고받는 현상을 (㉣)라고 함.
2. 한국 사회의 변동과 대응 방안	빠르게 변화하는 한국 사회	• 우리나라 사회는 산업화, 도시화, 민주화와 같은 다양한 사회 변동을 빠른 속도로 이룸.
	한국 사회 변동에 대응하는 방법	• 출산율이 낮고 노인 인구 비율이 증가하는 (㉤) 현상을 해결하기 위해 출산 및 육아에 대한 사회적 지원과 노인을 대상으로 하는 복지 정책이 강화돼야 함. • 서로 다른 인종과 다양한 문화가 공존하는 (㉥) 사회에서 일어나는 갈등은 서로의 차이를 존중하는 태도와 차별을 없애고 정착을 돕는 제도를 통해 극복할 수 있음.
3. 현대의 사회 문제와 해결 방안	현재 해결해야 하는 사회 문제	• (㉦)란 사회 전반에서 나타나면서 대다수의 사회 구성원이 문제라고 인식하는 현상 중 사회 구성원 공동의 노력으로 해결할 수 있는 것을 의미함. • 대표적인 사회 문제로는 인구 문제, 노동 문제, 빈부 격차 문제, 환경 문제 등이 있음.
	사회 문제를 함께 해결해요	• 출산율이 높은 개발 도상국은 산아 제한 정책과 경제 개발에 주력하고, 출산율이 낮은 선진국은 출산 장려와 노인 복지 정책을 시행해 (◎) 문제를 해결할 수 있음. • (㉧) 문제는 정부의 지원, 기업과 근로자의 원만한 노사 관계 확립을 통해 해결할 수 있음. • (㉨) 문제를 해결하려면 정부와 기업의 적극적인 노력이 필요하고 세계의 협력을 통해 국가 간 격차를 줄여야 함. • (㉩) 문제는 개인과 정부, 국제 사회의 공동체 의식을 바탕으로 해결할 수 있음.

해답 ㉠ 사회 변동 ㉡ 산업화 ㉢ 정보화 ㉣ 세계화 ㉤ 저출산 · 고령화 ㉥ 다문화 ㉦ 사회 문제 ◎ 인구 ㉧ 노동 ㉨ 빈부 격차 ㉩ 환경

사회 한 걸음 더! ---------- 지구 온난화, 난민 문제 등 지구촌이 함께 해결해야 할 사회 문제

사회 문제 중에는 세계 여러 나라가 협력해야 해결할 수 있는 문제들이 있어요. 대표적인 예가 환경 문제예요. 환경 문제는 국경을 넘어 전 세계에 영향을 미치기 때문이에요. 각국의 정상들은 환경 문제를 유발하는 지구 온난화를 막기 위해 2015년 프랑스 파리에 모여 '파리 협약'을 맺었어요. 또한, 환경 문제를 다루는 국제 기구와 국제 환경 단체에서 지구 온난화를 막기 위한 다양한 캠페인을 벌이기도 해요.

◎ 파리에서 열린 유엔 기후 변화 협약을 위해 모인 세계 각국의 정상들

최근에는 난민 문제도 사회 문제로 떠오르고 있어요. 오랜 내전으로 인해 수많은 난민이 발생했는데, 주로 시리아, 이라크 등의 중동 국가와 수단, 나이지리아, 소말리아 등 아프리카 난민이에요. 이들은 가까운 유럽으로 망명을 시도했어요. 하지만 난민 수가 급증하면서 이들을 거부한 유럽 국가들이 나타났어요. 난민들은 허름한 임시 난민 캠프에서 오랫동안 난민 생활을 하며 추위와 가난에 시달리고 있어요.

◎ 밤새 독일 입국을 기다리는 이주 난민들

◎ 6월 20일 국제 난민의 날을 알리는 포스터

◎ 에스파냐 마드리드에서 열린 국제 환경 단체 그린피스의 캠페인

콕!
콕!
청구권
인권
사람은 누구나 인간답게 살 수 있는 권리를 지니고 태어난대.
그걸 바로 '인권'이라고 하지.
새가 '인권' 풍선을 터뜨리려고 해!
실생활에서 인권을 지키려면 어떻게 해야 할까? 함께 알아보자.
참정권
사회권

7

인간은 누구나 존엄해요

인권과 헌법

무엇을 배울까요?

우리에게는 인간다운 삶을 누릴 수 있는 권리가 있어요. 그 권리를 침해 당했을 때는 어떻게 해야 할까요? 인권과 관련된 문제는 우리가 생활하는 가정, 학교, 사회 등 어디에서나 일어날 수 있어요.

우리나라 헌법에서 보장하는 인간의 기본적인 권리에 대해서 살펴보고 인권과 노동권이 침해됐을 때 어떤 기관에서 구제받을 수 있는지 함께 알아봐요.

인권 보장과 국민의 기본권

아자! 오늘도 열심히!!

👤 1. 우리 모두가 가지고 있는 권리 2. 내 기본권은 누가 지켜 주지? 3. 기본권에도 제한과 한계가 있어요

커져라~! 생각 풍선 **화장실 안내판이 인권과 관련돼 있다고요?**

미국 화장실 안내판의 변화

1930년대	1980년대	2010년대
백인 전용 화장실 구분	장애인용 화장실 등장	성 중립 화장실 등장

REST ROOMS WHITE COLORED L&N → RESTROOM ACCESSIBLE → GENDER NEUTRAL RESTROOM

> 화장실 안내판의 변화에서 인권 변화의 역사가 보이는구나.

'인권'이라는 말을 들어 본 적 있나요? 인권이라는 단어가 조금 어렵게 느껴질 수 있겠지만 우리 주변을 둘러보면 생각보다 쉽게 인권을 접할 수 있어요. 위에 제시된 미국의 화장실 안내판들을 함께 살펴봐요.

1930년대 미국에서는 백인 전용 화장실이 구분돼 있었어요. 인종 차별이 생활 곳곳에서 이뤄졌음을 의미하죠. 이 시기에는 백인이 아닌 사람들의 인권이 보장되지 않았던 거예요. 시간이 흐르면서 인종 차별에 대한 사회적 인식이 바뀌었고, 백인 전용 화장실은 사라졌어요. 1980년대에는 장애인을 위한 화장실이 마련됐어요. 일반 화장실을 사용하기 어려운 장애인들의 인권을 고려한 화장실이에요. 사회적 약자의 인권에 대한 사람들의 생각이 변화했다는 사실을 알 수 있어요.

마지막으로 2010년대의 화장실 안내판을 볼게요. 이 안내판은 우리에게는 조금 낯선 모양이에요. 바로 '성 중립 화장실'이랍니다. 이 화장실은 성적 소수자에게 화장실을 자유롭게 선택할 수 있는 권리를 주기 위해 만들어졌어요. 남자와 여자로만 구분돼 있는 화장실을 사용할 때 그들과 다른 성 정체성을 가진 성적 소수자는 불편함을 느끼기 때문이에요. 미국 대통령이 머물며 일하는 곳인 백악관에도 성 중립 화장실이 있어요. 미국 44대 대통령 버락 오바마는 성적 소수자의 인권을 존중해 성 중립 화장실을 백악관에 설치한다고 밝혔답니다.

🔵 미국 백악관 전경

> 인권을 존중한다는 건 무슨 의미일까? 인권에 대해 먼저 알아봐야지!

우리 모두가 가지고 있는 권리

호기심 톡톡 18세기 미국에서 발표된 독립 선언문에는 "모든 사람은 평등하며 생명, 자유, 행복 추구와 같은 천부의 권리를 가진다."라는 문구가 있어요. 우리가 이러한 권리를 가지는 이유는 무엇일까요? 18세기의 인권과 오늘날의 인권은 어떻게 다를까요?

모든 사람에게 자유가 있다는 내용의 미국 독립 선언문이에요.

● 인권은 모든 인간에게 부여된 기본적·보편적 권리예요

우리는 서로 다른 모습으로 태어나 다양한 형태의 삶을 살아가지만 인간이기 때문에 누구나 존엄성을 지녀요. **인권**은 인간의 존엄성을 지킬 수 있도록 모든 인간에게 부여된 기본적이고 보편적인 권리예요. 동시에 인간이라면 아무런 조건 없이 지니는 *자연권이죠. 따라서 인권은 성별, 연령, 인종, 국적, 종교, 직업 등 이떤 사회적 조건과 상관없이 보장돼야 해요.

인권은 단순히 사람의 권리를 의미하는 것이 아니라 사람답게 살 권리를 의미해요. 국가는 국민이 일정한 수준 이상의 삶을 누릴 수 있도록 인권을 보장하고 보호할 의무를 지닌답니다.

*자연권 국가나 법률에 앞서 사람이 태어나면서부터 당연히 가지고 있는 권리이다.

 여기서 잠깐! | 학교 폭력 예방을 위한 인권 선언문을 쓴다면?

다음은 1948년, 국제 연합(UN)에서 선포한 '세계 인권 선언'의 일부예요. 이를 참고해 학교 폭력 예방을 위한 인권 선언문을 쓴다면 다음과 같지 않을까요? 여러분도 자신만의 인권 선언문을 작성해 보세요.

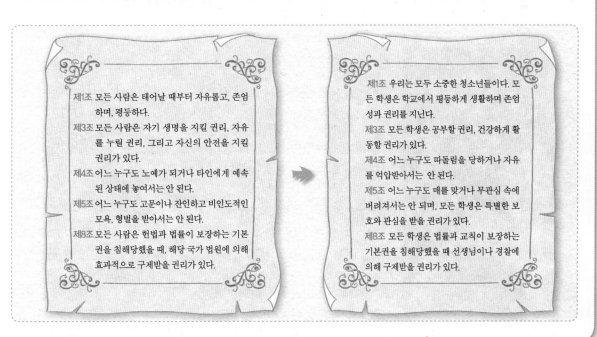

제1조 모든 사람은 태어날 때부터 자유롭고, 존엄하며, 평등하다.
제3조 모든 사람은 자기 생명을 지킬 권리, 자유를 누릴 권리, 그리고 자신의 안전을 지킬 권리가 있다.
제4조 어느 누구도 노예가 되거나 타인에게 예속된 상태에 놓여서는 안 된다.
제5조 어느 누구도 고문이나 잔인하고 비인도적인 모욕, 형벌을 받아서는 안 된다.
제8조 모든 사람은 헌법과 법률이 보장하는 기본권을 침해당했을 때, 해당 국가 법원에 의해 효과적으로 구제받을 권리가 있다.

제1조 우리는 모두 소중한 청소년들이다. 모든 학생은 학교에서 평등하게 생활하며 존엄성과 권리를 지닌다.
제3조 모든 학생은 공부할 권리, 건강하게 활동할 권리가 있다.
제4조 어느 누구도 따돌림을 당하거나 자유를 억압받아서는 안 된다.
제5조 어느 누구도 매를 맞거나 무관심 속에 버려져서는 안 되며, 모든 학생은 특별한 보호와 관심을 받을 권리가 있다.
제8조 모든 학생은 법률과 교칙이 보장하는 기본권을 침해당했을 때 선생님이나 경찰에 의해 구제받을 권리가 있다.

❷ 내 기본권은 누가 지켜 주지?

호기심 쑥쑥 세영이는 인권이 인간으로서 반드시 보장받아야 하는 권리라고 배웠어요.
그런데 우리의 인권은 누가 어떻게 보장해 주는 걸까요?

내 인권은 어떻게 보장받지?

●인간의 기본권은 헌법에 보장돼 있어요

법은 모든 국민이 지키기로 약속한 나라의 규범이에요. **헌법**은 모든 법 중 가장 상위의 법이죠. 헌법에는 국민의 기본적인 인권, 즉 **기본권**이 규정돼 있어요. 입헌주의 국가인 우리나라의 헌법 제10조에는 '모든 국민은 인간으로서의 존엄과 가치를 가지며, 행복을 추구할 권리를 가진다. 국가는 개인이 가지는 불가침의 기본적 인권을 확인하고 이를 보장할 의무를 진다.'라고 명시돼 있어요. 우리 헌법에 규정돼 있는 기본권은 자유권, 평등권, 참정권, 사회권, 청구권 등이에요.

자유권은 자신의 의지에 따라 행동할 수 있는 권리예요. 이를 구현하기 위해 헌법에는 신체의 자유, 양심의 자유, 집회 및 표현의 자유, 경제 활동의 자유 등이 규정돼 있어요.

평등권은 사회생활에서 모든 국민이 평등한 대우를 받을 수 있는 권리예요. 모든 국민은 성별, 인종, 종교, 사회적 신분 등의 조건 때문에 차별받아서는 안 되며 모든 사람이 법 앞에서 동등하답니다.

참정권은 국민이 정치에 참여할 수 있는 권리이자 국민 주권을 실현하는 수단이에요. 국민의 대표를 선출하는 선거권, 공직을 담당할 수 있는 공무 담임권, 국가의 주요한 정책을 직접 결정할 수 있는 국민 투표권 등이 참정권에 해당하죠.

사회권은 국민이 인간다운 생활을 할 수 있도록 국가가 보장하는 권리예요. 사회권은 교육을 받을 권리, 근로의 권리, 보건에 관해 국가의 보호를 받을 권리, 환경권 등을 포함해요.

청구권은 국민이 국가에 일정한 행위를 적극적으로 요구할 수 있는 권리예요. 또한 다른 기본권이 침해됐을 때 이를 구제하기 위해 청구할 수 있는 권리예요. 청구권에는 청원권, 재판 청구권, 국가 배상 청구권, 형사 보상 청구권 등이 있어요.

◐ 자유권 중 하나인 경제 활동의 자유

◐ 사회권 중 하나인 보건에 관해 국가의 보호를 받을 권리

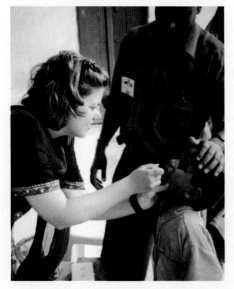

일상생활 속에서 기본권은 어떻게 실현될까요? 각 상황에 해당하는 기본권과 헌법 조항을 함께 살펴봐요.

가 자녀 없이 혼자 사는 김홀로 할머니는 정부로부터 생활 보조금을 받아 생활하고 계세요.

기본권	사회권
관련 헌법 조항	제34조

나 얼마 전 재판에서 징역형을 선고받은 나위법 씨는 고등 법원에 항소를 하기 위해 준비 중이에요.

기본권	청구권
관련 헌법 조항	제27조

다 학교에 가던 대학생 이청춘 씨는 갑자기 검문을 하며 가방을 열어 보라는 경찰의 요구를 거부했어요.

기본권	자유권
관련 헌법 조항	제12조

라 올해로 40세인 한도전 씨는 공무원 시험에 응시해 20대 젊은이들과 같이 면접을 봤어요.

기본권	평등권
관련 헌법 조항	제11조

마 평범한 회사원이었던 박정치 씨는 이번 국회 의원 선거에 출마하고 합동 연설회에서 자신의 의견을 발표했어요.

기본권	참정권
관련 헌법 조항	제25조

기본권과 관련된 헌법 조항

제11조 ①항 모든 국민은 법 앞에 평등하다. 누구든지 성별·종교 또는 사회적 신분에 의하여 정치적·경제적·사회적·문화적 생활의 모든 영역에 있어서 차별을 받지 아니한다.

제12조 ①항 모든 국민은 신체의 자유를 가진다. 누구든지 법률에 의하지 아니하고는 체포·구속·압수·수색 또는 심문을 받지 아니한다.

제25조 모든 국민은 법률이 정하는 바에 의하여 공무 담임권을 가진다.

제27조 ①항 모든 국민은 헌법과 법률이 정한 법관에 의하여 법률에 의한 재판을 받을 권리를 가진다.

제34조 ①항 모든 국민은 인간다운 생활을 할 권리를 가진다.

③ 기본권에도 제한과 한계가 있어요

호기심 톡톡 재민이네 학교는 학교 폭력 예방을 위해 폐쇄 회로 텔레비전(CCTV)을 설치했어요. 재민이는 자신의 모습이 촬영된다는 사실이 조금 불쾌했어요. CCTV의 설치는 개인의 기본권을 침해하는 게 아닐까요?

학교 폭력 예방? 학생의 사생활 침해?

● 권리 행사를 위해 타인의 권리를 침해하면 안 돼요

기본권이라고 해서 무제한으로 보장되는 것은 아니에요. 자신의 권리를 행사한다는 이유로 타인의 권리를 침해하는 행위는 정당하다고 할 수 없기 때문이죠. 사회 구성원들이 기본권을 놓고 충돌하거나 기본권을 지나치게 행사해 사회 질서를 해치는 등 불가피한 경우에 국가는 기본권을 제한할 수 있어요.

기본권의 제한은 법률에 의거해 정해진 절차에 따라 이뤄져요. 국가가 국민의 기본권을 과도하게 제한하지 않도록 하기 위해서예요. 헌법 제37조에는 '국민의 모든 자유와 권리는 국가 안전 보장, 질서 유지, 또는 공공복리를 위해 필요한 경우에 한해 법률로써 제한할 수 있으며, 제한하는 경우에도 자유와 권리의 본질적 내용을 침해할 수 없다.'라고 명시돼 있어요. 이것이 *기본권 제한의 한계예요.

*기본권 제한의 한계 국가가 공공복리를 위해 기본권을 제한할 때 무조건 제한하지 않고 자유와 권리의 본질이 침해되지 않도록 제한의 한계를 둔다.

 여기서 잠깐! | 어린이집 선생님의 권리와 어린이 보호 중 무엇이 먼저일까요?

몇몇 어린이집에서 아동 학대 사건이 일어나자 의무적으로 어린이집에 CCTV를 설치하는 법이 시행됐어요. 이를 두고 찬성과 반대 의견이 대립하기도 했죠.

정부와 지방 자치 단체, 민간이 곳곳에 *네트워크 카메라를 설치하는 건 국민 개개인을 잠재적 범죄자로 간주하기 때문이 아니에요. 국민의 사생활 보호라는 가치도 중요하지만, 생명과 안전이라는 공익적 가치도 그에 못지 않게 중요하기 때문에 CCTV를 설치한 것이죠.

법률 전문가들은 어린이집에 CCTV뿐만 아니라 네트워크 카메라의 설치를 허용하는 것도 이러한 관점에서 봐야 한다고 조언해요. 영·유아들이 학대받지 않을 권리가 보육 교사의 사생활 권리보다 상위의 기본권이라는 거예요. 상·하위의 위계질서가 있는 기본권끼리 충돌하는 경우에는 상위 기본권 우선 원칙에 따라 하위 기본권이 제한될 수 있어요.

◎ 어린이집 교실에 설치된 CCTV

*네트워크 카메라: 인터넷에 연결돼 다른 기기로 영상을 실시간 송출할 수 있는 감시 카메라.

2 인권 보호와 침해 구제

 1. 침해당한 인권을 구제해요

커져라~! 생각 풍선 **시리아 어린이 쿠르디의 죽음과 난민 인권**

2015년 9월 2일 새벽 6시, 터키 남서부의 해변에 죽은 채 엎드려 있는 세 살배기 아이가 발견됐어요. 차가운 파도에도 꿈쩍하지 않는 쿠르디의 모습을 보고 전 세계 사람들은 애통함을 감추지 못했어요. 해변에서 발견된 아일란 쿠르디는 이슬람 극단주의 테러 단체 이슬람국가(IS)의 위협을 피해 가족과 함께 시리아 북부에서 터키로 탈출한 뒤 지중해를 건너 그리스의 코스섬으로 가다 소형 보트가 전복돼 숨졌어요.

○ 독일 프랑크푸르트에 그려진 아일란 쿠르디 추모 벽화

쿠르디뿐 아니라 생명에 위협을 느낀 많은 사람들이 목숨을 건지기 위해 자신의 나라를 떠나 주변 다른 나라로 이동하고 있어요. 이들을 난민이라고 해요.

수많은 난민이 한꺼번에 유럽으로 이동하자 유럽의 몇 나라는 난민을 받아들이지 않았어요.

자이드 라드 알 후세인 국제 연합(UN) 인권 최고 대표는 스위스 제네바의 유럽 국제 연합 본부에서 열린 국제 연합 인권 이사회 회의에서 "여러 나라에서 난민을 죄인처럼 여기고 있다는 데 충격을 받았다. 이민은 모든 현대 국가에서 경제적, 사회적 활력을 불어넣는 필수적 요소이다."라고 말했어요. 그는 "지도자들은 점차 증가하는 난민에 대한 인종 차별, 종교적 박해와 같은 편협한 태도를 없애도록 노력해야 한다."라며 "그런 태도는 잘 처리되지 않으면 폭력을 불러올 수밖에 없다."라고 덧붙였어요.

전쟁과 테러, 가난과 굶주림, 정치적 박해 등을 피해 다른 나라로 이동하는 난민이 많아지고 있어요. 이에 따라 이들에 대한 편견과 선입견으로 인한 차별이 세계 곳곳에서 일어나고 있죠.

기본적인 인권을 침해당한 난민을 위해서는 인도적 지원, 주거와 식량, 의료와 교육 등을 제공해야 해요. 제3국에 정착할 수 있도록 지원도 필요하죠. 또, 난민 발생의 원인인 국가 간 전쟁이나 내전에 대한 해결책을 국제 사회가 함께 세우며 근본적인 문제를 해결하는 것이 중요하답니다.

○ 오스트리아 빈을 거쳐 독일로 향하는 난민들

1 침해당한 인권을 구제해요

호기심 톡톡 다리를 다친 영준이는 휠체어를 타게 됐어요. 그런데 걸을 수가 없으니 불편한 점이 많았어요. 특히 경사로 없이 계단만 있는 곳에 가면 정말 난감했어요. 이런 문제는 어떻게 해결할 수 있을까요?

휠체어 이용자를 위한 배려가 필요해!

● 우리의 일상생활 속에서도 인권 침해가 일어나고 있어요

인권에 대한 의식이 성장하면서 인권 보호를 위한 법과 제도가 마련됐어요. 하지만 인권 침해의 위험성이 모두 사라진 것은 아니에요. 법을 통해 기본권을 보장한다고 해도 국가 권력이나 개인이 인권을 침해할 수 있기 때문이죠. 실제로 우리는 일상생활 속에서 각종 차별과 따돌림, 사생활 침해 등의 인권 침해 상황을 어렵지 않게 접할 수 있어요. 따라서 국가는 국민의 자유와 권리를 보호하는 동시에, 인권을 침해당한 국민을 구제할 수 있는 제도를 마련해 둬야 해요. 또한 사회 구성원은 자신의 소중한 인권을 스스로 지키기 위해 보다 적극적으로 인권 문제에 관심을 기울여야 한답니다.

이미지로 이해해요 | 우리도 인권을 침해당할 수 있어요

우리가 일상생활 속에서 겪는 일들 중에 인권 침해의 사례를 살펴보고 각각의 사례가 어떤 인권과 관련 있는지 알아봐요.

●인권을 침해당했을 때 어디서 도움을 받을 수 있을까요?

법원은 헌법을 기반으로 사법권을 행사하는 기관이에요. 국민은 자신의 권리를 침해당했을 때 법원에 재판을 청구해 구제받을 수 있어요. 법원은 공정하고 적법한 판결을 내려 부당하게 침해된 권리를 되찾아 주죠. 법원은 잘못된 법 집행으로 인한 인권 침해를 예방하고 사회 질서를 안정적으로 유지하는 역할도 수행해요.

○ 재판을 통해 국민의 인권을 지키는 법원

헌법 재판소는 헌법과 관련된 분쟁을 해결하기 위한 기관이에요. 국회에서 만든 법률이 헌법에 위반되는지 판단할 수 있는 권한을 지니죠. 국가의 공권력 행사로 헌법에서 보장하고 있는 기본권이 침해됐을 경우, 국민은 헌법 재판소에 권리의 구제를 청구할 수 있어요.

국가 인권 위원회는 국민의 기본적 인권을 보호하고 인간의 존엄과 가치를 구현하기 위해 설립된 국가 기관이에요. 국가 인권 위원회는 인권과 관련된 정책, 법령 등이 적절한지 확인해 관련 기관에 의견을 제출해요. 인권 침해나 차별 문제가 발생했을 때는 이에 대해 조사한 뒤 개선을 권고하고 구제 조치를 시행하죠. 모든 국민이 올바른 인권 의식을 가질 수 있도록 교육과 홍보도 해요.

○ 헌법과 관련된 분쟁을 재판하는 헌법 재판소

이야기 속 사회 | 도둑의 얼굴을 내 맘대로 SNS에 올리면 위법?

중학생인 A는 자신의 자전거를 아파트 입구에 세워 뒀다가 도둑을 맞았어요. 이를 경찰에 신고한 A는 얼마 뒤에 자신의 자전거를 훔쳐 타고 달아나는 사람의 모습이 담긴 아파트 단지 내 CCTV 영상을 손에 넣었어요. 범인의 얼굴이 영상에 선명하게 담겨 있었죠. A군은 분한 마음에 범인의 얼굴이 잘 드러나는 장면을 따로 저장했고, 그 파일을 SNS에 올렸어요. 그러자 해당 게시물에는 범인을 욕하는 댓글이 줄줄이 달리기 시작했어요. A는 범인이 누군지 밝히고 사람들에게 질타를 받게 해야 한다고 생각했어요. 하지만 이런 A의 행동은 초상권 침해에 해당돼 민사상 책임을 져야 할 수도 있어요. 댓글을 통해 경고를 받은 A는 결국 해당 게시물을 삭제했어요.

③ 근로자의 권리와 노동권 침해의 구제

1. 헌법이 보장하는 근로자의 권리 2. 나의 노동권을 지키는 방법

커져라~! 생각 풍선 **근로자가 보장받아야 할 권리**

세계 인권 선언 중 노동권 관련 조항

제23조

1. 모든 사람에게는 노동, 자유로운 직업 선택, 적절하고 알맞은 노동 조건, 실업에 대한 보호를 요구할 권리가 있다.

2. 모든 사람에게는 아무런 차별 없이 동일한 노동에 대해 동등한 보수를 요구할 권리가 있다.

3. 노동을 하는 모든 사람에게는 자신과 가족에게 인간의 존엄한 존재 가치를 보장하고, 필요한 경우에 여타의 사회적 보호 수단에 의해 보완되는 적절하고 알맞은 보수를 요구할 권리가 있다.

4. 모든 사람에게는 자신의 이익을 보호하기 위해 노동조합을 조직하고 참여할 수 있도록 요구할 권리가 있다.

제24조

모든 사람에게는 노동 시간의 합리적 제한과 정기적인 유급 휴가를 포함하여 휴식과 여가를 요구할 권리가 있다.

경제 협력 개발 기구(OECD) 회원 국가별 취업자 연간 평균 노동 시간

단위 : 시간   OECD 평균 1,766

국가	노동 시간
멕시코 ❶	2,246
대한민국 ❷	2,113
그리스 ❸	2,042
칠레 ❹	1,988
폴란드 ❺	1,963
아이슬란드 ❻	1,880
포르투갈 ❼	1,868
이스라엘 ❽	1,858
에스토니아 ❾	1,852
아일랜드 ❿	1,820
미국 ⓫	1,790
일본 ⓱	1,719
영국 ㉑	1,674
프랑스 ㉙	1,482
독일 ㉝	1,371

(OECD, 2015)

근로자는 직업 선택의 자유, 쾌적한 환경에서 일할 권리, 동일 노동에 대한 동일 임금 요구권, 노동조합 조직과 가입의 권리, 휴식과 여가를 즐길 권리 등을 보장받아야 해요. 이는 세계 인권 선언에도 언급돼 있어요.

2015년 경제 협력 개발 기구(OECD) 제공 자료 기준으로 독일 근로자의 노동 시간은 연평균 1,371시간이고, 우리나라 근로자의 노동 시간은 2,113시간이에요. 이는 우리나라 근로자가 독일 근로자에 비해 더 많은 시간 동안 일한다는 것을 의미해요. 그만큼 우리나라 근로자는 독일 근로자에 비해 여가가 적고, 근로자들의 삶의 질이 낮을 가능성이 높다는 뜻이에요.

국가를 이끌어 가는 원동력인 근로자들은 헌법을 통해 어떤 권리를 보장받는지, 함께 알아봐요.

근로자들은 국가에 꼭 필요한 사람들이구나. 그만큼 권리도 잘 보장돼야 해.

헌법이 보장하는 근로자의 권리

호기심 톡톡 태호가 평소 자주 가던 PC방에서 아르바이트를 할 직원을 구한다고 해요. 태호는 그곳에서 일을 하려 했지만 PC방에서는 만 19세 미만의 청소년을 고용할 수 없다고 해요. 이처럼 청소년의 고용이 법적으로 제한된 곳이 더 있을까요?

청소년은 여기서 일할 수 없지!

● 근로자의 권리는 생존을 위해 꼭 보장받아야 해요

우리가 생활하기 위해서는 의식주를 비롯한 다양한 요소들이 필요해요. 노동은 이러한 요소들을 얻기 위한 대표적인 활동이에요. 상업이 발달하면서 임금을 받고 노동을 제공하는 임금 노동자가 출현했어요. 임금을 목적으로 정신적 노동과 육체적 노동, 즉 근로를 제공하는 사람을 **근로자**라고 불러요. 오늘날 대부분의 사람들은 근로를 통해 얻은 소득으로 생활해요. 그 때문에 근로자의 권리는 생존을 위해 꼭 필요하답니다. 우리나라 헌법 제32조에는 국가가 근로자의 고용 증진과 적정 임금을 보장하기 위해 노력해야 하며, 최저 임금제를 시행해야 한다고 명시돼 있어요. 단순히 직업을 선택할 수 있는 자유만 보장하는 것이 아니라 임금, 휴식, 환경 등 근로 복지에 관련된 내용들도 보장하고 있답니다.

여기서 잠깐! | 최저 임금은 얼마가 적당할까요?

최저 임금 제도는 근로자의 권리를 보호하기 위한 제도예요. 근로자는 쉽게 열악하고 불리한 근로 환경에 처할 수 있어요. 최저 임금은 노사 간의 실질적인 교섭 또는 협력 관계가 형성되지 않은 환경에서 근무하는 근로자를 위해 제정된 거예요. 최저 임금은 근로자의 실질 소득을 보장해 일정 수준 이상의 삶을 유지할 수 있도록 해요. 빈곤율을 낮추고 소득 재분배를 실현하려는 제도인 거죠. 만약 최저 임금 제도가 없다면 고용주들의 횡포로 인해 근로 조건이 악화되고 근로자의 생활 수준이 열악해질 수 있어요. 또한 임금이 줄어들어 고용주와 근로자 사이의 빈부 격차가 심화되거나 임금 차이가 커져 근로자들 사이의 생활 수준이 양극화될 우려가 있어요.

우리나라의 2017년 최저 임금은 시간당 6,470원이에요. 하루 8시간씩 주 40시간 일하는 노동자의 월급으로 환산하면 월 135만 2,230원이 되죠. 한편, 최근 한 조사 결과에 따르면 직장인의 평균 점심값은 6,300원으로 나타났어요. 시급 6,470원은 직장인들의 평균 점심값을 겨우 웃도는 수준이에요. 선진국과 비교해 봐도 우리나라의 최저 임금은 낮은 편이죠. 지난해 우리나라의 평균 임금 대비 최저 임금 수준은 35.1%로 경제 협력 개발 기구(OECD) 25개 나라 가운데 18위에 그쳤어요.

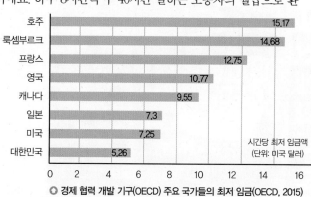

시간당 최저 임금액
(단위: 미국 달러)

○ 경제 협력 개발 기구(OECD) 주요 국가들의 최저 임금(OECD, 2015)

② 나의 노동권을 지키는 방법

호기심 톡톡 패스트푸드 매장에서 아르바이트를 하고 있는 민희는 3개월째 임금을 받지 못했어요. 가게 사장님께 항의를 해 봤지만 소용이 없어요. 당장 그만두고 싶어도 그동안 밀린 임금을 아예 받지 못할까 봐 망설여져요. 민희는 어떻게 하면 좋을까요?

어떻게 해야 밀린 월급을 받을 수 있을까?

●노동권을 침해당했을 때는 어떻게 구제받나요?

*노동 3권 직장에서 자율성과 존엄성을 지킬 수 있도록 근로자에게 부여된 단결권, 단체 교섭권, 단체 행동권의 세 가지 권리이다.

*사용자 노동을 제공하는 사람에게 그에 대한 보수를 지급하는 사람. 즉 근로자를 고용하는 개인이나 법인을 말한다.

근로자는 일반적으로 사용자와의 협상에서 불리한 위치에 있어요. 그 때문에 법으로 단체 행동을 허용해 이를 극복할 수 있도록 돕는답니다. 근로자의 단체 행동은 주로 고용 보장과 임금 인상, 근로 환경 개선 등을 목표로 해요.

임금 체불, 부당 해고, 폭언 또는 폭행, 직장 내 성희롱 등 각종 노동 관련 법령에 대한 위반 사항이 발생했을 때 근로자는 국가 기관에 도움을 요청할 수 있어요. 법원, 헌법 재판소, 국가 인권 위원회 외에도 고용 노동부, 노동 위원회에 신고 및 구제 신청을 하면 돼요. 또한 *노동 3권에 따라 근로자는 단체를 결성해 자신의 권리를 지키고 근로 조건의 개선을 도모할 수 있어요. 근로자가 주체가 되는 대표적인 단체인 노동조합은 *사용자와 근로자가 상하 관계가 아닌 대등 관계로 발전할 수 있도록 노력하고 근로 조건 전반에 대한 근로자의 의견을 대변하죠.

최근 청소년의 근로 활동이 증가하면서 청소년의 열악한 근로 환경 문제도 늘어나고 있어요. 나이가 어리고 상대적으로 노동법에 대한 지식이 부족한 청소년은 근로 활동을 하면서 불이익을 당하는 경우가 많아요. 우리나라에서는 근로 환경에서 부당한 대우를 받을 가능성이 큰 사회적 약자를 법으로 보호하고 있어요. 청소년, 여성, 장애인 등이 특별 보호 대상으로 지정돼 있답니다.

근로자의 합법적인 단체 행동

파업	노동조합 등 근로자 단체에 속한 소속원이 집단적으로 근로의 제공을 거부하는 행위.
태업	노동조합 등 근로자 단체에 속한 소속원이 집단적으로 작업 능률을 저하시켜 사용자에게 손해를 주는 행위.
피케팅	쟁의 행위 중 불참자를 설득하거나 사용자 측의 방해를 저지하기 위해 행하는 보조적 쟁의 행위.
보이콧	사용자 혹은 그와 관계가 있는 제3자의 상품을 구입하지 말 것을 호소하는 행위.

◑ 마트 안에서 해당 물건을 사지 말라며 보이콧을 하는 모습

근로 현장에서 다양한 사건으로 노동권을 침해당하는 일이 종종 발생해요. 노동권을 침해당했을 때 어떻게 해야 할까요? 각 사례에 해당하는 구제 방법을 함께 살펴봐요.

이야기 1 A 씨는 자동차 공장에서 비정규직 직원으로 일하고 있어요. 최근 A 씨는 자신과 비슷한 시기에 입사한 정규직 동료의 임금이 자신의 임금의 두 배가 넘는다는 사실을 알게 됐어요. 야근이나 주말 근무에 대한 특별 수당도 정규직 직원이 받는 금액이 더 많았죠. A 씨는 자신이 일한 만큼의 대우를 제대로 받지 못하고 있다는 생각이 들었어요. 정규직 직원과 같은 일을 하는데도 비정규직 직원이라는 이유만으로 능력이나 성과와 상관없이 한참 낮은 임금을 지급받는다는 사실에 화가 나기도 했죠. 이럴 때는 사업장의 소재지 관할 노동 위원회에 구제 신청을 하거나 법원에 민사 소송을 제기해 구제를 요청할 수 있어요.

이야기 2 전화 상담원으로 일하는 B 씨는 하루에도 몇 번씩 고객에게서 욕설을 듣거나 성희롱을 당해 극심한 스트레스를 받고 있어요. B 씨는 고민 끝에 회사 측에 이 문제를 해결할 수 있는 방안을 만들어 달라고 요구했어요. 그러나 요구는 받아들여지지 않았고 같은 문제가 되풀이됐어요. 열악한 근로 환경은 개선되지 않고 B 씨의 근로권은 계속해서 침해당한 거예요.

일반적인 경우에는 사업장이 근로자의 요구를 받아들여 근로 환경을 개선하거나 근무지를 다른 곳으로 배치하는 등의 노력을 기울여야 해요. 하지만 전화 상담원은 직업 특성으로 인해 그런 방식의 해결이 어려운 경우가 많아요. 이런 경우 전화 기록을 녹취해 위법한 행위를 하는 고객에 대해 법적 대응을 하는 등 회사 차원에서 재발 방지 대책을 세워 근로자를 보호해야 해요.

이야기 3 중학생 C 군은 아르바이트를 하던 빵집에서 갑자기 해고를 당했어요. 지각 한 번 하지 않고 열심히 일했던 C 군은 억울한 마음에 가게 사장에게 해고 이유를 물었지만 명확한 답을 들을 수 없었어요. 이는 부당 해고에 해당돼요. 사업장의 소재지 관할 노동 위원회에 구제 신청을 하거나 법원에 민사 소송을 제기해 구제를 요청할 수 있어요.

한눈에 정리하기

● 이 장에서 다룬 이야기들을 떠올리며 보기에서 알맞은 단어를 골라 빈칸에 써 넣어 볼까요?

보기 노동조합, 헌법, 질서 유지, 근로자, 자유권, 단결권, 헌법 재판소

중단원	소단원	개념 정리
1. 인권 보장과 국민의 기본권	우리 모두가 가지고 있는 권리	• 인권이란 인간이 인간답게 살 수 있도록 모든 사람들이 동등하게 누리는 권리.
	내 기본권은 누가 지켜 주지?	• 헌법은 한 나라에서 으뜸가는 법으로, 인권 보장의 근간이 됨. • 우리나라 헌법에서는 (㉠), 평등권, 참정권, 사회권, 청구권 등을 기본권으로 규정함.
	기본권에도 제한과 한계가 있어요	• 기본권은 국가 안전 보장, (㉡), 공공복리를 위해 필요한 경우에만 제한할 수 있음. • 기본권의 제한은 그 본질적인 내용을 침해할 수 없는 한계 내에서 이뤄짐.
2. 인권 보호와 침해 구제	침해당한 인권을 구제해요	• 인권 침해가 발생했을 때는 법원, (㉢), 국가 인권 위원회 등의 국가 기관 을 통해 구제받을 수 있음.
3. 근로자의 권리와 노동권 침해의 구제	헌법이 보장하는 근로자의 권리	• 임금을 목적으로 정신적 노동과 육체적 노동을 제공하는 사람을 (㉣)라고 함. • 근로자는 (㉤)으로 권리를 보장받음. • 청소년의 근로 활동은 법을 통해 특별히 보호됨.
	나의 노동권을 지키는 방법	• 근로자는 (㉥)을 결성해 자신의 권리를 보호하고 근로 조건의 개선을 요구할 수 있음. • 노동 3권이란 (㉦), 단체 교섭권, 단체 행동권을 말함.

정답 ㉠ 자유권 ㉡ 질서 유지 ㉢ 헌법 재판소 ㉣ 근로자 ㉤ 헌법 ㉥ 노동조합 ㉦ 단결권

마르틴 니묄러(1892~1984)는 독일의 루터교 목사이자 반나치 운동가예요. 니묄러는 시 '그들이 왔다'를 쓴 사람으로 유명하죠. 사실 니묄러는 민족·보수주의 성향을 가졌고, 아돌프 히틀러의 지지자였어요. 하지만 히틀러가 국가의 우월성을 맹목적으로 주장하자 니묄러는 더 이상 나치를 지지할 수 없었어요. 니묄러는 동료들과 함께 나치에 반대하는 고백 교회를 설립했고, 나치에 물든 독일의 개신교를 비판했어요. 그 결과 체포돼 강제 수용소에 감금되기도 했죠.

'그들이 왔다'라는 시에는 히틀러를 지지했다가 그것을 후회하는 니묄러의 심정이 담겨 있어요. 이 시에서 우리는 자신의 인권을 지키기 위해 타인의 인권에도 관심을 가져야 함을 알 수 있어요. 세상에 타인의 인권에 무관심한 사람만 가득하다면 그 누구의 인권도 보장받을 수 없을 거예요. 그럼 니묄러의 시 '그들이 왔다'를 함께 읽어 볼까요? 우리 주변에 있는 인권을 보장받지 못하는 사람들을 생각해 보며 시를 감상해 보세요. 그리고 밑줄 친 단어 대신 우리가 인권을 지켜 줘야 하는 사람들을 넣어 시를 바꿔 보세요.

○ 마르틴 니묄러

그들이 왔다

마르틴 니묄러 목사

제일 먼저 그들은 <u>공산주의자</u>를 잡으러 왔지만
나는 <u>공산주의자</u>가 아니었기에 아무런 말도 하지 않았다.
그리고 그들은 <u>사회주의자</u>를 잡으러 왔지만
나는 <u>사회주의자</u>가 아니었기에 아무런 말도 하지 않았다.
그리고 그들은 <u>노동조합원</u>을 잡으러 왔지만
나는 <u>노동조합원</u>이 아니었기에 아무런 말도 하지 않았다.
그리고 그들은 <u>유대인</u>을 잡으러 왔지만
나는 <u>유대인</u>이 아니었기에 아무런 말도 하지 않았다.
마지막으로 그들은 나를 잡으러 왔지만
나를 위해 말해 줄 사람은 아무도 없었다.

나라의 질서를 지켜요
헌법과 국가 기관

헌법은 국민의 기본적인 인권을 보장하면서 국가의 질서를 잡는 최고 법 규예요. 이러한 헌법은 국가를 이끌어 가는 기관인 국회, 행정부, 사법부의 위상과 역할도 규정해요.

법을 제정하고 나라 살림에 쓰일 예산을 심의하는 국회, 국민의 복리와 행복을 위해 일하는 행정부, 권리를 침해받거나 다툼이 생겼을 때 법을 근거로 잘잘못을 판단하는 법원에 대해 함께 알아봐요. 또한 헌법 재판소의 위상과 역할을 살펴보고, 권력 분립의 원리에 따라 각 국가 기관이 수행하는 주요 기능을 탐구해 봐요.

1 입법 기관 국회

아자! 오늘도 열심히!

1. 국민 대표 기관, 국회 2. 국민이 뽑은 국회 의원이 법을 만들어요

커져라~! 생각 풍선 **국회는 어떤 곳일까요?**

우리나라에서는 4년에 한 번씩 국회 의원을 뽑는 선거를 해요. 국회 의원은 자신을 뽑은 유권자들을 대신해 정치 활동을 하죠. 국회 의원들이 모이는 국회는 어떤 기관일까요? 영화와 실제 국회에서 일어난 사례를 통해 국회의 성격을 알아봐요.

생각 이야기 1 2016년 2월 23일 국회 속기록에는 192시간 27분 분량의 '무제한 토론' 기록이 등장해요. 무제한 토론은 안건에 대한 표결이 다수파에게 유리할 때 소수파가 장시간 발언을 통해 표결을 지연시키거나 막는 행위로, 합법적인 의사 진행 방해 행위죠.

> 이 안건에 대해서는 김○○ 의원 외 107인으로부터 무제한 토론 요구서가 제출됐으므로 국회법 제106조의 2 제1항에 따라 무제한 토론을 실시하겠습니다.

> 진실을 존중하는 사람들도 사익을 챙기려는 사람들 못지않게 많다고요. 그래서 우리나라가 바르게 커 나가는 것 아니겠어요?

생각 이야기 2 영화 '스미스 워싱턴에 가다'의 주인공 스미스는 미국 상원 의원이에요. 그는 테일러와 페인이 자신의 이익을 챙기기 위해 법을 제정하려는 것을 알고 자신에게 주어진 발언권을 최대한 이용해 입법을 막을 계획을 세워요. 그리고 24시간 동안 무제한 토론을 진행하죠. 그는 도중에 기력이 다해 쓰러지지만, 결국 사리사욕을 채우려던 테일러와 페인의 속내가 세상에 알려지면서 입법을 저지하는 데 성공해요.

◎ 영화 '스미스 워싱턴에 가다' 포스터(왼쪽)와 영화의 무제한 토론 장면

> 국회는 법을 제정하거나 개정, 폐기하는 국가 기관이구나. 다수뿐 아니라 소수의 의견도 반영해 국민의 뜻을 대변하는 국민 대표 기관이기도 하고!

생각 이야기 3 국회와 관련한 헌법 조항
• 헌법 제40조 입법권은 국회에 속한다.
• 헌법 제41조 ①항 국회는 국민의 보통 · 평등 · 직접 · 비밀 선거에 의하여 선출된 국회 의원으로 구성한다.

국민 대표 기관, 국회

호기심 폭폭 서울 여의도에 있는 국회 의사당은 국회 의원들이 회의를 하는 곳이에요. 국민의 투표로 뽑힌 국회 의원들은 이곳에서 어떤 회의를 할까요?

국회 회의 내용은
국회 누리집에서 누구나 볼 수 있어.

● 국회는 국민의 생각을 정치에 반영하기 위해 등장했어요

권력의 대부분을 왕이 가지고 있던 중세 사회에서는 왕이 자신의 생각과 결정으로 나라를 다스렸어요. 이에 시민들은 혁명을 일으켜 왕에게 집중된 권력을 분산시키고 근대 국가를 세웠어요. 근대 사회에 들어서며 각 국가들은 시민의 대표로 구성된 의회를 만들었어요. 의회는 국민을 대신해 국민의 의사를 정치에 반영했답니다. 이를 바탕으로 대의 민주주의가 발달했죠. 또한 의회에서 정한 법률에 따라 나라를 다스리는 법치주의 시대가 시작됐어요.

우리나라에서는 의회를 **국회**라고 부르는데, 최초의 국회는 1948년에 총선거를 치러 구성된 제헌 국회예요. 현재 대한민국 국회는 임기 4년의 **국회 의원** 300명으로 운영돼요.

민주주의 국가에서 국민은 나라의 주인이며 주권을 가져요. 국회는 국민이 주권을 행사할 수 있도록 하는 국민 대표 기관이에요. 또한 국회는 법률을 제정하고 개정 또는 폐기하는 입법 기관으로, 국가 최고 기관 중 하나예요. 국회는 국정 통제 기관이기도 해요. 국회는 행정부와 사법부를 감시하고 통제하며, 나라의 재정을 심의해요.

국회의 위상

국회 의원으로 뽑아 주셔서 감사합니다!
국민 여러분을 대표해서 열심히 일하겠습니다.

더 나은 법을 만들기 위해
개정안을 발의합니다.

국민의 세금을 정부에서
적절히 사용하는지 점검합니다.

❶ 국민이 투표로 뽑은 국회 의원이 모인 국민 대표 기관   ❷ 법을 제정하거나 개정, 폐기하는 입법 기관   ❸ 정부가 정한 국가 예산을 심의하고 점검하는 국정 통제 기관

② 국민이 뽑은 국회 의원이 법을 만들어요

호기심 톡톡 우리나라 국회 의원은 모두 300명이에요. 이렇게 많은 사람이 모여 회의를 하면 시간이 오래 걸리지 않을까요? 원활한 회의 진행을 위한 방법으로는 어떤 게 있을까요?

> 300명이 모여 회의하려면
> 시간이 많이 걸리겠는데?

● 우리나라 국회 의원은 지역 대표와 비례 대표로 구분해요

우리나라 국회 의원은 지역 선거구에서 제일 많은 표를 받아 뽑힌 **지역 대표**와 정당에 대한 투표 비율에 따라 선출된 *비례 대표로 이뤄져요. 국회 의원이 될 수 있는 나이는 만 25세 이상이고, 국회 의원이 되면 4년 동안 직무를 수행해요.

헌법에는 국회 의원 수를 별도의 법률로 정하되 200명 이상으로 하게 돼 있어요. 국회의 대표는 국회 의장으로, 재적 의원 과반수의 표를 얻어 선출돼요. 이때 두 명의 부의장도 함께 선출하죠.

국회 의원은 전문성과 관심 분야에 따라 분야별로 **상임 위원회**에 소속돼요. 상임 위원회는 본회의에 앞서 안건을 미리 조사하고 심의해 효율적으로 의사 결정을 내릴 수 있도록 해요.

*비례 대표 정당을 지지하는 투표를 실시해 정당별 득표율에 따라 선출된 국회 의원이다.

🔍 이야기 속 사회 | 국회 상임 위원회에서는 법안을 전문적으로 다듬어요

다음 실제 사례를 통해 국회 상임 위원회의 기능을 알아봐요.

자녀 양육에 필요한 교육비 부담이 늘어나면서 다자녀 가정에 대한 각종 지원이 절실해지고 있어요. 그래서 국회 교육문화체육관광위원회는 '교육 기본법' 제28조 1항의 내용 중 '경제적 이유로 교육받기 곤란한 자'의 규정이 모호하므로 '출산 또는 입양으로 셋 이상의 자녀를 양육하는 가정의 자녀'라는 기준을 포함하자는 법률 개정안을 발의했어요. 이 법률 개정안이 통과되면 다자녀 가정에 더 많은 혜택을 줄 수 있을 거예요.

> 선생님, 국회 상임 위원회가 뭐예요?

> 상임 위원회는 국회 본회의에서 법안을 심의하고 의결하기 전에 각 분과의 전문가인 국회 의원들이 먼저 법안을 다듬는 곳이란다.

▷ 저출산의 원인 중 하나가 교육비 증가라고 인식한 교육문화체육관광위원회는 다자녀 가구에 교육비 지원을 늘리기 위해 법률 개정안을 제안했어요. 이처럼 특정 분야에 대해 전문성을 지닌 국회 의원들이 상임 위원회를 구성해요. 비슷한 예로, 안전행정위원회 역시 국회 상임 위원회로서 소방법 등을 심의하죠.

●국회는 입법 활동을 하고 정부의 예산을 결정해요

국회의 가장 기본적이고 중요한 기능은 **입법 활동**이에요. 입법권을 가진 국회는 국가의 정책을 결정해요. 또한 국회 의원에게 법률의 제정과 개정 권한, 헌법 개정안의 제안 및 의결권, 외국과의 조약에 대한 동의권 등을 부여해요.

국회는 정부가 마련한 예산안을 심의해 확정하는 역할도 해요. 정부가 한 해 동안 예산을 제대로 집행했는지 심사하는 권한도 행사하고요.

국회는 국정 통제 권한도 지녀요. *탄핵 소추 의결권, 국무총리나 국무 위원에 대한 국회 출석 요구권, *국정 감사 및 조사권을 통해 행정부가 권력을 남용하지 않도록 견제한답니다.

*탄핵 소추 대통령, 국무총리, 법관, 검사 등 고위직 공무원이 잘못을 저질렀을 때, 국회에서 이를 고발하는 것을 말한다.

*국정 감사 국회가 국정, 즉 나라의 정치가 올바르게 이뤄지고 있는지 행정부를 감시하고 감독하는 조사 활동이다.

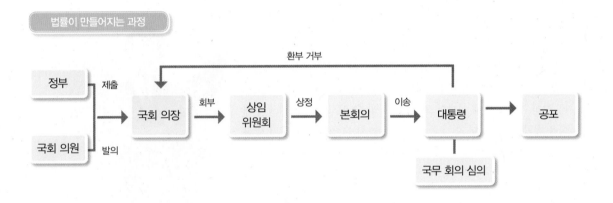

법률이 만들어지는 과정

◎ **대한민국 국회 본회의장** 국회 본회의에서는 각 상임 위원회가 심의한 안건에 대한 최종 결정을 내려요. 법안 상정뿐만 아니라 국정 전반에 대한 토론과 의결이 이뤄진답니다.

◎ **상임 위원회의 업무** 기획 재정 위원회에서 국가 경제에 대한 업무 보고 회의를 하는 모습이에요. 이 회의에는 기획 재정 위원회 위원들 외에 관세청, 한국은행, 한국 조폐 공사 등 금융 관련 공공 기관도 참석해요.

2 대통령과 행정부

1. 나라 안팎의 살림을 챙기는 대통령 2. 정책을 시행하는 행정부

커져라~! 생각 풍선 **취임사와 헌법에 나타난 대통령의 역할**

우리나라는 5년마다 대통령을 새로 뽑아요. 대통령은 국가의 최고 지도자로서 정책을 수립하고, 국가의 살림살이를 운영하는 행정 업무를 총지휘하죠. 이러한 대통령의 업무에 대해 대통령 취임사와 헌법은 어떻게 얘기하고 있을까요? 미국 44대 대통령의 취임사와 우리나라 헌법 전문을 함께 살펴봐요.

생각 이야기 1 우리는 새로운 일자리를 창출하고 성장을 위한 새로운 기반을 만들기 위해 행동할 것입니다. 우리는 상업에 활력을 불어넣고 도로와 교량, 전력망과 디지털 통신망을 건설할 것입니다. 우리는 의료 체계를 향상시키면서 비용은 낮춘 신기술을 활용할 것입니다. 우리는 태양과 바람, 토양을 이용해 자동차에 연료를 제공하고 공장을 가동할 것입니다. 그리고 우리는 새 시대의 요구에 부응할 수 있도록 각종 학교와 대학을 개혁할 것입니다. 이 모든 것을 우리는 할 수 있을 뿐 아니라 해낼 것입니다.

우리는 이 모든 것을 해낼 것입니다!
(All this we will do!)

-미국 44대 대통령 취임사 중

생각 이야기 2 유구한 역사와 전통에 빛나는 우리 대한 국민은 3·1운동으로 건립된 대한민국 임시 정부의 법통과 불의에 항거한 4·19 민주 이념을 계승하고, 조국의 민주 개혁과 평화적 통일의 사명에 입각하여 정의·인도와 동포애로써 민족의 단결을 공고히 하고, 모든 사회적 폐습과 불의를 타파하며, 자율과 조화를 바탕으로 자유 민주적 기본 질서를 더욱 확고히 하여 정치·경제·사회·문화의 모든 영역에 있어서 각인의 기회를 균등히 하고, 능력을 최고도로 발휘하게 하며, 자유와 권리에 따르는 책임과 의무를 완수하게 하여, 안으로는 국민 생활의 균등한 향상을 기하고 밖으로는 항구적인 세계 평화와 인류 공영에 이바지함으로써 우리들과 우리들의 자손의 안전과 자유와 행복을 영원히 확보할 것을 다짐하면서 1948년 7월 12일에 제정되고 8차에 걸쳐 개정된 헌법을 이제 국회의 의결을 거쳐 국민 투표에 의하여 개정한다.

-대한민국 헌법 전문

나라 안팎의 살림을 챙기는 대통령

훑기심 톡톡 뉴스나 신문 기사에서 대통령을 본 적이 있나요? 대통령의 말과 행동은 많은 사람들의 주목을 받고, 언론을 통해 보도되죠. 대통령은 어떤 지위에 있기에 이렇게 많은 관심을 받는 걸까요?

나라를 나라답게 만들겠습니다!

● 대통령은 국민을 대신해 나라를 대표해요

대통령은 우리나라를 대표해 외국의 공식적인 행사에 참여하고 우리나라의 입장을 대변하는 역할을 해요. 또, 국가의 살림살이를 맡은 행정부 전체를 지휘하고 감독하기도 하죠. 우리나라에서는 국민이 직접 선거를 통해 대통령을 선출해요.

대통령의 임기는 5년이며, 한 번 대통령직을 수행한 사람은 다시 대통령이 될 수 없어요. 대통령의 임기와 관련된 헌법이 개정될 경우, 제안 당시의 대통령에게는 효력이 없어요. 이는 독재를 방지하고 평화적으로 정권을 교체해 민주주의를 실현하고 국민의 기본권을 보호하기 위해서예요.

우리나라에서는 대통령이 임기를 마치면 다음 선거에 출마할 수 없단다. 중임이 불가능하지.

선생님, 대통령이 된 적이 있는 사람이 다음 선거에 다시 후보로 출마할 수 있나요?

 여기서 잠깐! | 헌법에 나타난 대통령의 지위를 알아봐요

우리나라 헌법 제66조에는 대통령의 지위가 명시돼 있어요. 국가의 원수이며 행정부 수반이자 군 통수권자로서 대통령의 지위가 헌법 제66조에 어떻게 나와 있는지 함께 살펴봐요.

> • 헌법 제66조
> ①항 대통령은 국가의 원수이며, 외국에 대하여 국가를 대표한다.
> ②항 대통령은 국가의 독립, 영토의 보전, 국가의 계속성과 헌법을 수호할 책무를 진다.
> ③항 대통령은 조국의 평화적 통일을 위한 성실한 의무를 진다.
> ④항 행정권은 대통령을 수반으로 하는 정부에 속한다.

●대통령은 국가의 원수이자 행정부의 수반이에요

대통령은 국민을 대표하는 지위를 바탕으로 외교 사절을 받아들여 신임장을 수여하고 다른 나라에 외교관을 파견하며 조약을 체결하는 등 외교권을 행사해요. 또한 대통령은 **국가 원수**로서 국가와 헌법 수호의 책임을 다하며 헌법 재판소장, 대법원장, 대법관 등 고위 공무원의 임명권을 가져요. 이외에도 중요 사안에 대해 임시회 소집을 요구할 수 있으며 국회에 출석해 발언할 수 있어요. 전쟁과 같은 국가 비상사태가 발생하면 *비상계엄을 선포하는 권한도 갖는답니다.

행정부 수반으로서 대통령은 헌법과 법률이 정하는 바에 따라 국군 통수권을 가져요. 행정 업무를 심의하는 국무 회의의 의장을 맡아 중요 국가 정책을 결정하며, *국무총리와 각 부의 장관을 임명하거나 해임할 수도 있죠. 또한 대통령은 국회에서 만든 법률안이 적절하지 않다고 판단하면 법률안 거부권을 행사하기도 해요.

*비상계엄 전쟁이나 국가의 비상사태에 직면해 사회 질서를 유지하기 위해 군대를 동원하는 것이다.

*국무총리 대통령을 보좌하면서 대통령의 명을 받아 행정 각부를 지휘하고 감독하는 대통령의 제1위 보좌 기관이다.

🧭 여기서 잠깐! | 대통령은 다양한 권한을 가져요

대통령이 권한을 행사할 때는 중요 사안에 대해 국무 회의의 심의를 거치고 문서로 작성해요. 대통령이 권한을 신중하게 행사하고 행정에 책임을 지게 하기 위해서 국무총리와 국무 위원이 서명하도록 헌법으로 규정한 거예요.

그렇다면 대통령이 행사하는 권한으로는 어떤 것이 있는지 국가 원수로서의 권한과 행정부 수반으로서의 권한으로 나눠서 살펴볼까요?

국가 원수로서의 권한	행정부 수반으로서의 권한
정상 회담, 외국 순방, 대법원장 임명장 수여, 외교 사절 신임장 수여, 긴급 명령권 등	국무 회의 주재, 국군 통수권자로서 국군의 날 기념식 참석, 국회 출석 발언, 사관 학교 임관식 참석, 법률안 거부권 행사, 행정 부처 방문 격려 등

◎ 대통령이 업무를 행하고 생활하는 장소인 청와대

② 정책을 시행하는 행정부

호기심 똑똑 행정부의 총지휘자인 대통령은 취임사에서 국민이 행복한 나라를 만들겠다고 말했어요. 국민이 행복하려면 다양한 복지 정책이 필요하죠. 이러한 복지 정책은 누가 어떻게 만드는 걸까요?

행정부는 국민에게 필요한 정책을 세우고 실천하는 곳이에요.

● 행정부는 국가의 살림을 맡고 있어요

넓은 의미의 정부는 입법부, *행정부, 사법부 등 국가의 모든 권력 기관을 포괄하는 것이지만, 좁은 의미의 정부는 행정부를 의미해요.

행정부에서도 국회처럼 법률안을 제출하기도 하는데, 이를 행정 입법이라고 해요. 주로 국민 생활에 필요한 법률을 제정하고 그 법에 따라 정책을 집행해 국가의 목적이나 공익을 실현하는 역할을 하죠. 또한 통일, 외교, 국방, 교육, 경제 등 다양한 분야의 정책을 세우고 실천하는 역할을 담당해요. 행정부는 국가 전체의 살림살이를 보다 효율적이고 전문적으로 처리하기 위해 체계적으로 조직돼 있어요.

현대 사회에서는 국민의 행복한 생활을 보장하기 위해 복지를 확대하고 있어요. 이 때문에 행정부의 역할과 전문성이 중요해졌답니다.

*행정부 법에 따라 나라의 살림살이를 운영하며, 삼권 분립에 의해 행정을 맡아 보는 국가 기관이다.

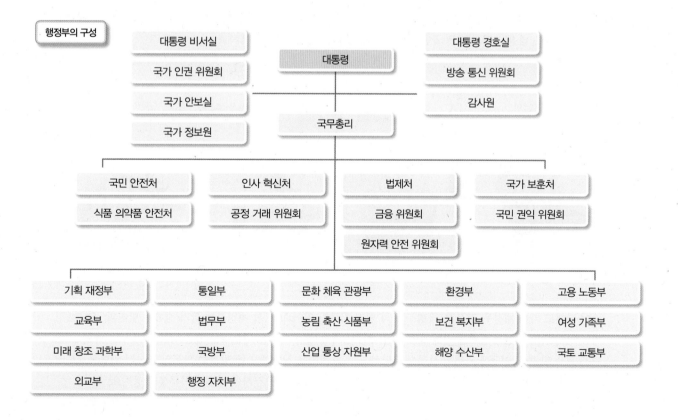

행정부의 구성

●대통령과 감사원도 행정부에 속해요

행정부는 국가의 정책을 수립하고 실행해요. 행정부는 대통령, 국무 회의, 국무총리, 행정 각부, 감사원 등의 기관으로 구성돼요.

국무 회의는 행정부 내의 최고 심의 기구예요. 국무 회의에서는 의장인 대통령을 비롯해 국무총리, 행정 각부의 장관 등이 모여 국가의 중요한 일을 의논해요.

국무총리는 대통령의 국정 운영을 돕고 대통령의 명을 받아 행정 각부를 책임져요. 또한 *국무 위원을 임명하고 각 부의 장관이 일을 나눠 맡도록 관리하죠.

행정 각부는 실질적인 행정 업무를 수행해요. 부의 성격에 따라 나라 살림을 분담하고 전문적으로 처리한답니다.

감사원은 대통령 직속의 국가 최고 감사 기관이에요. 감사원은 국가의 세입과 세출의 결산을 검사해 대통령과 국회에 보고해요. 또한 행정 기관의 사무와 공무원의 직무를 감독하고요. 감사원이 기능을 제대로 수행할 수 있도록 법률을 통해 감사원의 독립성을 보장한답니다.

*국무 위원 정부의 최고 정책 심의 기관인 국무 회의를 구성하는 위원들로, 국무총리의 제청으로 대통령이 임명한다.

 이미지로 이해해요 | 취업과 관련된 문제는 고용 노동부에서 해결해요

고용 노동부는 최저 임금제, 고용 보험제, 노동 관계법 개정, 산업 안전 규제 강화, 일자리 창출, 비정규직 근로자의 고용 안정 및 차별 없애기, 생애 주기별 평생 직업 능력 개발, 촘촘한 고용 안전망 만들기 등의 정책을 시행하는 행정 부서예요. 다음 그림과 같은 국민의 고충을 해결하기 위한 정책을 시행하죠.

이 밖에도 기획 재정부, 교육부, 국방부 등의 행정 각부가 있어요. 기획 재정부는 국가 경제의 발전과 국가 재정의 안정화를 위한 경제 정책을 집행해요. 또한 세금 정책과 국가 재원을 배분하는 일을 하죠. 교육부는 학교 교육, 평생 교육 및 학술 연구에 관련된 사무를 담당하고 교육 정책을 시행해요. 국방부는 외부의 군사적 위협으로부터 국가와 국민을 보호하고 지역 안정과 평화 통일을 이루기 위해 국방과 군사에 관련한 사무를 담당해요.

3 사법 기구

1. 재판의 종류에 따라 다른 법원으로! 2. 헌법 위반을 판단하는 헌법 재판소

커져라~! 생각 풍선 공정한 재판과 법원의 날

사법부가 공정한 재판을 할 수 있도록 헌법에는 이와 관련된 조항이 명시돼 있어요. 또한 법관 임용 선서문에도 공정한 재판에 대한 내용이 언급돼요. 우리나라에 첫 사법부의 탄생을 기념하는 대한민국 법원의 날도 있어요. 헌법 조항과 법관 임용 선서문을 함께 살펴보고 대한민국 법원의 날의 의의를 알아봐요.

사법 기구와 관련한 헌법 조항

• 헌법 제101조

①항 사법권은 법관으로 구성된 법원에 속한다.

②항 법원은 최고 법원인 대법원과 각급 법원으로 조직된다.

③항 법관의 자격은 법률로 정한다.

• 헌법 제103조 법관은 헌법과 법률에 의하여 그 양심에 따라 독립하여 심판한다.

저울은 공정한 재판을 의미해요.

본인은 법관으로서 헌법과 법률에 의하여 양심에 따라 공정하게 심판하고, 법관 윤리 강령을 준수하며 국민에게 봉사하는 마음가짐으로 직무를 성실히 수행할 것을 엄숙히 선서합니다.

-법관의 임용 선서문 중

1945년 8월 15일, 우리나라는 일제 강점기를 벗어나 광복을 맞았어요. 하지만 미 군정이 이어지면서 사법부는 미 군정 산하에 하나의 부처로 편제돼 있었죠. 1948년 7월 17일, 제헌 헌법이 제정되고, 사법부가 비로소 3부 가운데 하나로 독립됐어요. 같은 해 8월 5일, 이승만 대통령은 독립운동가였던 김병로 변호사를 초대 대법원장으로 지명하고 국회 인준도 거쳤어요. 9월 13일, 한 달여의 한·미 정상 회담이 끝나자 우리나라에 사법권이 넘어왔어요. 김병로 초대 대법원장도 이날 공식 취임해 광복 이후 과도기를 거쳐 독립된 사법부가 실질적으로 탄생하게 된 거예요. 이를 기념하기 위해 9월 13일은 '대한민국 법원의 날'로 지정됐어요.

재판의 종류에 따라 다른 법원으로!

 호기심 톡톡 텔레비전 뉴스에는 종종 대법원 건물이 나와요. 그런데 우리 지역에도 '지방 법원'이라는 법원이 있어요. 대법원과 지방 법원의 기능에는 어떤 차이가 있을까요?

서울의 중심 지역은
서울 중앙 지방 법원이 관할해요.

*제청 안건을 제시해 결정해 달라고 청구하는 것이다.

*법관의 신분상 독립 법관의 자격과 임기를 보장하고 탄핵 또는 금고 이상의 형의 선고가 아니면 파면되지 않도록 신분을 보장해 주는 것이다.

*심급 법원의 상하 관계로, 제1심은 지방 법원, 제2심은 고등 법원, 제3심은 대법원에서 이뤄진다.

⊙ 법원의 구성

●법원은 크게 대법원, 고등 법원, 지방 법원으로 나눠요

우리나라의 법원은 **대법원**과 **각급 법원**으로 구성돼요. 대법원은 최고 법원으로 대법원장과 대법관으로 구성되죠. 대법원장은 국회의 동의를 거쳐 대통령이 임명하고, 임기는 6년이에요. 대법관은 대법원장의 *제청으로 국회의 동의를 얻어 대통령이 임명하며, 일반 법관은 임기 10년으로 대법원장이 임명해요. 임기를 헌법에 보장하는 것은 *법관의 신분상 독립과 관련이 있어요. 법원은 *심급에 따라 대법원 아래에 고등 법원과 지방 법원을 둬요.

이외에 행정 법원은 행정 기관과 연관된 사건을 담당하고 가정 법원은 이혼, 양자, 상속 등의 가사 사건과 소년 사건을 맡아요. 특허 법원은 특허 관련 분쟁을 담당한답니다.

법원은 재판 외에 부동산 소유와 관련한 사무와 신분 사항을 다루는 가족 관계 등록도 관장해요.

🔍 이야기 속 사회 | 이럴 땐 어느 법원에서 재판을 하지?

사건에 따라 어떤 법원에서 재판을 하게 될까요? 다음 사례를 읽고 해당 법원을 확인해 봐요.

사례	담당 법원
A 양은 오랫동안 아버지와 함께 살지 않았지만 아버지가 누구인지는 알고 있다. 그런데 아버지가 자신을 모른다고 하자 A 양은 친자 확인 소송을 하려고 한다.	가정 법원
B 씨는 자신이 다니는 회사에서 설비 기술을 빼돌린 뒤 동종 업체에 넘겨 회사에 수백억 원 상당의 손해를 끼쳤다.	특허 법원
한 학생이 PC방에서 성인인 척하며 밤늦게까지 게임을 했다. 얼마 후 구청에서는 PC방 사장 C 씨에게 게임 산업법 위반이라며 과징금을 부과했고, C 씨는 억울함을 호소했다.	행정 법원
우연히 다른 사람과 크게 싸운 D 씨는 지방 법원에서 재판을 받아 벌금형을 선고받았다. 제2심에서도 마찬가지였다. 이에 D 씨는 억울함을 느껴 다시 상급의 법원에 상고하려 한다.	대법원

② 헌법 위반을 판단하는 헌법 재판소

호기심 톡톡 만 36세의 고시생 씨는 공무원이 되고 싶어서 몇 년간 열심히 공부했어요. 하지만 시험을 볼 수 있는 나이가 제한돼 있어서 더 이상 시험을 볼 수 없다는 사실을 알았어요. 고시생 씨는 헌법 재판소에 법이 부당하다며 헌법 소원을 냈어요. 과연 고시생 씨는 시험을 볼 수 있을까요?

> 헌법 재판소에서는 법적 문제를 법으로 재판해.

● 헌법 재판소는 헌법과 인권을 보호하기 위한 기관이에요

우리나라는 정치권력에 의한 인권 침해를 막기 위해 **헌법 재판소**를 운영해요. 헌법 재판소는 국회가 만든 법률과 국가 작용이 헌법에 어긋나는지 여부를 판단해 분쟁을 해결하는 헌법 재판을 담당해요. 헌법 재판소는 법원에 속하지 않고 독립해 있는데, 그 이유는 통제되지 않는 정치권력에 의해 헌법이나 기본권이 침해되는 것을 막기 위해서예요.

> 이 법률은 위헌이므로 더 이상 효력이 없습니다.

◉ 헌법 재판소 재판에서 쓰는 판결 용어

각하	소송이 형식적 요건을 잘 갖추지 못했을 때 내리는 결정이나 판결
기각	원고의 소송이 요건을 갖추었으나 이유가 없다고 판단해 내리는 결정이나 판결
인용	원고의 소송 청구의 요건과 이유가 옳다고 판단해 받아들이는 결정이나 판결
위헌 결정	해당 법률이 헌법에 위반된다고 판단해 이를 즉각적으로 무효로 하는 결정
헌법 불합치	해당 법률이 위헌이지만 사회적 혼란을 막기 위해 법을 개정할 때까지 일시적으로 법을 유지하는 결정

 여기서 잠깐! | 헌법 속의 헌법 재판소

헌법 재판소는 헌법을 최종적으로 해석하고 수호하는 기능을 담당하며 국민의 기본권을 정치권력으로부터 보호하는 기관이에요. 국민의 자유와 권리를 보장하기 위해 헌법에서는 다음의 조항과 같이 헌법 재판소를 규정하고 있어요.

> 헌법에서는 헌법 재판소를 어떻게 다루고 있을까?

- 헌법 제111조
①항 헌법 재판소는 다음 사항을 관장한다.
   1. 법원의 제청에 의한 법률의 위헌 여부 심판.
   2. 탄핵의 심판.
   3. 정당의 해산 심판.
   4. 국가 기관 상호 간, 국가 기관과 지방 자치 단체 간 및 지방 자치 단체 상호 간의 권한 쟁의에 관한 심판.
   5. 법률이 정하는 헌법 소원에 관한 심판.
②항 헌법 재판소는 법관의 자격을 가진 9인의 재판관으로 구성하며, 재판관은 대통령이 임명한다.
③항 제2항의 재판관 중 3인은 국회에서 선출하는 자를, 3인은 대법원장이 지명하는 자를 임명한다.

●헌법 재판소는 대통령을 파면할 수도 있어요

헌법 재판소에서는 법률이 헌법에 위반되는지 심사해요. 고위 공무원 탄핵도 결정할 수 있어요.

헌법 재판소는 위헌 법률 심판, 정당 해산 심판, 헌법 소원 심판, 탄핵 심판, 권한 쟁의 심판 등을 담당해요. **위헌 법률 심판**은 국회가 제정한 법률이 헌법에 위반되는지 심사하고 헌법에 어긋난다고 판단되면 그 효력을 정지시키는 심판이에요. **정당 해산 심판**은 정당이 헌법에서 정한 민주주의 기본 질서에 맞지 않는 목적을 가지고 활동할 경우 정부가 헌법 재판소에 청구할 수 있는 심판이에요. **헌법 소원 심판**은 공권력이 헌법상 보장된 국민의 기본권을 침해했을 경우 국민이 국가를 상대로 청구하는 심판이에요. **탄핵 심판**은 국회의 탄핵 소추에 따라 헌법 재판소가 해당 고위 공무원을 탄핵할 것인지 결정하는 심판이에요. 또한 **권한 쟁의 심판**은 국가 기관 사이 또는 국가 기관과 지방 자치 단체 사이에서 권한에 대한 다툼이 발생했을 때 헌법 재판소가 그 분쟁을 해결하는 심판이에요. 헌법 재판소의 이러한 역할은 국가 권력 사이에 균형을 유지해 헌법 질서를 지키는 데 의의를 둬요.

여기서 잠깐! | 인터넷 실명제에 대한 헌법 재판이 열렸어요

다음 실제 사례에서 헌법 재판소는 어떤 판결을 내렸을까요? 사례를 읽고 판결 내용을 한번 살펴봐요.

일일 평균 이용자 수가 10만 명 이상인 인터넷 사이트 게시판에 댓글 또는 게시글을 남기려면 인적 사항을 등록하도록 한 법률에 대해 헌법 재판소가 위헌 결정을 내렸어요. 이에 따라 2007년, 악성 댓글 등에 따른 사회적 폐해 방지를 위해 도입된 인터넷 실명제가 폐지됐어요.

헌법 재판소는 "표현의 자유를 제한하려면 공익의 효과가 명확해야 한다."라고 전제한 뒤, "인터넷 실명제 시행 이후 불법 게시물이 감소하지 않았다는 점, 자유로운 의사 표현을 위축시키고 주민 등록 번호가 없는 외국인의 인터넷 게시판 이용을 어렵게 한다는 점, 게시판 정보의 외부 유출 가능성이 증가했다는 점 등을 고려하면 불이익이 공익보다 작다고 할 수 없다."라고 설명했어요.

헌법 재판소에서 인터넷 실명제를 폐지하라는 판결을 내렸어요.

판결	근거
인터넷 실명제 위헌 확인에 대해 심판 청구 각하	다국적 사이트인 ○○○가 2009년 4월부터 한국의 인터넷 실명제를 거부했다. 이 때문에 한국의 이용자들은 이 사이트에 동영상과 댓글을 포함한 게시물을 올리지 못했다. 국적 설정을 다른 나라로 바꿔야 비로소 이 사이트를 이용할 수 있었다. 청구인 등은 이로 인해 해당 사이트를 이용하는 데 불편을 겪고 표현의 자유 등 기본권이 침해된다며 인터넷 실명제의 위헌 확인을 구하는 취지의 헌법 소원 심판을 청구했다.

다음의 사례들은 헌법 재판소에서 실제로 열렸던 재판의 내용이에요. 헌법 재판소에서는 헌법에 위반되는 법률을 가리는 심판, 고위 공직자들에 대한 심판 등이 열려요. 각각의 판례를 통해 헌법 재판소에서 열리는 심판의 종류를 살펴봐요.

권한 쟁의 심판

국가 기관도 서로 다툴까?

자율형 사립고(자사고) 설립을 허가하는 것은 교육 복지와 교육 공공성을 해친다며 교육청이 상급 기관인 교육부를 상대로 자사고 지정·고시를 취소해 달라는 심판을 청구했다.

헌법 재판소는 교육 기관의 설립은 헌법상 보장된 교육 자치권의 행사이며, 자사고 지정을 취소하는 것은 교육의 자율권을 해칠 수 있으므로 각하 결정을 내렸다.

헌법 소원 심판

유출된 주민 등록 번호 평생 바꿀 수 없나?

포털 사이트에서 자신의 주민 등록 번호가 유출됐다는 사실을 알게 된 강 모 씨는 관할 구청에서 주민 등록 번호를 바꾸려고 했으나, 법적 근거가 없다는 이유로 거부당했다. 이에 강 모 씨는 헌법 소원 심판을 청구했다.

헌법 재판소는 주민 등록 번호 유출 또는 오남용으로 인한 피해 등에 대해 주민 등록 번호 변경을 허용할 수 있도록 하는 규정을 두지 않은 것은 개인 정보 자기 결정권 침해라며 헌법 불합치(위헌) 결정을 내렸다.

위헌 정당 해산 심판

정당의 해산 결정 가능한가?

2013년 당시 법무부 장관은 통합진보당의 목적과 활동이 민주적 기본 질서에 위배되므로 통합진보당의 해산 및 소속 국회 의원에 대한 의원직 상실을 구하는 심판을 청구했다.

헌법 재판소는 이듬해 재판관 의견으로 피청구인 통합진보당을 해산하고, 그 소속 국회 의원은 의원직을 상실한다는 인용 결정을 내렸다.

탄핵 심판

대통령을 물러나게 할 장치가 있나?

2016년 12월 9일 국회는 대통령이 특정 지인의 사익 추구를 돕고 언론 탄압, 국민의 생명권 보호 의무 위반 등 헌법을 위배했다는 내용의 탄핵*소추안을 가결했다.

이듬해 3월 10일 헌법 재판소는 '법치와 준법의 상징적 존재'인 대통령으로서 지인의 사익 추구를 도운 피청구인의 행위가 헌법과 법률을 중대하게 위반한 행위라고 볼 수 있다며 만장일치로 대통령의 파면을 결정했다.

*소추: 고급 공무원이 직무를 집행할 때 헌법이나 법률을 위배했을 경우 국가가 탄핵을 결의하는 일.

위헌 법률 심판

노예 수첩에 담긴 사연은?

일본 잡지에 '노예 수첩'이라는 시를 발표한 시인은 국가 모독죄로 2년여간 수감 생활을 했다. 27년 후 시인이 국가 모독죄가 위헌임을 주장하며 심판을 청구했다.

헌법 재판소는 국가 모독죄가 표현의 자유를 지나치게 제한해 기본권의 본질적인 내용을 침해할 뿐만 아니라 국민이 자유롭게 국가를 비판하는 등의 민주주의 정신에도 위배된다며 재판관 전원 일치로 위헌 결정을 내렸다.

마무리해 볼까요

● 이 장에서 다룬 이야기들을 떠올리며 보기에서 알맞은 단어를 골라 빈칸에 써 넣어 볼까요?

> **보기** 입법, 국회, 국회 의원, 재정, 원수, 헌법 재판소, 행정부, 국정, 국무총리, 감사원, 대법원

중단원	소단원	개념 정리
1. 입법 기관 국회	국민 대표 기관, 국회	• (㉠　　　)는 국민의 의사를 대표하는 기관임. 법을 제정하고 국가 권력을 견제. • (㉡　　　　　)은 선거로 선출되며 임기 4년, 연임 가능.
	국민이 뽑은 국회 의원이 법을 만들어요	• 국회는 국회 의장, 지역 대표 및 비례 대표로 구성됨. • (㉢　　　)에 관한 권한: 법률 제 · 개정, 헌법 개정안 의결, 조약 체결 동의권. • (㉣　　　)에 관한 권한: 예산안의 심의 의결, 결산 심사권. • (㉤　　　)에 관한 권한: 국정 감사 및 조사권, 공무원 임명 동의권, 탄핵 소추 의결권.
2. 대통령과 행정부	나라 안팎의 살림을 챙기는 대통령	• 대통령의 지위: 우리나라를 대표. 행정부 전체를 지휘. • 국가 (㉥　　　)로서의 권한: 국가와 헌법 수호의 책임. 고위 공무원 임명. • (㉦　　　) 수반으로서의 권한: 국군 통수권. 국가 정책 결정.
	정책을 시행하는 행정부	• 대통령: 국민의 직접 선거로 선출됨. • (㉧　　　　　): 대통령이 임명, 행정부 지휘 · 감독. • 국무 회의: 주요 정책에 대한 행정부 최고의 심의 기관. • (㉨　　　): 공무원의 직무 감사 및 예산 사용에 대한 검사.
3. 사법 기구	재판의 종류에 따라 다른 법원으로!	• (㉩　　　): 사법부 최고의 기관, 행정부의 명령과 규칙 심사, 위헌 법률 심판 청구권.
	헌법 위반을 판단하는 헌법 재판소	• (㉪　　　　　): 법적 다툼을 헌법 해석으로 해결하는 기관.

2016년 세간의 주목을 끌었던 이세돌 9단과 *인공 지능 프로그램 '알파고'의 바둑 대결은 4승 1패를 거둔 알파고의 승리로 끝났어요. 바둑은 아직 기계가 넘볼 수 없는 영역이라고 믿고 있던 사람들에게는 충격적인 소식이었죠. 그런데 정보 기술 전문가들은 이미 알파고가 이길 거라고 예상하고 있었어요. 알파고를 개발한 구글 딥마인드 대표 데미스 허사비스 박사의 논문에 실마리가 있었거든요.

허사비스 박사의 논문에 따르면, 딥마인드 인공 지능은 49종이나 되는 아타리사의 컴퓨터 게임을 하면서 스스로 게임 방식을 터득하고 단기간에 프로게이머를 뛰어넘는 수준의 게임 실력을 보였다고 해요. 이처럼 스스로 학습하고 성장하는 심층 신경망 방식의 딥마인드 인공 지능이 바둑에 적용된 것이 바로 알파고예요.

*인공 지능: 사고나 학습 등 인간이 가진 지적 능력을 컴퓨터를 통해 구현하는 기술.

> 데이터만으로 구성된 인공 지능이 프로게이머와 바둑 기사를 모두 이겼어요.

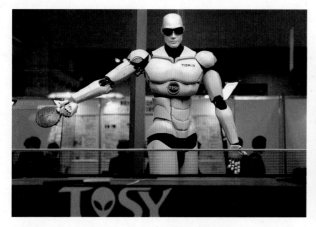

⊙ 베트남 로봇 제작 업체에서 만든 탁구 치는 인공 지능 로봇 '토피오'

인공 지능이 빠르게 발전하는 가운데 영국 옥스퍼드 대학은 「우리의 직업을 얼마나 컴퓨터에게 내줄 것인가」라는 제목의 보고서를 내놓았어요. 이 보고서에 따르면, 조사 대상인 702개의 직업 중 거의 절반인 47%의 직업이 2030년까지 인공 지능 컴퓨터에 의해 대체될 것으로 보인다고 해요. 놀랍게도 판사의 경우, 사라질 확률이 40%에 달해 인공 지능 컴퓨터가 대체할 가능성이 상당히 높은 직업으로 분류됐죠.

판사는 형사 사건에서 법 조항, 증거물과 증인의 진술, 검사와 변호사의 주장 등을 고려해 유무죄 여부와 형량을 결정해요. 마치 컴퓨터에 데이터를 입력해 결과를 예측해 보는 시뮬레이션과 비슷한 과정이죠. 민사 사건이나 행정 소송, 가사 소송도 마찬가지예요. 판사는 양측의 입장을 잘 분석하고 법 조항에 따라 검토한 뒤 어느 쪽 주장이 더 옳은지 판단해요. 기존에 쌓여 있던 정보를 새롭게 입력된 정보와 비교하며 가장 적절한 결론을 도출해 내는 컴퓨터와 비슷하죠. 그렇기 때문에 이 보고서에 의하면 인공 지능으로 대체될 가능성이 매우 높은 직업이에요.

⊙ 구글 딥마인드의 대표 데미스 하사비스 박사(왼쪽)

9

나의 돈을
잘 사용하고 관리해요
경제생활과 선택

무엇을 배울까요?

　용돈을 받으면 가장 먼저 무엇을 하고 싶나요? 친구와 맛있는 것을 사 먹기도 하고, 좋아하는 가수의 콘서트 표를 예매하기도 하겠죠? 사고 싶은 건 많은데 돈이 부족하다면 어떻게 해야 할까요? 목표를 정하고 돈을 더 모으거나, 원래 사려고 했던 것보다 더 저렴한 것을 사야 할 거예요. 돈을 어떻게 사용할지 계획하고, 돈을 어디에 쓸지 선택하는 모든 활동이 경제 활동이에요.

　경제생활의 의미와 희소성으로 인한 합리적 선택의 중요성에 대해 알아보고, 국가의 경제 활동에서 큰 몫을 차지하는 기업의 역할과 기업가 정신에 대해서 살펴봐요. 일생 동안 이뤄지는 경제생활을 고려해 자산과 신용은 어떻게 관리해야 하는지도 함께 탐구해요.

1 경제 활동과 합리적 선택

1. 우리 생활과 밀접한 경제 활동 2. 한정된 자원, 만족할 만한 선택 3. 경제 문제는 누가 해결할까?

> 커져라~! 생각 풍선 **버스 타고 간식 사는 것도 경제 활동!**

우리는 살아가면서 다양한 경제 활동을 해요. 직장을 다니면서 월급을 받아야만 경제 활동을 하는 건 아니에요. 중학생인 여러분도 버스를 타고, 편의점에서 간식을 사는 등 경제 활동을 하고 있답니다. 우리 생활의 대부분은 경제 활동과 관련이 있기 때문에 돈을 효율적으로 사용하기 위해서는 경제 활동에 대한 이해가 필요해요.

생각 이야기 1

농사를 지어 수확물을 얻는 것도 경제 활동이란다.

버스 요금을 내는 것도 경제 활동이지.

물건을 배달해 주는 택배 서비스도 경제 활동 중 하나야.

회사에서 일하고 대가로 월급을 받는 것도 경제 활동이란다.

ㅇㅇ은행

월급통장

어떻게 해야 하지?

생각 이야기 2

영화관

영현이는 이번 주 일요일 오후에 친구와 영화를 보러 가기로 했어요. 보고 싶었던 영화라서 영현이는 미리 좋은 자리로 예매를 하고 일요일이 되기를 기다렸어요.

그런데 일요일 아침, 영현이는 월요일에 내야 하는 학교 숙제가 있다는 것이 생각났어요. 영화를 보고 싶지만 숙제도 해야 해서 영현이는 고민에 빠졌어요.

영현이는 어떤 선택을 해야 할까요?

우리 생활과 밀접한 경제 활동

호기심 톡톡 우리는 버스를 타고 등교하고, 학교에서는 수업을 들어요. 하굣길에 간식을 사 먹을 때도 있어요. 생활의 모든 것이 경제 활동과 밀접하다고 하는데, 어디까지가 경제 활동에 포함되는 것일까요?

> 버스를 타는 것도 학교에서 수업을 듣는 것도 모두 경제 활동이야!

● 물건과 서비스를 만들고 소비하며 경제 활동을 해요

우리가 생활하기 위해서는 먹을 음식과 입을 옷, 책상, 컴퓨터 등 *재화는 물론 의사의 진료, 선생님의 수업, 버스 기사의 운전 등 *서비스도 필요해요. 이처럼 인간 생활에 필요한 재화나 서비스를 생산, 분배, 소비하는 활동을 **경제 활동**이라고 불러요. **생산**이란 재화나 서비스를 만들거나 그 가치를 증대시키는 일을 말해요. **분배**란 생산 활동에 참여하고 임금, 지대, 이자 등과 같은 대가를 받는 거예요. **소비**란 생활에 필요한 재화와 서비스를 구매해 사용하는 것을 의미한답니다.

*재화 인간의 욕구를 충족시키면서 형태가 있는 물건을 뜻한다.

*서비스 인간의 욕구를 충족시켜주지만 형태가 없는 인간의 행위 또는 행동을 뜻한다.

◎ 경제 활동의 종류

> 오늘 포장 물량이 좀 많군.

> 누가 발표해 볼까요?

생산

> 이번 달 월급이에요.

> 이번 달에도 월세를 받았어.

분배

> 3,000원어치 더 주세요.

소비

> 이 영화는 구성이 탄탄해서 재밌어요.

> 물건을 만드는 것뿐 아니라 서비스를 제공하는 것도 생산이에요. 생산 활동에 참여한 사람에게는 이윤을 나눠 주고 토지를 제공한 사람에게는 지대를 지급하는 것을 분배라고 하는데, 집을 제공해 월세를 받는 것도 분배에 속하죠. 시장에서 물건을 사는 것뿐 아니라 영화 상영 같은 서비스에 돈을 지불하는 것도 소비라고 해요.

② 한정된 자원, 만족할 만한 선택

그래, 이제 두 개 남았다.

호기심 톡톡 램프의 요정 지니가 나타나 세 가지 소원을 들어준다고 한다면 어떤 소원을 빌고 싶은가요? 갖고 싶은 것은 많지만 세 가지만 선택해야 해요.

잠시 생각할 시간을 주세요.

우리는 난로가 필요 없어.

우리는 난로가 필요해.

◎ 장소에 따라 다른 자원의 희소성

...을 사듯이 깨끗한 공기를 사야 할 수도 있어요

...간의 욕구는 무한하지만 이를 충족시켜 줄 자원은 한정돼 있어요. 이를 **자원**의 **희소성**이라고 해요. 희소성은 자원의 절대적인 양에 의해 결정되는 것이 아...인간의 욕구에 비해 상대적으로 자원의 양이 부족함을 의미해요. 이러한 ...성으로 인해 경제 문제가 발생하죠.

...간의 욕구보다 그 존재량이 많아 희소성이 없으며, 대가를 지불하지 않고도 얻을 수 있는 재화를 **무상재**라고 해요. 공기와 햇빛이 무상재예요. 반대로 존재량이 한정돼 있어 대가를 지불해야 얻을 수 있는 재화를 **경제재**라고 해요. 우리 주변의 재화 중 대부분이 경제재예요. 무상재가 경제재로 변하기도 하죠. 과거에 물은 어디서나 얻을 수 있는 무상재였지만, 환경 오염으로 깨끗한 물이 부족해지면서 희소성을 지니는 경제재가 됐어요.

◎ 과거와 다르게 희소성을 지녀 판매되는 생수

여기서 잠깐! | 희소성이 있는 재화와 없는 재화

다음 재화는 희소성이 있을까요? 없을까요? 희소성의 유무를 이유와 함께 살펴봐요.

내용	희소성의 유무	이유
일 년 내내 무더운 열대 지방의 집 안에 설치된 난로	X	열대 기후 지역에서는 난로를 필요로 하는 사람이 많지 않아요.
극지방에 쌓인 눈	X	극지방에서는 눈을 흔하게 볼 수 있어요.
다이아몬드, 금, 보석 등	○	보석의 양은 한정적이지만, 보석을 원하는 사람은 많아요.
사막에서 구한 생수	○	사막에는 물이 많지 않은데 물을 필요로 하는 사람은 많아요.
한국에서 판매되는 석유	○	우리나라에서는 석유가 생산되지 않지만, 석유를 많이 사용해요.

● 선택을 하면 가치 있는 것을 포기할 수도 있어요

자원의 희소성으로 인해 우리는 항상 선택의 기로에 서요. 돈과 시간이 한정
돼 있어서 원하는 모든 것을 할 수는 없기 때문이죠. 이때 한 가지를 선택하면서
포기한 것 중 가장 가치가 큰 것을 **기회비용**이라고 해요. 기회비용을 잘 따진 다
음 선택하면 제한된 자원으로도 큰 만족감을 얻을 수 있어요.

 이야기 속 사회 | 인어 공주의 선택으로 발생한 기회비용은?

마녀의 제안에 인어 공주는 무엇을 선택하고 무엇을 포기했을까요? 인어공주 이야기 속에서 기회비용을 찾아
볼 수 있어요.

> 인어 공주는 배 위에 있는 왕자를 보고 첫눈에 반했어요. 인어 공주는
> 태풍 때문에 바다에 빠진 왕자를 살려 주었지만, 물 밖으로 나갈 수 없어
> 왕자가 깨어날 때 곁에 있을 수 없었어요. 왕자를 잊지 못한 인어 공주는
> 마녀를 찾아가 다리를 달라고 해요. 마녀는 "공짜로 줄 수는 없지. 다리
> 를 주면 그 대가로 너의 아름다운 목소리를 주겠니?"라고 제안했어요.
> 인어 공주는 마녀에게 다리를 받고 목소리를 주었죠. 왕자를 다시 만난
> 인어 공주는 말을 할 수 없어 마음을 표현하지 못했고, 왕자는 이웃나라
> 공주와 결혼했어요.

*인간의 아름다운 다리를 주면
나의 아름다운 목소리를 줄게요.*

◎ 덴마크 코펜하겐에 있는 인어 공주 동상

 여기서 잠깐 | 케이블카를 사이에 둔 논쟁, 입장에 따라 기회비용이 달라요

한 가지 사건을 두고 찬성과 반대 의견을 가진 사람들이 시위를 벌였어요. 각자의 이익과 입장이 다르기 때문이
에요. 각각의 의견을 따를 때 어떤 기회비용이 있는지 살펴봐요.

> 케이블카는 높은 산을 쉽고 편하게 오를 수 있도록 도와줘요. 이 때문에 산악 관광 산업을 발전시키려는 전국
> 의 지방 자치 단체들은 케이블카 설치를 적극적으로 추진하고 있어요. 하지만 환경 단체들이 케이블카 설치에
> 반대하며 갈등이 빚어지고 있어요. 설치를 찬성하는 사람들은 체력이 떨어진 노년층 등 노약자도 아름다운 자
> 연 경관을 즐길 권리를 보장받아야 하고, 도보로 하는 등산 역시 적지 않게 환경을 훼손한다고도 주장해요.
> 그러나 환경 단체들은 지방 자치 단체가 주장하는 것처럼 긍정적인 효과가 나타나기는 힘들다고 지적해요.
> 실제로는 케이블카 대부분이 적자를 면하지 못하고 있다고 말이죠. 게다가 건설 과정에서 환경을 크게 훼손하
> 는 등 폐해가 적지 않다고 반박해요.

	케이블카를 설치했을 때	케이블카를 설치하지 않았을 때
기회비용	훼손되지 않은 자연	관광객 수 증가로 인한 경제적 이익

● 적은 비용으로 큰 만족을 얻는 선택을 해야 해요

합리적인 선택을 위해서는 **비용**과 **편익**을 고려해야 해요. 비용이란 어떤 것을 선택할 때 들어가는 노력이나 대가를 의미하고, 편익이란 어떤 것을 선택할 때 얻을 수 있는 이익이나 만족감을 의미해요.

어떤 선택을 하는 데 드는 비용과 얻을 수 있는 편익을 고려했을 때, 편익이 비용보다 큰 것을 선택하는 것이 합리적인 선택이에요. 즉, 최소의 비용으로 최대의 편익을 얻을 수 있는 선택을 해야 하죠. 비용이 같다면 편익이 가장 큰 것을 선택하고, 편익이 동일하면 비용이 가장 적게 드는 것을 선택해야 해요. 이때 비용은 직접 들어가는 금전적 비용뿐만 아니라 선택으로 인해 포기하게 되는 기회비용까지 포함해요. 그러므로 기회비용보다 편익이 큰 것을 선택해야 하죠.

확대경

매몰 비용 매몰 비용은 어떤 의사 결정과 관련하여 이미 발생한 비용으로, 다시 회수할 수 없는 비용을 말한다. 의사 결정시 유의해야 할 점은 기회비용에 매몰 비용을 포함하지 않아야 한다는 것이다.

이미지로 이해해요 | 합리적으로 운동화를 골라 봐요

운동화를 살 때 다양한 운동화를 두고 고민한 적 있나요? 이때는 이익이 크거나 만족감을 가장 많이 얻을 수 있는 걸 고르면 돼요. 그러려면 다음과 같은 의사 결정 과정을 거쳐야 해요.

3 경제 문제는 누가 해결할까?

호기심 톡톡 주택 부족 문제를 해결하려고 우리나라에서는 기업들이 아파트를 지어 분양해요. 하지만 어떤 나라에서는 정부가 아파트를 짓고 분양까지 해요. 경제 문제에 대응하는 방식이 왜 서로 다를까요?

나라에 따라 아파트 분양 방법이
다른 이유는 무엇일까?

● 자원의 배분을 결정하는 방식을 경제 체제라고 해요

개인이 경제 문제에 직면하는 것처럼 사회도 희소성으로 인한 경제 문제에 직면해요. 사회가 경제의 기본 문제를 해결하기 위해 희소한 자원의 배분을 결정하고 조직하는 제도나 방식을 **경제 체제**라고 하죠.

경제 체제는 자원 배분 방식에 따라 크게 계획 경제 체제, 시장 경제 체제로 구분할 수 있어요. **계획 경제 체제**는 정부의 계획에 따라 경제 문제를 해결해요. 무엇을 얼마나 생산하고 어떻게 생산할지, 생산된 것을 누가 소비할지 국가가 결정하죠.

반면, **시장 경제 체제**는 시장의 원리에 따라 경제 문제를 해결해요. 이 체제에서는 개인과 기업이 생산과 소비, 분배를 스스로 결정하고 실행한답니다. 우리나라는 기업이 자유롭게 경제 문제를 해결하고 경쟁하는 시장 경제 체제를 취하고 있어요. 하지만 기업이 해결할 수 없는 문제는 정부가 개입해서 처리하죠. 이러한 경제 체제를 혼합 경제라고 해요.

티셔츠 5만 장을
생산하시오.

정부

● 계획 경제 체제

기업

올해는 이 디자인의
티셔츠가 유행이니
생산을 늘려야겠군.

● 시장 경제 체제

경제의 기본 문제

무엇을 얼마나
생산할 것인가?

누구를 위해
생산할 것인가?

어떻게
생산할 것인가?

●계획 · 시장 · 혼합 경제 체제의 특성은 무엇일까요?

계획 경제 체제에서는 생산 수단을 공동으로 소유해요. 따라서 부와 소득의 불평등이 완화되고 국가 정책 목표를 빠르게 이룰 수 있어요. 하지만 개인의 소유권이 제한돼 생산 동기가 떨어지고, 이로 인해 생산성이 낮아지는 단점이 있어요. 일자리, 주거지 등 개인 선택의 자유도 제한되므로, 창의적이고 자발적인 경제 활동이 위축되죠.

*사유 재산 제도를 기반으로 하는 시장 경제 체제에서는 개인이나 기업이 *시장 가격에 기초해 자유롭게 의사를 결정함으로써 경제 문제를 해결해요. 정부는 국방, 외교, 치안 등과 같이 제한된 역할만 수행하죠. 시장 경제 체제에서는 자유롭고 창의적인 경제 활동이 이뤄져요. 하지만 빈부 격차 심화, 환경 오염 발생, 독과점 발생 등의 문제가 발생하기도 해요.

혼합 경제 체제는 계획 경제 체제와 시장 경제 체제의 요소가 혼합된 경제 체제예요. 시장 경제 체제를 바탕으로 정부의 역할이 강조되죠. 오늘날 대부분의 국가가 혼합 경제 체제를 선택해 운영해요. 국가가 추구하는 사회적 목표에 따라 혼합의 정도와 정부의 역할이 다르답니다.

*사유 재산 제도 개인이 자신의 의사에 따라 재산을 소유하거나 처분하도록 보장해 주는 제도이다.

*시장 가격 상품이 시장에서 그때그때 실제적으로 거래되는 가격을 말한다.

여기서 잠깐! | 계획 경제 체제와 시장 경제 체제의 단점을 보완하다

계획 경제 체제에서는 개인의 소유권이 제한돼 열심히 일하려는 생산 동기가 저하되고 생산성이 낮아지는 문제점이 있어요. 그만큼 국가 경제 발전이 늦어질 수 있죠. 시장 경제 체제에서는 개인이나 기업이 사적 이익을 위해 공공의 이익을 침해하는 문제가 발생하므로 국가의 개입으로 공공의 이익을 지키기 위해 노력해야 해요. 이 두 체제의 단점을 보완하고 장점을 살려 혼합 경제 체제를 운영하는 국가들이 많아졌어요. 과거 대표적인 계획 경제 체제 국가였던 중국의 경우도 최근 시장을 개방해 시장 경제 체제를 도입한 혼합 경제 체제를 운영하고 있어요.

계획 경제 체제에서 개인 소유가 제한되는 경우

시장 경제 체제에서 기업이 담합하는 경우

2 기업의 역할과 책임

 1. 이윤을 남기고 사회적 책임도 지는 기업 2. 도전과 책임 의식, 기업가 정신

커져라~! 생각 풍선 **물건을 만드는 사람, 물건을 사는 사람**

　산업 혁명이 일어나기 전에는 대부분의 사람들이 집에서 물건을 만들어서 사용했어요. 가족이 먹을 채소를 밭에서 직접 길러 먹었고, 옷을 지어 입거나 농사에 필요한 도구를 직접 만들어 쓰기도 했죠. 그런데 요즘에는 필요한 물건이 있으면 시장이나 마트, 백화점, 인터넷 등에서 편리하게 구입해 사용해요. 물건을 사용할 사람이 직접 물건을 만드는 경우는 드물죠. 경제 생활에서 물건을 만드는 사람, 물건을 사는 사람 등으로 역할이 나뉜 거예요.

산업 혁명이 일어나기 전 직접 옷을 만드는 모습

◎ 반 고흐 「베 짜는 사람(weaver)」

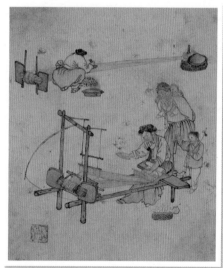

◎ 김홍도 「길쌈」

산업 혁명이 일어난 후 옷의 생산과 소비 모습

◎ 공장에서 옷을 대량으로 만드는 사람들

◎ 백화점에서 옷을 사는 사람

1 이윤을 남기고 사회적 책임도 지는 기업

호기심 톡톡 새로운 성능을 가진 스마트폰이 빠르게 출시되고 있어요. 왜 스마트폰을 만드는 회사들은 새로운 성능이 있는 핸드폰을 개발하기 위해 계속 노력할까요?

> 방수 기능이 있는 스마트폰 다음에는 어떤 기능이 개발될까?

● **한 나라의 경제에서 기업은 어떤 역할을 할까요?**

*이윤 기업의 총수익에서 임금, 이자, 지대 등을 뺀 순수익을 말한다.

기업은 우리에게 필요한 재화와 서비스를 생산하는 조직이에요. 기업의 목적은 *이윤을 많이 남기는 거예요. 이를 위해 기업은 소비자의 필요와 욕구를 파악하고, 다른 기업보다 좋은 상품을 만들어 낮은 가격으로 공급하려고 노력해요. 기업들의 자유로운 경쟁과 노력으로 소비자는 좋은 상품을 저렴하게 구입할 수 있어요.

기업이 재화와 서비스를 생산하려면 노동력이 필요해요. 기업은 일한 사람들에게 노동의 대가로 임금을 지불해요. 임금은 가계의 주요 소득원이자 소비 활동의 원동력이에요. 기업의 생산이 확대될수록 노동자의 일자리는 증가해요. 더불어 기업은 정부에 세금을 납부해 국민 경제의 발전에 기여한답니다.

> 아하! 기업의 역할은 상품을 생산하고 일자리를 제공해 많은 사람들이 일을 할 수 있게 하는 거구나. 버는 만큼 세금을 납부하면 나라 경제 발전에도 도움이 되지!

◎ 상품을 생산하는 기업의 역할

◎ 일자리를 창출하는 기업의 역할

한 나라의 경제 활동에는 누가 참여할까요? 가족으로 이뤄진 가계와 이윤 추구를 목적으로 하는 기업, 그리고 국민의 기본적 생활을 보장하는 국가가 경제 활동 주체예요. 각 주체들이 어떤 경제 활동을 하는지 살펴봐요.

가계

가계는 주로 재화와 서비스를 소비하는 소비 활동의 주체예요. 가계는 기업에게 생산 요소인 노동, 자본, 토지를 제공하고, 이에 대한 대가로 임금, 이자, 지대를 받아 소득을 얻어요.

기업

기업은 이윤 획득을 목적으로 재화와 서비스를 생산하는 생산 활동의 주체예요. 기업은 정부나 가계와 달리 이윤을 추구하며, 최소의 비용으로 최대의 이윤을 얻고자 노력해요.

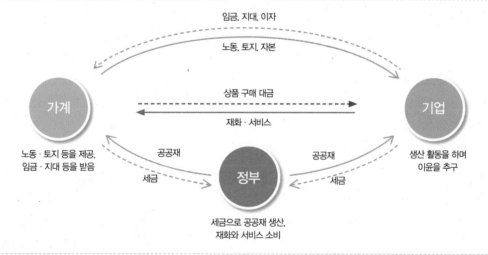

임금, 지대, 이자

노동, 토지, 자본

가계

상품 구매 대금

재화 · 서비스

기업

노동 · 토지 등을 제공,
임금 · 지대 등을 받음

공공재

세금

정부

공공재

세금

생산 활동을 하며
이윤을 추구

세금으로 공공재 생산,
재화와 서비스 소비

정부

정부는 국가 경제 전체를 관리하는 생산과 소비 활동의 주체예요. 정부는 가계와 기업으로부터 걷은 세금으로 *공공재를 생산하고 재화와 서비스를 소비해요.

*공공재: 치안, 도로, 항만 등 사회 구성원 모두가 소비 혜택을
누릴 수 있는 재화와 서비스이다.

가계	최소의 비용으로 최대의 편익(만족감)을 얻고자 해요.
기업	최소의 비용으로 최대의 이윤을 얻고자 노력해요.
정부	소비할 때는 최소의 비용으로 최대의 편익을 얻고자 노력하며, 공공재를 생산 · 공급할 때는 공공의 이익을 최대화하고자 노력해요.

● 기업은 좋은 노동 환경을 제공하고 세금을 성실하게 납부해야 해요

기업은 이윤 추구를 목적으로 생산 활동을 하는 조직이지만, 사회 전체에 미치는 영향력이 매우 크므로 사회적 책임이 있어요.

기업이 본래 목적인 이윤을 추구하기 위해 투자를 하고 고용을 늘리면 가계의 소득이 늘고 경제가 발전하죠. 이 과정에서 기업은 노동자에게 좋은 노동 환경을 제공하고 법을 준수하며, 성실하게 세금을 납부할 책임이 있어요. 또한 기업의 이익은 소비자로부터 오므로 기업은 사회 구성원으로서 소비자에 대한 윤리적 책임을 져요. 예를 들어, 안전하고 질 좋은 상품을 생산해 소비자에게 제공하고, 생산 과정에서 환경 피해를 최소화해야 하죠.

나아가 기업은 지역 사회를 위한 자원봉사, 불우 이웃 돕기, 예술·교육 사업 등 지역 사회와의 유대를 강화하기 위해 노력해야 하죠. 이러한 활동은 기업의 이미지를 높여 장기적으로 기업의 발전에도 도움을 줘요.

이야기 속 사회 | 기업은 안전한 상품을 생산하고 지역 사회 발전에 기여해야 해요

기업은 사회 전체에 미치는 영향력이 매우 크기 때문에 사회적 책임을 지녀요. 이윤만을 추구하다가는 환경이 파괴되거나 소비자의 권리를 침해하는 경우가 발생할 수 있기 때문이에요. 기업은 어떤 사회적 책임을 지는지 구체적인 사례를 살펴봐요.

우리가 먹는 먹거리는 안전하게 만들어져야 해요!

이야기 1 유명 제과 회사 과자에서 애벌레가 나왔다며 소비자 김 씨가 해당 업체 측에 문의했어요. 김 씨는 "아이들에게 주려고 과자 한 봉지를 샀는데 아이들이 과자를 먹다가 이상한 게 있다고 해서 자세히 보니 아주 작은 애벌레가 과자에 박혀 있었다."라고 말했어요. 해당 업체는 이를 조사한 결과 '나방 애벌레'라며 해당 상품을 모두 회수하고, 이물질이 들어간 경위를 파악할 계획이라고 밝혔어요.

임직원과 가족들이 벽화를 그려 마을 분위기를 활기차게 바꿨어요.

이야기 2 A 건설 회사는 가정의 달을 기념해 ○○시의 한 마을에서 '가족과 함께하는 벽화 그리기' 봉사 활동을 했어요. 벽화 그리기 봉사에 나선 직원들과 가족들은 노후한 건물과 담벼락을 밝고 활기찬 그림으로 장식했어요. 또, 이 회사는 중증 장애인 거주 시설을 리모델링하고, 빨래 건조장 설치, 담장 개·보수 등 노후 시설 개선 공사를 지원하기로 했어요.

② 도전과 책임 의식, 기업가 정신

호기심 톡톡 '스티브 잡스'와 '빌 게이츠' 두 사람의 공통점은 무엇일까요? 둘 다 작은 회사를 다국적 기업으로 키운 기업가라는 거죠. 기업 간의 경쟁이 치열한 시대에 기업을 성장시키려면 어떤 자세가 필요할까요?

과감한 도전과 책임 의식!
이것이 기업가 정신이지.

● 기업가의 도전 정신이 성장을 이끌어요

기업을 이끌어 가는 사람을 기업가라고 해요. 기업가는 기업을 경영해 이윤을 극대화하는 과정에서 각종 위험을 감수해요. 이때 기업가에게 필요한 것이 **기업가 정신**이에요. 기업가 정신이란 불확실한 경제 상황에서도 끊임없이 도전하며 수익을 창출하고 사회에 필요한 가치를 만들고자 하는 의지와 자세예요. 예를 들면 새로운 시장의 개척, 신제품 개발, 생산 방식의 혁신 등으로 기업의 성장을 도모하는 거예요. 기업가의 도전 정신과 혁신 의지는 기업의 역량을 향상시키고 국민 경제의 성장을 이끄는 원동력이 돼요.

이야기 속 사회 | 훌륭한 기업가 정신을 보여 준 기업가들

기업은 가계, 정부와 함께 경제 활동의 주체로서 매우 중요한 역할을 하고 있어요. 기업을 이끄는 기업가에게 필요한 기업가 정신은 무엇인지 기업가들의 이야기를 들어봐요.

이야기 1 1984년, 서산 간척 사업은 거센 물살 때문에 난관을 맞이했어요. 이때 현대 그룹 창업자인 정주영 회장은 대형 유조선으로 급류를 막자는 생각을 해 냈어요. 덕분에 공사 기간은 3년이나 줄었고, 비용은 290억 원이나 아낄 수 있었어요. 1998년에는 소 1,001마리를 북한에 보내기도 했어요. 그 후 남북 교류는 활발해졌고, 금강산 관광이 시작되기도 했어요. 새로운 일에 도전할 때마다 불가능하다고 말하는 직원들에게 정주영 회장은 이런 질문을 던졌어요. "해 보기나 했어?"

◐ 남북 경계선을 넘어 북한으로 가는 소를 실은 트럭

이야기 2 세계 최대의 커피 프랜차이즈 기업 '스타벅스'는 1971년 시애틀에서 처음 문을 열었어요. 이때까지만 해도 작은 가게에 불과했죠. 오늘날의 스타벅스를 만든 것은 현재 스타벅스의 회장인 하워드 슐츠예요. 이탈리아 사람들이 에스프레소를 마시는 것을 본 하워드 슐츠는 스타벅스에도 에스프레소 방식의 커피를 도입하려고 했어요. 하지만 당시 미국에서는 에스프레소를 거의 마시지 않았어요. 그래서 스타벅스의 다른 직원들은 하워드 슐츠의 제안에 반대했어요. 하워드 슐츠는 포기하지 않고 도전해 성공을 이뤘답니다.

◐ 시애틀에 있는 스타벅스 1호점

3 경제생활과 자산 관리

👤 1. 나의 노후까지 생각한 경제 계획 2. 믿고 거래하는 신용, 지금부터 관리해요

커져라라~! 생각 풍선 **미래를 위한 인생 설계를 해 볼까요?**

'100세 시대'라는 말, 들어 봤나요? 의료 기술이 발전하고 위생 수준이 향상하면서 평균 수명이 늘어났어요. 앞으로 100세까지 사는 사람들이 더 많아질 가능성이 높아요. 미래를 위한 인생 설계를 미리 해 둔다면 앞으로 남은 삶을 더 알차고 안정적으로 살 수 있겠죠? 통계 자료를 읽고 자신의 인생 설계를 계획해서 표에 적어 봐요.

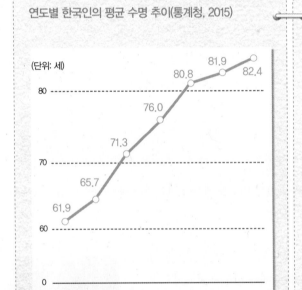

연도별 한국인의 평균 수명 추이(통계청, 2015)

(단위: 세)

우리나라는 2000년에 노인 인구가 전체의 7%를 차지하면서 고령화 사회에 진입했어요. 노인 인구가 14%를 넘으면 고령 사회라고 하는데, 우리나라도 이제 고령 사회를 눈앞에 두고 있는 것이죠. 고령 사회가 되면 몇 가지 문제가 생길 수 있어요. 통계청 조사에 따르면, 외로움이나 건강 문제 등 노후가 되면 나타날 수 있는 문제 중 경제적 어려움이 36.8%로 1위를 차지했다고 해요. 경제적 어려움은 건강 문제와 동시에 올 수 있기 때문에 미리 대비해야 해요. 국민연금연구원에 따르면, 노후에 필요한 최저 생활비는 노인 부부 160만 원, 개인 99만 원으로 노후 생활비 월평균 187만 원이 필요하다고 해요.

나의 인생 설계

	예상 나이	필요한 준비
취업		
결혼		
자녀 출산		
정년퇴직		

나의 노후까지 생각한 경제 계획

호기심 톡톡 의학이 발달하고 위생 상태가 좋아지면서 인간의 수명이 길어졌어요. 하지만 일하는 기간은 20~30년에 불과해요. 소득이 없는 시기에도 건강하고 행복하게 살려면 어떤 준비가 필요할까요?

100세 시대에 우린 아직 청춘이라오.

● 노년기에도 여유롭게 소비 생활을 하려면 자산 관리를 잘 해야 해요

인간은 누구나 태어나 아동기, 청년기, 장년기, 노년기를 거쳐요. 이를 단계별로 나눈 것을 **생애 주기**라고 해요. 생애 주기에 따른 경제생활의 특징을 보면 소득을 얻는 시기는 한정된 반면, 소비는 평생 이뤄져요. 그러므로 평생 지속 가능한 소비 생활을 위해 소득과 지출을 고려한 돈에 대한 계획, 즉 **자산 관리**가 필요하죠.

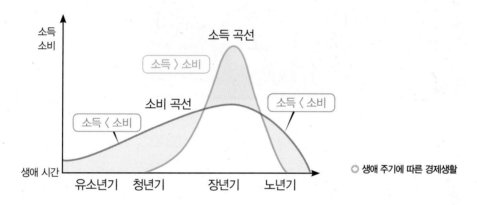

◎ 생애 주기에 따른 경제생활

◈ 여기서 잠깐! | 생애 주기에 따라 소득과 소비는 어떻게 달라질까요?

생애 주기별로 소득과 소비가 달라요. 사람마다 차이가 있지만 일반적으로 소비가 소득보다 더 많은 시기가 있는가 하면 소비보다 소득이 더 많은 시기가 있기도 해요. 이 시기를 잘 알고 있어야 현명한 인생 설계가 가능해요.

	소득과 소비 중 많은 것	이유
유소년기	소비	소득이 없고, 학교를 다녀요.
청년기	소비	취업한 지 얼마 되지 않아 소득이 적어요.
장년기	소득	경력이 쌓여 그만큼 월급도 많이 받지만, 주택 구입, 자녀 교육, 노후 준비 등 지출도 많아요.
노년기	소비	정년퇴직해 근로 소득이 없어요.

● 안전성, 수익성, 유동성을 고려해 자산을 관리해요

평생 안정적인 생활을 유지하고, 지속적인 경제생활을 하려면 자산 관리가 필요해요. 평균 수명이 길어진 만큼 노후 대책도 필요하고, 예기치 못한 질병이나 사고 등이 발생하면 목돈이 들어가므로 여윳돈을 마련해 두어야 하죠. 자산을 관리할 때는 안전성과 수익성, 유동성을 고려해야 해요.

대표적인 자산 관리 방법에는 금융 상품 투자가 있어요. 금융 상품에는 예·적금, 주식, 채권, 보험 등이 있어요. 그러나 높은 수익을 기대하고 한곳에 모든 자산을 투자할 경우 한꺼번에 잃을 수도 있으므로 분산해 투자하는 것이 좋아요. 이러한 투자 방식을 **포트폴리오**라고 해요.

◎ 포트폴리오 이론을 제안한 미국의 경제학자 제임스 토빈

> 노벨 경제학상을 받은 제임스 토빈은 분산 투자의 중요성을 알리기 위해 "계란을 한 바구니에 담지 말라."라고 말했어. 바구니를 실수로 떨어뜨리면 모든 계란을 한꺼번에 잃을 수 있거든. 투자도 마찬가지야.

다양한 금융 상품

	특징
예·적금	금융 기관에 일정 기간 동안 돈을 맡기고 이자를 받는 상품이에요.
주식	주식을 사면 회사 수익에 따라 배당금이 지급돼요.
채권	정부나 기업이 자금 마련을 위해 발행하는 증서예요. 이자를 받을 수 있어요.
보험	미래의 위험에 대비하기 위해 가입하는 상품이에요.

✷ 여기서 잠깐! | 나의 자산 관리 포트폴리오

소득이 상대적으로 많아지는 장년기에는 소득이 줄어드는 노년기를 대비해 자산을 관리해야 해요. 제임스 토빈의 포트폴리오 이론에 따라 자산을 분산해서 안정적으로 관리한다면 다음과 같은 방법을 참고할 수 있어요.

예시	자산 관리 방법					합계
	보통 예금	정기 예금	주식	채권	교육·보험	
장년기	20%	30%	35%	12%	3%	100%

② 믿고 거래하는 신용, 지금부터 관리해요

 호기심 톡톡 주택을 구입할 때 돈이 부족하면 대부분 은행에서 대출을 받죠. 그런데 똑같이 돈을 빌리더라도 신용이 좋은 사람은 신용이 낮은 사람보다 저렴한 이자로 돈을 빌릴 수 있어요. 신용의 좋고 나쁨은 어떤 기준으로 판단할까요?

> 신용 카드로 계산해야지.
> 그런데 신용이 뭐지?

●신용은 경제력과 책임감을 바탕으로 해요

*신용**이란 돈을 빌려 쓰고 약속한 대로 갚을 수 있는 능력을 의미해요. 현대 사회에서는 신용 거래로 현금 없이 물건이나 서비스를 구입할 수 있어요. 신용 카드로 물건을 구입하는 것뿐 아니라 통신 요금이나 전기·도시가스 등을 한 달 동안 사용한 후 돈을 지불하는 것이 모두 신용 거래에 해당하죠. 신용 거래는 돈을 갚아야 하는 책임이 뒤따라요. 신용 카드 대금이나 휴대 전화 요금 등을 오랫동안 갚지 못하면 채무 불이행자가 돼요. 그러므로 자신의 소득으로 충분히 갚을 수 있는 범위 내에서만 신용 거래를 이용해야 하죠. 또한 신용 거래를 이용해야 할 때를 대비해 평소에 좋은 신용 등급을 유지하는 것이 중요해요.

*신용 미래에 갚을 것을 약속하고 돈을 빌려 쓰거나 상품을 미리 구매할 수 있는 능력이다.

✦ 여기서 잠깐! | 나의 신용을 점검해 봐요

신용 카드 발급은 만 19세부터 가능하지만, 그 전에도 자신의 신용을 관리할 수는 있어요. 신용 관리 습관을 잘 들여 놓으면 성인이 된 후에도 합리적인 경제 생활을 할 수 있기 때문에 지금부터 잘 관리하는 게 좋아요. 자신의 신용 점수는 얼마인지 점검해 볼까요?

1	휴대 전화 요금이 연체된 적이 있다.	(O, X)
2	휴대 전화 요금이 1개월 용돈보다 많이 나온 적이 있다.	(O, X)
3	휴대 전화 소액 결제 요금이 휴대 전화 사용 요금보다 많이 나온 적이 있다.	(O, X)
4	친구들에게 빌린 돈을 1개월 이상 갚지 못한 적이 있다.	(O, X)
5	친구들에게 빌린 돈을 갚으라는 이야기를 들은 적이 있다.	(O, X)
6	현재 다른 사람들에게 빌린 돈을 모두 합친 금액이 1개월 용돈보다 많다.	(O, X)
7	지난 1개월 동안의 저축 금액이 0원이다.	(O, X)
8	지난 1개월 동안 가게에서 외상으로 물건을 구입한 적이 있다.	(O, X)
9	지난 1개월 동안 부모님과 용돈 문제로 다툰 적이 있다.	(O, X)

> X가 많을수록
> 신용 관리 점수가 높은 거야.

● 이 장에서 다룬 이야기들을 떠올리며 보기에서 알맞은 단어를 골라 빈칸에 써 넣어 볼까요?

> **보기** 일자리, 기회비용, 포트폴리오, 편익, 정부, 평균 수명, 신용, 계획, 소비

중단원	소단원	개념 정리
1. 경제 활동과 합리적 선택	우리 생활과 밀접한 경제 활동	• 경제 활동: 인간 생활에 필요한 재화와 서비스를 생산, 분배, (㉠　　　)하는 활동.
	한정된 자원, 만족할 만한 선택	• 자원의 희소성: 인간의 욕구에 비해 자원의 양이 상대적으로 부족한 것. • (㉡　　　　): 어떤 선택을 위해 포기한 대안 중 가장 가치가 큰 것. • 합리적 선택: 비용보다 (㉢　　　)이 큰 것을 선택.
	경제 문제는 누가 해결할까?	• 계획 경제 체제: 국가의 (㉣　　　)에 의해 경제 문제 해결. • 시장 경제 체제: 시장 원리에 따라 경제 문제 해결. • 혼합 경제 체제: 시장 경제 체제 바탕으로 (㉤　　　)의 역할 강조.
2. 기업의 역할과 책임	이윤을 남기고 사회적 책임도 지는 기업	• 기업의 역할: 재화와 서비스 생산, (㉥　　　　) 제공, 정부에 세금 납부. • 사회적 책임: 기업이 재화와 서비스를 생산할 뿐만 아니라 사회에 대한 책임도 함께 져야 함.
	도전과 책임 의식, 기업가 정신	• 기업가 정신: 불확실한 경제 상황에서도 새롭게 도전하고 혁신을 통해 기업을 발전시키는 의지와 자세.
3. 경제생활과 자산 관리	나의 노후까지 생각한 경제 계획	• 자산 관리의 필요: 생활 수준 유지, (㉦　　　　　)의 연장, 질병·사고 등 대비. • 자산 관리 방법: 예금, 주식, 채권, 간접 투자 상품, 부동산 등. • (㉧　　　　　): 자산을 분산해 투자하는 것.
	믿고 거래하는 신용, 지금부터 관리해요	• (㉨　　　): 돈을 빌려 쓰고 약속한 대로 갚을 수 있는 능력. • 자신의 소득으로 충분히 갚을 수 있는 범위 내에서 소비, 좋은 신용 등급 유지 위해 노력.

제주 거상 김만덕은 조선 시대에 활약했던 여성 기업가예요. 여성이 이름을 드러내기 힘들었던 조선 시대에 평민 장사꾼으로서 오늘날까지 이름을 남긴 그녀는 대체 어떤 사람이었을까요? 아래의 이야기를 통해 김만덕의 도전 정신과 기업가 정신을 함께 살펴봐요.

❶ 김만덕 초상

제주도 출신의 이름난 장사꾼인 김만덕의 어린 시절은 어려움의 연속이었어요. 장사꾼이던 만덕의 부모는 일찍이 사고로 세상을 떠났고, 만덕은 친척 집에 얹혀살다가 늙은 기생의 집으로 보내졌어요. 이곳에서 살림을 돕다가 만덕은 자연스럽게 기생이 됐어요. 평민 출신인 만덕에게는 억울한 일이었죠. 나이가 들어 기생이 천한 직업임을 알게 된 만덕은 대담하게 관가에 찾아가 관리를 설득했고, 기생 신분에서 벗어났어요.

자유를 되찾은 김만덕은 자신이 살고 있는 제주도의 이점을 활용해 포구에 객주를 차렸어요. 만덕은 제주의 양반층 부녀자에게 육지의 옷감이나 장신구, 화장품 등을 팔았고, 제주 특산물을 육지에 팔아 큰 이득을 얻었어요. 김만덕은 여성이 재능을 발휘하기 어려웠던 조선 사회에서 아주 이례적인 성공을 거뒀죠.

정조 17년(1793), 제주도에 흉년이 들었어요. 그해 제주의 세 고을에서 굶어 죽은 사람이 600여 명이나 될 정도였어요. 이 소식을 접한 만덕은 전 재산을 들여 육지에서 쌀을 사들였어요. 이렇게 사들인 식량이 모두 500여 석에 이르렀답니다. 만덕은 이 중 10분의 1을 친족들에게 나눠 주고 나머지 450여 석을 백성들을 구하는 데 내놓았어요. 이에 큰 감동을 받은 정조는 만덕에게 소원을 물었어요. 그러자 만덕은 "한양에 가서 임금님 계시는 궁궐을 우러러보는 것과 천하 명산인 금강산 1만 2,000 봉을 구경하는 것입니다."라고 말했어요. 당시 제주도 여인들은 제주도에서 벗어나는 것이 금지돼 있었는데, 정조는 이를 허락한 거예요. 이렇게 상경한 만덕에게 국왕은 내의원 의녀 반수의 벼슬을 내렸고, 만덕은 꿈에 그리던 왕과 왕비를 만났답니다.

❶ **물상객주를 운영하던 김만덕** 물상객주는 상인들이 머물며 물건 판매를 위탁하던 장소였어요.

❶ **김만덕의 집 앞에 모인 사람들** 흉년으로 굶어 죽는 사람이 늘자 김만덕은 전 재산으로 쌀을 사들여 가난한 사람들에게 나눠 줬다.

10

가격이 결정되는 원리를 이해해요

시장 경제와 가격

시장은 경제 활동을 하는 중요한 공간이에요. 물건을 파는 사람과 사는 사람의 이해관계가 얽혀 있는 복잡한 공간이기도 하죠. 그렇다면 시장은 어떻게 운영되는 걸까요? 또 우리가 시장에서 생활에 필요한 물건을 구입하는 데 영향을 주는 요인은 무엇일까요?

시장의 의미와 종류, 시장에서 수요와 공급이 어떻게 이뤄지는지 살펴보고, 시장 가격이 결정되고 변화하는 원리도 함께 알아봐요. 우리가 자주 구입하는 물건의 가격이 어떻게 정해지는지 알게 될 거예요.

1 시장의 의미와 종류

1. 사람들이 물건을 사고파는 곳 2. 우리 주변에 있는 다양한 시장

커져라~! 생각 풍선 **눈에 보이는 시장과 보이지 않는 시장**

　정엽이와 설이는 엽전을 화폐처럼 사용할 수 있는 시장에 구경을 갔어요. 이 시장에서만 사용할 수 있는 엽전을 시장 안에 있는 환전소에서 돈을 주고 구입해요. 엽전 한 냥은 500원의 화폐와 동일한 가치를 지닌다는 설명도 들었어요. 이렇게 구입한 엽전은 이 시장에 있는 매장에서 물건을 구입할 때 사용할 수 있어요.

　이 시장에서는 눈에 보이는 화폐로 물건을 살 수 있죠. 하지만 눈에 보이지 않는 화폐로 상품을 사는 시장도 있어요. 인터넷으로 상품을 구매할 수 있는 전자 상거래 시장이에요. 우리나라 전자 상거래의 시장 규모는 2013년에 1,204조 원에 달했어요. 지금도 꾸준히 규모가 커지고 있고요. 전자 상거래는 거리에 제약을 덜 받기 때문에 해외에 있는 상품을 구입하는 것도 가능해요. 해외의 상품을 소비자가 직접 구입한다고 해서 이를 '해외 직구'라고 부르는데, 2014년에 우리나라에서 해외 직구를 이용한 금액은 15억 4,000만 달러였어요. 이 역시 지금도 계속해서 규모가 커지고 있어요. 눈에 보이는 시장과 눈에 보이지 않는 시장에는 무엇이 더 있을까요? 함께 살펴봐요.

사람들이 물건을 사고파는 곳

호기심 톡톡 예준이네 학교에서 학급 나눔 장터가 열렸어요. 예준이는 나눔 장터에서 필요했던 물건을 저렴하게 사고, 자신의 물건을 친구들에게 팔기도 했어요. 학급 나눔 장터도 시장으로 볼 수 있을까요?

나눔 장터에서 읽고 싶었던 책을 저렴한 가격에 샀어!

● 정보 통신 기술의 발달로 새로운 시장이 생기고 있어요

사회 구성원들은 각자 상품을 생산하고 생산된 상품을 서로 교환해요. 이러한 교환 행위를 **거래**라고 하고, 거래가 이뤄지는 곳이 **시장**이에요.

흔히 시장이라고 하면 농수산물 시장, 대형 마트, 편의점과 같은 구체적인 장소를 떠올려요. 하지만 시장은 특정 장소만 의미하지는 않아요. 재화나 서비스를 사려는 사람과 팔려는 사람이 만나 정보를 주고받고 거래하는 모든 공간을 시장이라 부르죠. 최근 정보 통신 기술이 발달하면서 인터넷을 이용한 전자 상거래가 활발해졌어요. 전자 상거래 역시 시장에 포함돼요. 이처럼 시간과 공간을 뛰어넘는 새로운 형태의 시장이 생기면서 시장의 영역은 확대되고 종류도 다양해졌어요.

◎ 서울 남대문 시장

 여기서 잠깐! | 판매자, 구매자, 상품이 모여 시장을 구성해요

다음 이야기에서 시장을 구성하는 요소를 찾을 수 있어요. 이야기를 읽고 시장의 구성 요소를 확인해 봐요.

> 농민은 쌀이나 가축, 간단한 수공업 제품을 들고 나와 농기구나 소금처럼 자신이 쉽게 생산하지 못하는 제품으로 교환해요. 물고기를 잡는 어민은 자신이 잡은 물고기를 산촌 사람들이 캔 약초와 나물로 교환하고요. 이렇게 필요한 물건을 서로 교환하는 과정에서 시장이 생겨났어요. 교환은 사람들이 기억하기 편한 날에 사람들이 모이기 편리한 곳에서 이뤄졌어요.

시장은 거래하려는 상품(재화 또는 서비스)과 그 상품을 판매하려는 판매자(공급자), 구매하려는 구매자(소비자), 거래가 이뤄지는 일정한 시간과 공간으로 구성돼요. 이야기 속 거래 상품은 쌀이나 가축, 간단한 수공업 제품, 농기구, 소금, 물고기, 약초와 나물 등이에요. 각자가 생산한 물건을 가지고 나온 판매자들은 자신들이 필요로 하는 물건을 자신의 생산물과 바꾸면서 구매자가 돼요. 이렇게 교환이 이뤄지는 장소가 곧 시장이고요. 대형 마트나 재래시장뿐만 아니라 취업 박람회 역시 대가를 받고 노동력을 제공하려는 구직자와 대가를 주고 노동력을 이용하려는 기업이 만나 거래가 이뤄지므로 시장이라고 볼 수 있답니다.

◎ 판매자와 구매자, 상품이 있는 시장

● 필요에 따라 시장에서 효율적인 거래가 이뤄지고 있어요

오래전 인간은 필요한 물건을 자급자족했어요. 그러나 개인이 가진 자원과 능력은 모두 다르기 때문에 모든 물건을 직접 만드는 것은 불가능했죠. 농경 생활을 하면서 생산 능력이 발달하고 *잉여 생산물이 발생하자 자신이 생산한 물건을 다른 사람이 생산한 다른 물건과 교환하는 **물물 교환**이 이뤄지기 시작했어요. 물물 교환을 좀 더 편리하게 하기 위해 시장이 조성됐고 **화폐**가 등장했어요. 화폐의 등장 이후 보다 효율적인 거래가 가능해지면서 시장은 점차 확산됐어요. 인간은 자신에게 필요한 모든 물건을 전부 스스로 생산하는 대신, 각자 가장 자신 있게 생산할 수 있는 *재화나 *서비스를 집중적으로 만들었어요. 이렇게 생산 과정에 분업과 전문화를 도입하자 좋은 품질의 상품을 저렴한 가격으로 시장에 제공할 수 있게 됐어요. 또한 시장을 이용하면서 거래에 필요한 시간과 비용을 절약하고 다양한 상품을 소비할 수 있게 돼 물질적으로 풍요로워졌어요.

*잉여 생산물 생산한 것 중 쓰고 남은 것이다.

*재화 상품 중 눈으로 볼 수 있거나 만질 수 있는 것이다.

*서비스 다른 사람을 만족시키기 위한 노동 또는 활동이다.

 이미지로 이해해요 | 화폐로 가치를 판단하고 저장할 수 있어요

물물 교환이 증가하면서 더 쉽게 거래하기 위한 교환의 매개체인 화폐가 등장했어요. 화폐는 매개의 기능뿐만 아니라 다른 기능도 수행해요. 예를 들어 공책 한 권이 1,000원이고 햄버거 한 개가 3,000원일 때 우리는 햄버거의 가치가 공책 가치의 3배라는 것을 알 수 있어요. 이를 '가치 척도의 기능'이라고 해요. 또한 화폐는 저축해 뒀다가 나중에 사용할 수 있어요. 지금 가지고 있는 1만 원으로 내년에 1만 원 어치의 상품을 구매할 수 있는 거예요. 이것을 '가치 저장의 기능'이라 해요.

물물 교환 경제에서 사용됐던 화폐예요. 조개, 곡물, 피혁, 가축 등이 화폐로 사용됐어요.

금속으로 만든 화폐로, 물품 화폐에 비해 사용이 쉽고, 내구성이 높으며 휴대가 편리해요.

종이로 만든 화폐로, 금속 화폐에 비해 고액권을 휴대하기 편리해요.

어음 또는 수표처럼 은행이 지급을 보증하는 화폐로, 은행 화폐라고도 해요.

IC카드 또는 네트워크에 연결된 컴퓨터에 은행 예금이나 돈 등이 전자 형태로 저장된 화폐예요.

㉮ 물품 화폐   ㉯ 금속 화폐   ㉰ 지폐

㉱ 신용 화폐   ㉲ 전자 화폐

② 우리 주변에 있는 다양한 시장

호기심 톡톡 하윤이 어머니는 텔레비전 홈 쇼핑을 자주 이용하세요. 품질이 보장된 물건을 저렴하게 집에서 구매할 수 있어 편리하기 때문이죠. 여러분은 평소에 어떤 시장에서 어떤 상품을 구입하나요?

곧 김장철인데 배추가 정말 싸네.
지금 사야겠어!

● 눈에 보이지 않는 시장이 있다고요?

시장은 거래되는 상품의 종류에 따라 **생산물 시장**과 **생산 요소 시장**으로 분류돼요. 생산물 시장에서는 완성된 재화와 서비스를 거래해요. 대표적인 생산물 시장으로는 전통 시장, 백화점, 전자 상거래 등이 있어요. 생산 요소 시장은 노동, 토지, 자본과 같이 생산에 필요한 요소를 거래하는 시장이에요. 노동 시장, 부동산 시장, 주식 시장, 외환 시장 등이 대표적인 생산 요소 시장이죠. 또한 시장은 거래 모습을 눈으로 볼 수 있는지에 따라 눈에 보이는 시장과 보이지 않는 시장으로 구분할 수 있어요.

여기서 잠깐! | 내가 이용하는 시장의 종류를 확인해 봐요

우리 주변에는 어떤 시장이 존재할까요? 아래 사례에 연결된 시장의 종류를 확인해 보세요. 여러분이 자주 이용하는 시장의 종류는 무엇인지 생각해 보고, 각 시장의 특징을 알아봐요.

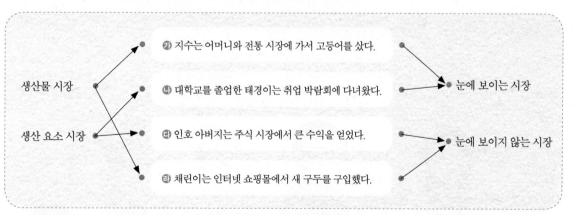

생산물 시장

생산 요소 시장

㉮ 지수는 어머니와 전통 시장에 가서 고등어를 샀다.

㉯ 대학교를 졸업한 태경이는 취업 박람회에 다녀왔다.

㉰ 인호 아버지는 주식 시장에서 큰 수익을 얻었다.

㉱ 채린이는 인터넷 쇼핑몰에서 새 구두를 구입했다.

눈에 보이는 시장

눈에 보이지 않는 시장

내가 이용한 시장	종류	장점	단점
편의점	생산물 시장, 눈에 보이는 시장	지점이 많아 찾아가기 쉽다.	가격이 상대적으로 비싸다.
인터넷 쇼핑몰	생산물 시장, 눈에 보이지 않는 시장	언제 어디서나 인터넷으로 상품 구입이 가능하다. 눈에 보이는 시장보다 가격이 저렴한 편이다.	직접 상품을 만지거나 확인해 보기 어렵다.

2 수요와 공급의 법칙

1. 가격에 따라 달라지는 상품의 거래량 2. 물건의 가격은 어떻게 결정될까요?

[커져라~! 생각 풍선] **우유의 가격 변화는 생산자, 소비자 모두에게 영향을 줘요**

시장에서 상품을 살 때 상품의 가격은 무엇을 기준으로 정해질까요? 판매자가 마음대로 정하면 그만인 걸까요? 상품의 가격이 정해지는 데는 법칙이 있어요. 또한 상품의 가격 변화는 상품을 이용하는 사람들에게 영향을 미치죠. 유럽에서 일어난 우유 파동 사건을 통해 어떤 법칙인지 생각해 봐요.

> 우유 가격이 물값보다 싸다는 게 말이 됩니까!

우유 공급 과잉과 가격 폭락으로 유럽 낙농업자들이 항의 집회를 열었어요. 우유 가격이 물값보다 쌀 정도예요. 유럽에서 1리터짜리 물 한 병이 1.5달러인데 같은 양의 우유는 1달러예요.

유럽 낙농업자들은 "30년 이상 유지해 오던 우유 생산량 할당 제도를 지난해 유럽 연합이 폐지해 우윳값이 폭락했다."라고 주장했어요. 1984년에 도입한 우유 생산량 할당 제도는 우유의 과잉 생산으로 유제품의 가격이 헐값으로 떨어지는 것을 막기 위한 제도예요. 유럽 연합이 국가별로 원유 할당량을 배정하고 개별 국가는 다시 낙농업자에게 재배정하는 방식이죠. 뿐만 아니라 러시아의 유럽 연합 농산물 수입 금지와 중국의 우유 수요 감소도 유럽 우유 가격에 영향을 미쳤어요.

> 이렇게 계속 우유 가격이 폭락해서야 어떻게 젖소를 키울 수 있겠어?

> 수요가 있어야 제품이 팔릴 텐데, 러시아와 중국의 우유 수요가 감소하고 있으니 이거 큰일이네.

> 빵 만들 때 필요한 우유 가격이 하락하니, 빵을 팔았을 때 이윤이 더 많이 남겠어.

> 우유 가격이 떨어지고 있어서 우유 좋아하는 우리 아들에게 우유를 더 많이 사 줄 수 있겠어.

생산자 　　　　상인 　　　　제빵사 　　　　주부

가격에 따라 달라지는 상품의 거래량

호기심 뽁뿍 신미는 빵집에서 500원짜리 소시지 빵을 자주 사 먹어요. 그런데 어느 날 갑자기 소시지 빵의 가격이 1,000원으로 올랐어요. 여러분이라면 가격이 오른 소시지 빵을 살 건가요, 다른 빵을 살 건가요?

소시지 빵이 비싸졌네. 어떡하지?

●가격이 변화하면 수요량과 공급량도 변해요

수요란 일정한 가격을 지불하고 상품을 사려는 욕구를 뜻하고, 어떤 가격 수준에서 사람들이 사고자 하는 상품의 양을 **수요량**이라고 해요. 값이 싸지면 사람들이 그 물건을 더 많이 사려는 모습을 볼 수 있어요. 이처럼 일반적으로 상품의 가격이 올라가면 그 수요량은 줄어들고 상품의 가격이 내려가면 그 수요량은 늘어나요. 가격과 수요량은 반비례 관계에 있는 거예요. 이 관계를 **수요 법칙**이라고 하며 수요 법칙을 그래프로 나타낸 것을 **수요 곡선**이라고 해요.

공급이란 일정한 가격을 받고 상품을 팔려는 욕구를 뜻하고, 어떤 가격 수준에서 팔고자 하는 상품의 양을 **공급량**이라고 해요. 물건값이 비싸지면 생산자는 이를 더 많이 팔고 싶어해요. 그래서 제품을 더 많이 생산하죠. 하지만 물건값이 싸지면 공급량을 줄여 값이 오를 때를 기다려요. 이처럼 일반적으로 상품의 가격이 올라가면 그 공급량은 늘어나고, 상품의 가격이 내려가면 그 공급량은 줄어들어요. 가격과 공급량 사이의 비례 관계를 **공급 법칙**이라고 하며 공급 법칙을 그래프로 나타낸 것을 **공급 곡선**이라고 해요.

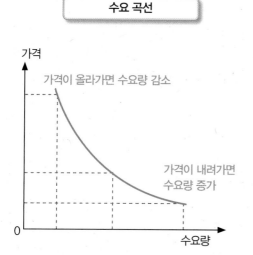

수요 곡선

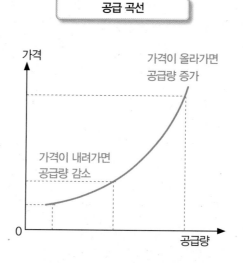

공급 곡선

② 물건의 가격은 어떻게 결정될까요?

호기심 톡톡 재형이는 어머니와 함께 대형 마트에 갔어요. 카트에 담긴 물건을 보던 재형이는 상품의 가격이 어떻게 결정되는지 궁금해졌어요. 상품의 가격은 어떻게 정해지는 것일까요?

이 많은 물건의 가격이 전부 다르네. 가격은 어떻게 정해지는 것일까?

● 시장 가격은 계속 변화하며 균형을 찾아가요

어떤 상품의 수요량과 공급량이 일치하면 시장이 균형을 이뤄요. 균형을 이룬 상태에서의 시장 가격을 **균형 가격**이라고 하고, 균형 가격에서 거래되는 상품의 양을 **균형 거래량**이라고 해요. 균형 가격보다 상품의 가격이 낮을 경우 공급량보다 수요량이 많아 초과 수요가 발생해요. 초과 수요 상태가 지속되면 상품의 가격이 상승하죠. 반면, 균형 가격보다 상품의 가격이 높을 경우에는 수요량보다 공급량이 많아 초과 공급이 발생해요. 초과 공급 상태가 지속되면 상품의 가격이 하락하고요. 이처럼 수요량과 공급량이 일치할 때까지 가격은 계속 변동하고 마침내 시장 균형 상태를 이루죠.

◎ 시장 균형 가격의 결정

여기서 잠깐! | 사과 한 상자의 균형 가격을 찾아라!

혜미네 부모님은 사과 과수원을 운영하셔요. 학교에서 시장 균형 가격에 대해 배운 혜미는 사과 한 상자의 균형 가격이 얼마인지 궁금해졌어요. 혜미는 그동안 과수원에서 거래했던 내용을 보고 사과 한 상자의 가격에 따라 사과의 수요량과 공급량이 어떻게 다른지 표와 그래프를 함께 살펴볼까요?

혜미는 부모님이 판매하시는 사과 한 상자의 가격이 2만 원일 경우, 수요량과 공급량이 일치해 초과 수요나 초과 공급이 발생하지 않는다는 것을 알았어요. 즉 2만 원이 사과 한 상자의 균형 가격인 거예요.

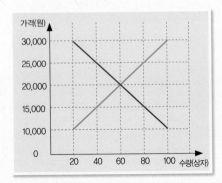

가격(원)	수요량(상자)	공급량(상자)
10,000	100	20
15,000	80	40
20,000	60	60
25,000	40	80
30,000	20	100

공급량과 수요량의 변화에 따라 초과 공급 또는 초과 수요가 발생해요. 가격도 계속 변동하고요. 이런 과정을 통해 균형 가격이 형성된답니다. 우리 주변에서 실제 일어난 초과 공급과 초과 수요 현상을 함께 살펴봐요.

쌀의 초과 공급

쌀은 올해도 과잉 생산을 피해가지 못했어요. 벼 재배 면적이 줄었음에도 불구하고, 날씨가 더웠고 태풍이 비껴가면서 풍년을 맞았기 때문이에요. 풍년이 들면 농민이 기뻐한다는 말은 옛말이에요. 풍년으로 인해 쌀은 시장에 초과 공급되고 쌀값은 떨어져요. 정부는 농민들에게 보조금을 지불해야 하므로 정부의 부담도 덩달아 커져요. 우리나라에서는 여러 해 초과 공급이 반복되고 있어요.

쌀 생산량은 꾸준한 데 비해 소비량은 줄어들어 창고에 쌓이는 쌀이 많아졌어요.

◎ 태풍 피해가 크지 않고 날씨도 더워 풍년을 맞은 벼농사

커피의 초과 수요

밀레니얼 세대(19~34세)는 미국 소비 문화의 중심축이에요. 이들 때문에 요즘 미국의 커피 수요가 최대에 이르렀다고 해요. 게다가 커피 원두 최대 생산지이자 수출국인 브라질이 가뭄을 겪고 있어 커피 가격은 빠르게 올라갈 것으로 보여요.

밀레니얼 세대가 미국 전체 커피 수요에서 차지하는 비중은 44%예요. 18~24세 청년층 중에서 매일 커피를 마시는 사람은 현재 약 48%까지 늘었고요. 밀레니얼 세대의 커피 중독은 점점 더 이른 나이에 나타나고 있어요. 24세 이하 연령층에서는 처음 커피를 마시는 나이가 평균 14.7세로, 25~39세 연령층의 17.1세보다 낮아졌어요.

세계 최대 커피 생산지인 브라질의 가뭄이 지속되면서 커피 공급량도 줄었어요. 특히 인스턴트 커피뿐 아니라 카페에서도 주로 쓰이는 로부스타 원두 생산이 급감했어요. 로부스타 원두를 찾기 어려워지자 스타벅스를 비롯한 커피 체인에서 대신 아라비카 원두를 사들이면서 아라비카 원두의 가격도 급등했어요.

국제 커피 기구(ICO)에 따르면 현재 세계 커피 수요는 공급량을 초과했다고 해요.

◎ 미국의 커피 소비자들

> 커피 원두의 가격이 계속 오르면 소비자뿐만 아니라 커피를 판매하는 가게를 운영하는 사람도 힘들어질 텐데, 커피의 초과 수요 문제는 어떻게 해결할 수 있을까?

3 시장 가격의 변동과 기능

아자! 오늘도 열심히!

 1. 수요와 공급이 변하는 이유 2. 경제의 신호등, 시장 가격

커져라~! 생각 풍선 미세 먼지 농도가 브로콜리 가격에 영향을 준다고요?

텔레비전에서 브로콜리의 영양과 건강 정보에 대한 프로그램이 방송됐어요. 사람들은 브로콜리에 관심을 갖기 시작했죠. 관심은 브로콜리의 수요량 증가로 이어졌어요. 이 상황에서 브로콜리 가격은 어떻게 변하는지 함께 살펴봐요.

오늘 오후부터 전국적으로 미세 먼지 농도가 높아질 것으로 보입니다. 이렇게 미세 먼지가 심한 날에는 미역과 녹차, 브로콜리를 섭취하는 게 좋습니다. 미역은 체내 독소를 배출하는 데 효과적입니다. 또한 녹차는 미세 먼지로 인한 체내 염증을 완화해 주고, 노폐물 정화에도 좋습니다. 브로콜리는 각종 영양소가 풍부해 신체의 면역력을 강화하는 데 도움을 줍니다.

가격별 브로콜리 공급량

가격(원)	500	1,000	1,500	2,000	2,500
공급량(개)	10	20	30	40	50

뉴스 보도 전후의 가격별 브로콜리 수요량

가격(원)	2,500	2,000	1,500	1,000	500
뉴스 보도 전 브로콜리 수요량(개)	10	20	30	40	50
뉴스 보도 후 브로콜리 수요량(개)	20	30	40	50	60

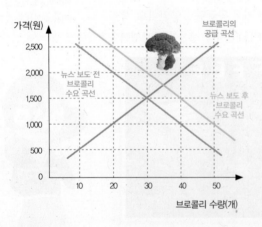

뉴스 보도 이후 브로콜리의 수요가 늘어나서 브로콜리의 균형 가격이 상승했구나!

1 수요와 공급이 변하는 이유

호기심 톡톡 현규는 빵집에서 500원짜리 소시지 빵을 자주 사 먹어요. 소시지 빵의 가격이 1,000원으로 오르자 현규는 소시지 빵 대신 500원짜리 크림빵을 사기로 했어요. 현규는 왜 크림빵을 사기로 결정한 걸까요?

> 오늘은 소시지 빵 대신 크림빵을 사야겠어!

● 연관 상품의 가격이나 소비자의 기호에 따라 수요가 변해요

가격 외의 요인으로 상품의 수요 자체가 변화하기도 해요. 첫 번째 수요 변동 요인은 **소득**이에요. 일반적으로 사람들의 소득이 늘어나면 수요가 늘어나고 소득이 줄어들면 수요가 줄어들어요. 경제적으로 풍족해지면 소비가 **활발해지**거든요. 두 번째 요인은 **연관 상품의 가격**이에요. 어떤 상품의 수요는 그 상품의 *대체재 가격과 함께 오르고 내려요. 반면 *보완재와는 반비례 관계예요. 보완재의 가격이 오르면 상품의 수요는 줄어들어요. 세 번째 요인은 **소비자의 기호**예요. 상품에 대한 기호가 높아지면 수요가 늘어나고 기호가 낮아지면 수요가 줄어들어요. 네 번째 요인은 **인구**예요. 인구가 많아지면 수요가 늘어나고 인구가 적어지면 수요가 줄어들어요. 마지막 요인은 **미래 가격에 대한 예상**이에요. 상품 가격이 상승할 것 같으면 그 상품을 지금 싸게 사려는 사람들이 늘어 현재 수요는 늘어나고, 상품의 가격 하락이 예상되면 현재 수요는 줄어들어요.

*대체재 어떤 재화와 용도가 비슷해서 그 상품 대신 사용할 수 있는 재화이다.

*보완재 단독으로 소비할 때보다 어떤 상품과 함께 소비할 때 만족도가 높은 재화이다.

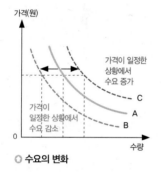

◎ 수요의 변화

여기서 잠깐! | 상추는 돼지고기의 보완재, 홍차는 녹차의 대체재!

함께 사용하면 만족감이 더 커지는 상품을 보완재라고 하고, 어떤 상품 대신 사용할 수 있는 상품을 대체재라고 해요. 우리 일상에서 보완재와 대체재는 무엇이 있을까요? 함께 알아봐요.

> 칫솔 가는 데 치약 따라간다~!

> 우리는 보완재. 함께 먹으면 더 맛있어요!

> 녹차 없으면 홍차 주세요!

> 원료는 다르지만 쓰임은 비슷해.

보완재

◎ 칫솔과 치약

◎ 돼지고기와 상추

대체재

◎ 녹차와 홍차

◎ 버터와 마가린

●생산 기술의 수준이나 공급자의 수에 따라 공급이 변해요

가격 외의 요인으로 상품의 공급 자체가 변화하기도 해요. 첫 번째 공급 변동 요인은 상품을 만드는 데 필요한 **생산 요소의 가격**이에요. 생산 요소의 가격이 오르면 생산 비용이 오르기 때문에 공급이 줄어들고, 생산 요소의 가격이 내려가면 생산 비용이 줄어들어 공급이 늘어나죠. 두 번째 요인은 **생산 기술의 발전**이에요. 기술이 발전하면 같은 생산 비용으로 더 많은 상품을 생산할 수 있어 공급이 늘어나요. 세 번째 요인은 **공급자의 수**예요. 어떤 상품을 생산하는 공급자가 많아지면 공급이 늘어나고 공급자가 줄어들면 공급도 줄어들어요. 마지막 요인은 **미래 가격에 대한 예상**이에요. 어떤 상품의 가격이 오를 것으로 예상하면 공급자는 가격이 오를 때까지 그 상품의 공급을 줄이고, 반대로 상품의 가격이 내려갈 것으로 예상되면 그 전에 상품을 많이 팔기 위해 현재 공급을 늘린답니다.

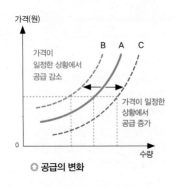

가격(원)

가격이 일정한 상황에서 공급 감소

B A C

가격이 일정한 상황에서 공급 증가

0

수량

◎ 공급의 변화

🔍 이야기 속 사회 | 한우 공급량, 왜 달라질까요?

상품의 가격은 일정한데 공급량이 달라지는 이유는 무엇일까요? 한우 농가에 대한 이야기를 통해 상품의 공급량이 변화하는 다양한 이유에 대해 생각해 봐요.

이야기 1 전국 한우 농가에 사료를 공급하는 한 사료 업체가 사료 가격을 인하하기로 결정했어요. 이 사료 업체는 최근에 구제역이 재발하고 내수 경기가 침체되는 등 어려운 양축 농가를 돕고자 사료 가격을 인하한다고 밝혔어요. 이번 인하로 사료 가격은 기존 가격 대비 kg당 14원 낮아져요. 한우 한 마리당 하루 먹는 평균 사료량은 약 8kg 정도예요. 이 사료를 이용한 전체 농가의 절감비 합은 1년에 약 300억 원이 될 것으로 보여요.

사료 가격이 떨어졌다니 생산비가 감소해 한우 공급이 증가하겠군.

이야기 2 통계청이 발표한 '2016년 1분기 가축 동향 조사 결과'를 보면 올해 1분기 한우 사육 가구 수는 지난해 같은 기간보다 9.8% 감소했어요. 2012년 이후 한우 사육 가구는 지속적으로 줄어들고 있어요. 이에 따라 올해 1분기 기준 사육되는 한우의 수도 전년 동기 대비 3.3% 감소했죠. 한우 사육 가구와 사육 마릿수가 줄어들면서 그만큼 공급도 줄어들 전망이에요. 현지 한우 거래 가격은 지난해 같은 기간 대비 28.8% 올랐어요.

한우를 사육할 수 있는 토지 면적의 변화나 한우 송아지 가격 변화, 정부의 정책 변화 등도 한우 공급의 변화 요인이래.

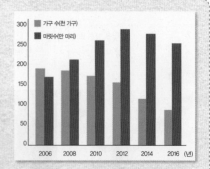

◎ 연도별 한우 사육 가구 수와 사육 마릿수(통계청, 2016)

② 경제의 신호등, 시장 가격

호기심 톡톡 종우는 리튬의 가격이 오른다는 뉴스를 봤어요. 리튬은 스마트폰 배터리의 주요 원료예요. 리튬 가격이 오르면 스마트폰의 가격은 어떻게 될까요?

> 스마트폰을 만드는 데 쓰이는 리튬 가격이 오르면 스마트폰 가격은 어떻게 되지?

● 수요와 공급의 변화는 시장 가격에 어떤 영향을 미칠까요?

수요가 늘어나거나 줄어들면 시장의 균형 가격과 균형 거래량도 변화해요. 어떤 상품의 공급이 일정한 상황에서 수요가 늘어나면 수요 곡선이 오른쪽으로 이동하죠. 이때 균형 가격은 올라가고 균형 거래량은 늘어나요. 반대로 수요가 줄어들면 수요 곡선은 왼쪽으로 이동해요. 이때 균형 가격은 내려가고 균형 거래량도 줄어들어요. 공급이 늘어나거나 줄어들 경우에도 시장의 균형 가격과 균형 거래량이 변화해요. 어떤 상품의 수요가 일정한 상황에서 공급이 늘어나면 공급 곡선이 오른쪽으로 이동해요. 이때 상품의 균형 가격은 내려가고 균형 거래량은 늘어나요. 반대로 공급이 줄어들면 공급 곡선은 왼쪽으로 이동해요. 이때 상품의 균형 가격은 올라가고 균형 거래량은 줄어든답니다.

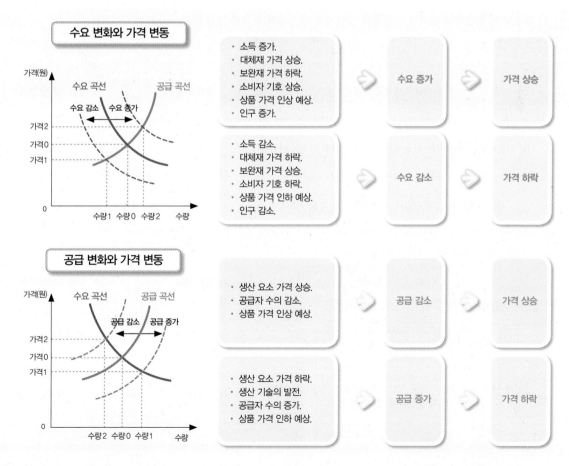

수요 변화와 가격 변동

- 소득 증가.
- 대체재 가격 상승.
- 보완재 가격 하락.
- 소비자 기호 상승.
- 상품 가격 인상 예상.
- 인구 증가.

→ 수요 증가 → 가격 상승

- 소득 감소.
- 대체재 가격 하락.
- 보완재 가격 상승.
- 소비자 기호 하락.
- 상품 가격 인하 예상.
- 인구 감소.

→ 수요 감소 → 가격 하락

공급 변화와 가격 변동

- 생산 요소 가격 상승.
- 공급자 수의 감소.
- 상품 가격 인상 예상.

→ 공급 감소 → 가격 상승

- 생산 요소 가격 하락.
- 생산 기술의 발전.
- 공급자 수의 증가.
- 상품 가격 인하 예상.

→ 공급 증가 → 가격 하락

한 나라의 사건이 세계 여러 나라 시장에 영향을 미치기도 해요. 한정된 자원인 석유 역시 마찬가지예요. 석유 생산국인 나이지리아에서 사건이 일어나면 석유를 많이 소비하는 나라의 석유 가격은 어떻게 변할까요? 이 밖에 석유의 수요 변동 요인과 공급 변동 요인에 대해 더 알아봐요.

○ 미국 뉴욕의 출근 시간 풍경

이야기 1 세계 최대 석유 소비국 미국의 실업률이 내려가면서 석유 수요의 증가를 부추기고 있어요. 출퇴근을 위한 차량 운행이 증가하면서 연료 소비가 늘고 있기 때문이에요.

신흥 시장의 석유 수요 역시 늘고 있어요. 석유 수요 증가세가 가장 두드러진 곳은 인도예요. 자동차, 스쿠터, 오토바이 등 차량이 2억 대에 이르죠. 지난해부터 도로 확충, 정유 시설 확대, 제조업 활성화를 추진하고 있어 석유 수요 증가폭은 더 확대될 것으로 보여요.

이야기 2 2016년, 나이지리아 유전 지대에 위치한 미국 원유 생산 업체의 석유 시설이 무장 단체로부터 폭탄 공격을 받았어요. 그동안 나이지리아 남부 지역의 무장 단체들은 나이지리아 정부와 다국적 석유 기업에 원유 생산의 이익을 배분하라고 요구하며 석유 시설을 공격해 왔어요. 무장 단체의 공격을 받은 원유 생산 업체는 아프리카 최대 원유 생산국인 나이지리아에서 세 번째로 큰 원유 수출 기업이에요. 이 기업은 피해로 인해 감소한 원유량에 대해서는 언급하지 않았지만 계속해서 원유를 공급할 것이라고 밝혔어요.

석유 수요 변동 요인	수요 변화	균형 가격 변화	균형 거래량 변화
석유 자동차를 대체할 만한 성능 좋은 전기 자동차의 가격이 하락했다.	감소	하락	감소
경기 호황기로 인해 기업의 각종 제품 생산이 증가했다.	증가	상승	증가

석유 공급 변동 요인	공급 변화	균형 가격 변화	균형 거래량 변화
주요 원유 생산국에서 내전이 발생하여 반군이 석유 시설을 점거하고 생산을 중단했다.	감소	상승	감소
심해 지역 원유 채굴 기술을 개발하여 기존에는 채굴하지 못했던 심해 지역 원유를 개발하게 됐다.	증가	하락	증가

●가격을 보고 생산자는 생산을, 소비자는 소비를 결정해요

시장에서 가격은 크게 두 가지 기능을 수행해요. 첫째, 가격은 **시장 경제의 신호등** 역할을 해요. 상품의 가격 상승은 생산자에게 수입 증가를 알리는 신호이자 소비자에게 지출 증가를 알리는 신호죠. 그래서 가격이 오르면 생산자는 생산을 늘리고 소비자는 소비를 줄여요. 반대로 가격이 내려가면 생산자는 생산을 줄이고 소비자는 소비를 늘려요. 둘째, 가격은 **자원이 효율적으로 배분**되도록 해요. 상품에 대한 만족도는 사람에 따라 달라요. 자신이 기대하는 만족도에 비해 상품의 가격이 비싸다고 생각하는 사람은 그 상품을 구입하지 않지만 동일한 가격이라도 기대하는 만족도가 큰 사람은 상품을 구입해요. 이처럼 가격을 통해 한정된 자원을 가장 필요로 하는 사람에게 배분할 수 있어요. 시장 가격이 이러한 기능을 지니고 있기 때문에 어떤 상품을 얼마나 생산해 어떻게 분배할지 정부가 일일이 규제하지 않아도 시장에서 원활한 거래가 이뤄진답니다.

 이미지로 이해해요 | 고추와 텔레비전 가격으로 알아보는 생산과 소비

시장 가격은 시장 경제의 신호등 역할로서 실제 생활에서 어떻게 드러날까요? 또한 시장 가격은 자원을 효율적으로 배분하는 기능을 하는데, 실제 사례를 통해 알아봐요.

마무리해 볼까요

한눈에 정리하기

● 이 장에서 다룬 이야기들을 떠올리며 보기에서 알맞은 단어를 골라 빈칸에 써 넣어 볼까요?

> **보기** 상승, 생산물, 시장, 화폐, 수요 법칙, 증가, 초과 수요, 초과 공급, 배분, 잉여 생산물, 감소, 공급 법칙

중단원	소단원	개념 정리
1. 시장의 의미와 종류	사람들이 물건을 사고파는 곳	• (㉠　　　): 상품을 사려는 사람과 상품을 팔려는 사람이 만나 거래를 하는 공간. • 시장의 발달 과정: 자급자족 → (㉡　　　　　)의 발생 → 물물 교환 → 시장의 탄생 → (㉢　　　)의 등장 → 효율적 거래 가능 → 시장의 확산 • 시장에서는 고품질 상품을 저렴하게 거래하고 거래에 필요한 시간과 비용을 절약하며 다양한 상품을 소비할 수 있음.
	우리 주변에 있는 다양한 시장	• 시장은 거래되는 상품의 종류에 따라 (㉣　　　) 시장과 생산 요소 시장으로 분류. • 시장은 거래하는 모습이 구체적으로 보이는지에 따라 눈에 보이는 시장과 눈에 보이지 않는 시장으로 분류.
2. 수요와 공급의 법칙	가격에 따라 달라지는 상품의 거래량	• (㉤　　　　　　): 가격이 상승하면 수요량이 (㉥　　　　)하고 가격이 하락하면 수요량이 (㉦　　　)함. • (㉧　　　　　　): 가격이 상승하면 공급량이 증가하고 가격이 하락하면 공급량이 감소함.
	물건의 가격은 어떻게 결정될까요?	• 어떤 상품의 수요량과 공급량이 일치하면 시장 균형이 이뤄지고 이때의 가격을 균형 가격, 거래량을 균형 거래량이라고 함. • 수요량이 공급량보다 많으면 (㉨　　　　)가 발생하고 가격이 상승함. • 공급량이 수요량보다 많으면 (㉩　　　　)이 발생하고 가격이 하락함.
3. 시장 가격의 변동과 기능	수요와 공급이 변하는 이유	• 수요의 변동 요인: 소득, 연관 상품의 가격, 소비자의 기호, 인구수, 미래 가격에 대한 예상 등. • 공급의 변동 요인: 생산 요소의 가격, 생산 기술의 발전, 공급자의 수, 미래 가격에 대한 예상 등.
	경제의 신호등, 시장 가격	• 수요 증가 → 수요 곡선 오른쪽으로 이동 → 균형 가격 (㉪　　　) / 균형 거래량 증가 • 수요 감소 → 수요 곡선 왼쪽으로 이동 → 균형 가격 하락 / 균형 거래량 감소 • 공급 증가 → 공급 곡선 오른쪽으로 이동 → 균형 가격 하락 / 균형 거래량 증가 • 공급 감소 → 공급 곡선 왼쪽으로 이동 → 균형 가격 상승 / 균형 거래량 감소 • 시장 가격은 시장 경제의 신호등 역할을 하는 동시에 자원이 효율적으로 (㉫　　　)될 수 있도록 함.

해답 ㉠ 시장 ㉡ 잉여 생산물 ㉢ 화폐 ㉣ 생산물 ㉤ 수요 법칙 ㉥ 감소 ㉦ 증가 ㉧ 공급 법칙 ㉨ 초과 수요 ㉩ 초과 공급 ㉪ 상승 ㉫ 배분

다음은 원미동 23통 동네를 배경으로 하는 소설가 양귀자의 연작 소설 『원미동 사람들』 중 「일용할 양식」의 줄거리예요. 『원미동 사람들』은 사람 냄새 나는 소소한 이야기들로 구성되는데, 그중 「일용할 양식」에는 작은 마을에서 생필품을 파는 작은 가게가 여러 개 문을 열면서 서로 경쟁하는 이야기가 담겨 있죠. 이 이야기에서 시장의 구성 요소, 그리고 수요와 공급에 따라 가격이 형성되는 과정 등을 엿볼 수 있어요.

> 싱싱 청과물과 맞서려면 형제 슈퍼와 김포 슈퍼가 협력하는 수밖에 없어.

❍ 경기도 부천시 원미구청 앞에 있는 '김반장' 동상

〈줄거리〉

　원미동 23통 동네에서 쌀과 연탄을 팔던 '김포 쌀 상회'가 '김포 슈퍼'로 이름을 바꾸고 각종 채소와 과일, 생활필수품을 팔기 시작했다. 깔끔하고 신선한 물건을 파는 김포 슈퍼로 사람들이 몰리자 '형제 슈퍼'의 김 반장은 쌀과 연탄을 가게에 들여놓았다. 이후 두 가게 사이의 경쟁이 일어났다. 무조건 상대방보다 싼 가격에 물건을 팔고 같은 가격에 더 많은 양을 주었다. 김포 슈퍼에서 물건을 사서 나오는 순간 형제 슈퍼에서 같은 물건을 더 싸게 판다는 이야기가 들릴 만큼 경쟁은 치열했다. 본전을 건지기 어려울 정도의 경쟁이 계속되면서 김포 슈퍼와 형제 슈퍼는 둘 다 지쳐가고 있었다.

　이때 동네에 '싱싱 청과물'이라는 새로운 가게가 들어섰다. 싱싱 청과물은 과일뿐만 아니라 다른 물건도 취급했다. 며칠 후 김포 슈퍼와 형제 슈퍼는 휴전 협정을 맺었다. 두 가게의 물건값과 저울 눈금이 똑같아졌다. 대신 싱싱 청과물보다 저렴하게 팔았다. 두 가게의 협동 공격에 싱싱 청과물은 결국 가게 문을 닫았고 원미동 23통 동네에는 다시 김포 슈퍼와 형제 슈퍼만 남았다.

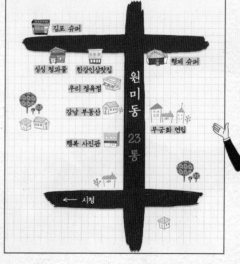

> 세 가게가 한 골목에 있었으니 상품의 공급량이 많았겠군. 가격은 자연스럽게 내려갔을 테지만 작은 동네이기 때문에 소비량은 일정할 거란 말이지. 소비량이 많아져야 가격이 다시 오를 텐데, 그렇지를 않으니 가게 주인 입장에서는 절대 남는 장사가 아니었을 거야.

11

우리나라 안팎에서 일어나는 다양한 경제 활동

국민 경제와 국제 거래

무엇을 배울까요?

한 나라 안에서는 생산과 소비를 중심으로 하는 경제 활동이 끊임없이 일어나요. 이러한 경제 활동은 나라와 나라 사이에서 이뤄지기도 해요. 이때 한 나라의 경제 상황을 어떻게 알 수 있을까요? 또한 무엇을 기준으로 국가 간의 경제력을 비교할 수 있을까요?

주요 경제 지표 중 하나인 국내 총생산과 국민 경제의 주요 요소인 물가와 실업에 대해 살펴봐요. 경제 활동의 수준이 나라마다 다른 상황에서 국가 간의 거래는 어떻게 이뤄지는지도 함께 알아봐요.

1 국내 총생산의 이해

 1. 한 나라의 경제생활 수준을 확인하는 방법

커져라~! 생각 풍선 받는 나라에서 주는 나라로 변신한 우리나라

　　우리나라는 다른 나라로부터 원조를 받던 나라에서 원조를 하는 나라로 발전했어요. 6·25 전쟁으로 모든 시설이 파괴되고 세계 여러 나라로부터 원조를 받아 어렵게 생활했지만 이후 경제가 빠르게 성장했어요. 경공업부터 첨단 산업까지 기적적으로 발전했죠. 만약 전쟁 직후 우리나라에 변화가 없었다면 우리는 지금 의식주를 해결하기조차 어려운 생활을 하고 있을 거예요. 경제 발전이 있었기에 우리는 지금 물질적으로 풍요로운 생활을 누리고 있어요. 뿐만 아니라 양질의 행정, 치안, 의료, 교육 등의 서비스를 제공받을 수 있게 돼 전반적으로 삶의 질이 향상됐어요.

◎ 6·25 전쟁 당시 남편과 아들을 군대에 보내는 여인들의 모습

◎ 6·25 전쟁 당시 폐허에서 땔감을 구하는 사람들의 모습

◎ 6·25 전쟁이 끝난 직후 미국의 원조 식량을 실은 배가 항구에 들어온 모습

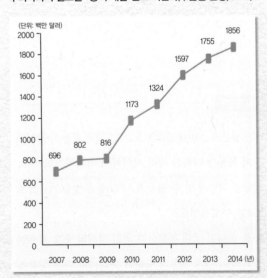

우리나라의 연도별 *공적 개발 원조 지원액(수출입 은행, 2015)

(단위: 백만 달러)

연도	금액
2007	696
2008	802
2009	816
2010	1173
2011	1324
2012	1597
2013	1755
2014	1856

　　6·25 전쟁 이후 대한민국이 다시 일어설 수 있도록 한 것은 국제 사회의 지원이었어요. 1953년부터 1960년 사이 미국의 원조는 총 17억 달러에 이르렀고, 이는 당시 대한민국 정부 예산의 40%를 웃돌 정도였어요. 척박했던 대한민국은 민주주의와 선진화된 시장 경제를 모두 이뤘고 오늘날에는 선진국과 개발 도상국의 다리 역할을 하고 있어요. 이는 세계에서 유례를 찾기 힘든 성공 사례로 평가된답니다. 대한민국은 도움을 받던 나라에서 도움을 주는 나라로 변화했어요. 이를 가장 상징적으로 보여 주는 사건은 2009년, 경제 협력 개발 기구(OECD)의 원조 선진국 모임인 개발 원조 위원회에 가입한 거예요. 대한민국은 1961년 OECD 출범 이래 '원조 수혜국'에서 '원조 공여국'으로 지위가 바뀐 첫 번째 국가가 됐답니다.

*공적 개발 원조(ODA): 선진국이 개발 도상국의 개발을 위해 지원하는 공적 자금이다.

한 나라의 경제생활 수준을 확인하는 방법

호기심 톡톡 우리나라는 1970년대 이후 고도의 경제 성장을 이뤘어요. 우리나라가 그동안 얼마나 성장했는지는 어떻게 알 수 있을까요? 오늘날 우리나라의 경제력을 다른 나라와 비교하려면 무엇을 기준으로 해야 할까요?

우리나라 경제가 성장하면서 도시에 높은 빌딩을 많이 지었어.

● 국내 총생산을 알면 한 나라의 경제 상황이 보여요

국민 경제란 한 나라의 경제를 의미해요. 국민 경제의 경제 주체는 정부, 기업, 가계예요. 경제 주체의 활동은 때에 따라 활발해지기도 하고 침체되기도 하죠. 국민 경제의 변화를 통계 수치로 나타내어 한 나라의 경제 상황과 생활 수준을 보여 주는 것을 **경제 지표**라고 해요. 대표적인 국민 경제 지표인 *국내 총생산 **(GDP, Gross Domestic Product)**은 일정 기간 동안 한 나라 안에서 생산된 최종 재화와 서비스의 시장 가치를 모두 합한 거예요. 생산자의 국적과는 관계없이 그 나라의 영토 내에서 만들어진 최종 생산물 중 해당 기간에 새롭게 만들어진 것은 모두 국내 총생산에 포함돼요. 하지만 국외에서 생산된 것이나 최종 생산물이 아닌 *중간재, 시장에서 거래되지 않은 것은 제외돼요.

국내 총생산을 그 나라의 인구수로 나눈 것이 **1인당 국내 총생산**이에요. 1인당 국민 총생산은 인구수에 따라 달라져요. 따라서 국내 총생산만으로 그 나라 국민의 평균 소득 수준을 파악하기에는 한계가 있어요.

*국내 총생산(GDP) 한 나라 안에서 경제 주체들이 일정 기간 동안 생산한 상품이 가지는 시장 가치의 총합을 말한다.

*중간재 어떤 생산물을 만드는 과정에서 사용되는 원료나 부품이다.

우리나라의 올해 국내 총생산인 것과 아닌 것

이 구두는 이탈리아 명품 구두 회사의 제품인데 공장이 한국에 있어!

얼마 전 작년에 만들어진 컴퓨터를 샀는데 금방 고장이 나서 오늘 수리를 해 왔어.

저 축구 선수는 한국인인데 유럽의 구단에서 어마어마한 연봉을 받고 있대!

이 파스타의 소스는 내가 텃밭에서 직접 기른 토마토로 만들었어! 면은 가게에서 사 온 거란다.

▷ 컴퓨터, 연봉, 토마토는 우리나라의 올해 국내 총생산에 포함할 수 없다.
• 컴퓨터: 작년에 생산된 것이기 때문에 올해 국내 총생산에 포함할 수 없다.
• 연봉: 외국에서 활동하며 얻은 소득이므로 우리나라의 국내 총생산에 포함할 수 없다.
• 토마토: 시장에서 거래된 것이 아니므로 국내 총생산에 포함할 수 없다.

같은 나라여도 국내 총생산과 1인당 국내 총생산은 다를 수 있어요. 국내 총생산만으로는 국민 개개인의 경제 수준을 알 수 없고, 국내 총생산이 높다고 모든 국민의 삶의 질이나 행복 지수가 높은 것은 아니죠. 인간의 행복 지수에 영향을 미치는 요소(깨끗한 환경, 양질의 교육, 의료 서비스 제공, 낮은 빈부 격차 등)는 국내 총생산에 반영되지 않아요. 이를 보완하기 위해 국민 총행복 정책을 펼치는 나라가 있어요.

국가별 국내 총생산 순위(IMF, 2016)

순위	국가명	국내 총생산(달러)
1	미국	18조 5,619억
2	중국	11조 3,916억
3	일본	4조 7,303억
4	독일	3조 4,949억
5	영국	2조 6,499억
11	대한민국	1조 4,044억
162	부탄	21억

국가별 1인당 국내 총생산 순위(IMF, 2016)

순위	국가명	1인당 국내 총생산(달러)
1	룩셈부르크	10만 5,829
2	스위스	7만 9,578
3	노르웨이	7만 1,497
4	마카오	6만 7,013
5	아일랜드	6만 5,871
29	대한민국	2만 7,633
128	부탄	2,635

히말라야 산악 지대에 있는 나라 부탄의 국왕은 1972년 왕위에 오르면서 *국민 총행복(GNH)'을 국정 운영의 기본 방향으로 삼았어요. 경제 지표인 국내 총생산(GDP)이나 *국민 총생산(GNP)으로는 행복을 측정할 수 없다는 것을 세계 여러 나라가 자각하면서 부탄의 '행복'이 주목받기 시작했죠.

부탄은 빈곤과 문맹을 퇴치하기 위해 정책을 펼치는 동시에 산림이 전체 국토의 60% 이하로 줄지 않도록 해 지속 가능한 환경을 추구해요. 또한 모든 국민에게 교육과 의료 서비스를 무상으로 제공해 보편적 복지 제도를 시행하고 있어요.

*국민 총행복(GNH, Gross National Happiness): 부탄 국왕 지그메 싱기에 왕추크가 1974년 도입한 지표로, 국민의 행복 정도를 나타낸다.
*국민 총생산(GNP, Gross National Product): 일정 기간 동안 한 나라의 국민이 국내외에서 새롭게 생산한 상품의 가치를 모두 합한 것이다. 국내 총생산이 영토를 기준으로 하는 경제 지표라면 국민 총생산은 국민을 기준으로 하는 경제 지표이다.

◐ 국민의 행복을 최우선으로 하는 부탄

행복은 소득순이 아니잖아요.

◐ 부탄의 어린이들

모든 이미지
아이스크림

●국내 총생산의 증가가 좋은 결과만 가져오는 것은 아니에요

국내 총생산의 증가는 일반적으로 한 나라의 경제 규모가 커지고 경제가 성장했음을 의미해요. 경제가 성장하면 국민의 소득이 늘어나죠. 그만큼 국민은 더 많은 재화나 서비스를 소비할 수 있어 물질적으로 풍요로운 생활을 누려요. 국가는 국민에게 양질의 교육과 의료 서비스를 제공할 수 있고 국민은 다양한 여가 생활을 즐길 수 있어 전반적인 복지와 문화 수준이 높아져요. 결과적으로 경제 성장은 국민의 **삶의 질**을 향상시키죠.

하지만 경제 성장이 언제나 삶의 질 향상으로 이어지는 것은 아니에요. 경제 성장으로 모든 사람이 혜택을 누릴 수 있는 것도 아니고요. 많은 재화를 생산하고 소비하는 과정에서 환경이 오염되거나 자원이 고갈될 수 있어요. 빈부 격차의 폭이 커지면서 사회 계층 간에 갈등이 빚어지기도 하죠. 지나치게 경제적 성장만을 중시해 경쟁이 심화된 사회 구조가 형성될 경우 삶의 질은 오히려 낮아질 수 있어요.

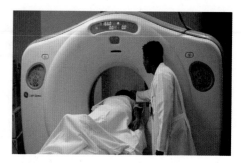

◎ **양질의 의료 서비스** 경제가 성장하면 국민의 복지 수준이 높아져요.

◎ **서울의 교통 체증** 경제 성장이 반드시 삶의 질 향상으로 연결되는 것은 아니랍니다.

📋 이미지로 이해해요 | 경제가 성장하면 문화 산업도 발달해요

아래 두 그래프를 보면, 우리나라 국내 총생산의 변화 추이와 우리나라 영화 산업 매출 규모 변화 추이가 유사해요. 국내 총생산이 증가해 경제가 성장하면 국민들은 보다 다양한 여가와 문화 생활을 즐길 수 있다는 사실을 뒷받침하죠. 하지만 경제 성장의 혜택이 모든 국민에게 동등하게 부여되지는 않는다는 문제점이 있어요. 빈부 격차의 폭이 커져 사회 계층 간에 갈등이 생겨나고, 산업이 발달하며 환경이 오염되거나 자원이 고갈될 수도 있어요. 경제적 성장만을 중시한다면 경쟁이 심화된 사회 구조가 조성돼 국민의 삶의 질이 오히려 떨어지기도 해요.

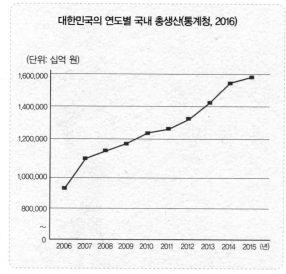

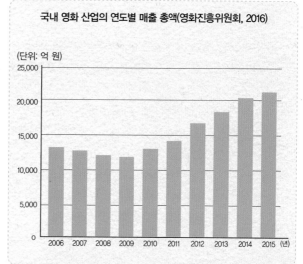

2 물가와 실업

1. 물가가 오르면 국민 생활은 어려워져요 2. 일자리가 없으면 국민 경제가 힘들어져요

커져라~! 생각 풍선 1920년대 독일의 물가 문제와 2010년대 대한민국의 실업 문제

요즘 우리나라에서는 물가와 실업을 반영한 신조어가 유행하고 있어요. 1920년대 경제가 불안했던 독일 사회에서는 사람들이 돈을 다루는 방식에 있어서 독특한 점을 발견할 수 있어요. 행동과 언어는 그 시대를 반영해요. 우리나라의 경제 상황을 나타내는 신조어와 독일의 불안했던 경제 상황을 보여 준 사람들의 행동을 함께 살펴봐요.

생각 이야기 1 1920년대 독일의 인플레이션

'인플레이션'이란 화폐의 가치가 떨어지고 물가가 계속 상승하는 현상을 말해요. 독일은 제1차 세계 대전에서 패배한 뒤 경제 안정과 전쟁 배상을 위해 화폐를 대량으로 발행했어요. 이로 인해 인플레이션이 일어나 1년 사이에 독일의 물가는 1,600만 배 이상 올랐어요. 우표 한 장이 90억 *마르크, 노동자의 한 달 월급이 480조 마르크에 이를 정도였죠. 사람들은 식당에서 식사를 하는 도중에 가격이 오를까 봐 음식을 주문하면서 식사비를 지불하기도 했어요. 극심한 인플레이션으로 화폐는 교환의 수단이 될 수 없었고 독일 국민들의 생활은 매우 불안정했어요.

*마르크: 독일의 화폐 단위.

나무보다 지폐가 더 저렴하니 어쩔 수 없지.

❖ 땔감 대신 지폐를 사용하던 1920년대의 독일

생각 이야기 2 21세기 우리나라에 등장한 신조어

- 공시폐인: 오랜 기간 공무원 시험을 준비하느라 지친 사람.
- 삼일절: 서른한 살까지 취직을 하지 못하면 취업할 수 있는 길이 단절된다는 뜻.
- 열정 페이: 적은 임금을 받으며 노동력을 착취당하는 청년들의 현실을 빗댄 말.
- 이태백: '20대 태반이 백수'의 줄임말.
- 인구론: 기업이 이공계 지원자를 선호해 인문계의 90%가 일자리를 가지지 못한다는 뜻.
- 장미족: 장기간 미취업 상태인 사람들을 이르는 말.
- 청년 실신: 취직을 못하니 대출을 갚을 수 없어 실업자이자 채무 불이행자(신용 불량자)가 된 청년들을 이르는 말.

이런 신조어들이 유행할 정도라니, 우리나라의 실업 문제가 정말 심각하구나!

물가가 오르면 국민 생활은 어려워져요

 호기심 톡톡 예린이는 1,000원을 가지고 아이스크림을 사러 가게에 갔어요. 하지만 아이스크림의 가격이 1,000원에서 1,500원으로 올라서 아이스크림을 살 수 없었어요. 아이스크림이 비싸진 이유는 무엇일까요? 아이스크림의 가격이 계속 오르면 어떻게 될까요?

아이스크림이 터무니없이 비싸지면 사람들이 과연 사 먹을까?

● 물가가 오르면 저축은 줄고 부동산 투기는 늘어요

물가는 시장에서 거래되는 상품의 가격을 종합한 평균값이에요. 우리는 물가를 분석해 시장 가격의 전반적인 흐름을 파악할 수 있죠. 또한 물가를 수치화한 물가 지수를 이용해 물가의 변동을 한눈에 알 수 있어요. 시장에서 상품의 수요량이 공급량보다 많거나 상품의 생산 비용이 증가하면 물가가 상승해요. 특히 시장의 전반적인 물가가 지속적으로 오르는 현상을 **인플레이션**이라고 해요.

물가가 오르면 상품을 구입하는 데 더 많은 돈이 필요해요. 이때 임금 근로자처럼 소득이 고정된 사람은 수입보다 지출 비율이 늘어나죠. 반면 땅이나 건물, 금 등의 *실물 자산을 가진 사람은 그 가치가 올라가 이득을 얻어요. 따라서 물가가 오르면 화폐 보유자와 실물 자산 소유자 사이의 소득 격차가 커져요. 또한 저축은 줄어들고 부동산 투기와 같은 불건전한 경제 행위가 활발해지기도 하죠. 자금이 원활히 순환하지 않아 기업은 투자 자금을 마련하기 어려워지고요. 물가 상승은 국제 거래에도 큰 영향을 미쳐요. 물가가 오르면 비싼 자국 상품에 비해 저렴한 외국 상품에 대한 수요가 늘어나 수출은 줄어들고 수입은 늘어나요.

*실물 자산 토지, 건물, 기계 설비 등 실물로 형체가 있는 자산이다.

이야기 속 사회 | 배추 가격이 올라 이득을 본 사람과 손해를 본 사람

비가 오지 않아 배추씨를 못 심으면 그 해의 배추 생산량은 줄어들어요. 김장철에 배추의 수요가 증가하면 사려는 사람은 많은데 공급량은 감소해 수요와 공급의 법칙에 따라 배추 가격은 상승해요. 이때 이득을 얻는 사람은 배추를 수입하는 무역업자예요. 국내 배추 가격이 오르면 소비자들은 상대적으로 싼 수입 배추를 사려고 할 테니까요. 손해를 보는 사람은 김치를 무척 좋아하는 일반 소비자, 배추김치를 담그려는 주부, 김치를 수출하는 무역업자, 김치 공장 운영자 등이에요. 이전과 같은 값으로 살 수 있는 배추가 더 적어지고, 같은 양을 만들기 위해서는 이전보다 배추 가격을 더 지불해야 하기 때문이죠.

비가 오지 않아서 올해 배추 생산량이 크게 줄었어요.

배춧값이 폭등할 텐데 큰일이네요.

● 물가를 안정시키려면 정부, 기업, 소비자 모두 노력해야 해요

물가가 급격하게 상승하면 경제가 불안정해지고 국가의 경제 성장이 어려워져요. 물가 상승을 방지하고 시장 경제를 안정적으로 유지하기 위해서는 정부와 기업, 근로자, 소비자 모두의 노력이 필요하죠.

정부는 인플레이션을 막기 위해 재정 지출을 줄이고 세금을 많이 거둬 생산과 소비를 통제할 수 있어요. 또한 생활필수품의 가격 상승을 막고 공공요금 인상을 제한하는 등의 정책을 시행해요. *중앙은행에서는 이자율을 높여 저축을 유도할 수 있어요. 저축이 늘어나면 시중에 유통되는 화폐의 양이 적어져서 물가 안정에 도움이 돼요. 기업은 경영 혁신과 기술 개발을 통해 생산성을 향상시켜야 해요. 생산성이 높아지면 생산 비용이 줄어들어 상품의 가격을 낮출 수 있기 때문이에요. 근로자도 생산성을 높이기 위해 노력해요. 소비자는 합리적으로 소비하고 저축을 하는 것이 바람직해요. 소비자의 올바른 소비는 기업의 투자와 생산을 확대시키는 데 기여해 경제 성장을 돕는답니다.

*중앙은행 한 나라의 금융과 통화 정책을 주도하는 은행이다.

여기서 잠깐! | 석유 가격이 오르면 물가도 오른다고요?

석유는 석유 그 자체로 소비되기도 하지만 다른 제품을 생산하기 위해 필요한 원재료 이기도 해요. 석유는 합성 고무, 합성 섬유, 비닐, 플라스틱, 건축 자재의 원료로 사용되죠. 뿐만 아니라 의약품이나 화장품, 비료 등을 만드는 데도 필요해요. 이처럼 우리가 일상생활에서 소비하는 물건 중에는 석유를 원료로 생산되는 제품이 무척 많아요. 석유 가격이 상승하면 석유를 원재료로 사용하는 제품의 가격도 함께 올라요. 석유 가격과 물가가 밀접하게 관련이 있는 거예요.

이런 이유로 석유 가격이 상승하면 서민 경제가 큰 타격을 입을 수 있어요. 그렇다면 석유 가격이 오를 때 각 경제 주체들은 어떻게 대응해야 할까요?

석유 가격이 오르면 다른 상품의 가격은 어떻게 될까?

정부	석유 절약 캠페인 시행, 대체 에너지 자원 개발 지원, 석유 원료 생활 필수품의 가격 인상 제한 정책 시행 등
기업	생산 비용이 오르더라도 상품 가격 인상 자제, 생산 기술 발전에 투자 등
근로자	생산성 향상을 위해 노력, 과도한 임금 인상 요구 자제 등
소비자	석유를 사용하는 재화와 서비스의 소비 자제(대중 교통 이용하기, 차량 5부제, 절전 등)

2 일자리가 없으면 국민 경제가 힘들어져요

호기심 톡톡 우리 사회의 심각한 문제 중 하나는 바로 '취업난'이에요. 일을 하고 싶어도 일자리를 구할 수 없는 사람들이 많아지고 있죠. 왜 이런 일이 일어나는 것일까요? '취업난'을 해결하려면 어떻게 해야 할까요?

일을 하고 싶지만 일자리를 구할 수 없어요.

● 실업률이 국민 경제에 미치는 영향을 알아봐요

실업이란 일을 하려는 의사와 일을 할 수 있는 능력이 있지만 일자리를 구하지 못한 상태를 뜻해요. 학생이나 전업주부, 일할 능력이 없는 노약자 등은 실업자에 포함되지 않아요. *실업률은 주요 국민 경제 지표 중의 하나예요.

*실업률 경제 활동 인구 중에서 실업자가 차지하는 비율을 뜻한다.

실업은 우리 생활에 여러 가지 문제를 가져와요. 개인적 측면에서 일자리가 없으면 소득이 줄어 생계유지가 어려워져요. 특히 한 가정의 경제적인 면을 책임지는 사람이 실업 상태에 놓이면 가계 전체의 생활이 불안정해지죠. 실직으로 인해 사회적 참여가 불가능해진 개인은 자아를 실현할 수 없어 심리적 불안을 겪기도 해요.

사회적 측면에서 실업이 증가하면 인적 자원이 낭비되고 생산이 줄어들어요. 소득이 감소한 가계가 소비를 줄이면서 기업의 생산과 투자가 위축되고요. 이로 인해 실업이 더욱 증가하는 악순환이 반복되면 국민 경제가 위태로워질 수 있어요. 실업은 가족 해체, 빈부 격차 심화, 생계형 범죄 증가와 같은 사회 문제를 일으키기도 해요.

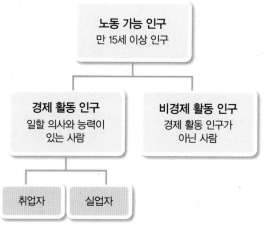

◎ 노동 가능 인구의 분류

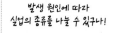

발생 원인에 따라 실업의 종류를 나눌 수 있구나!

실업의 종류

경기적 실업	경기 침체로 인해 기업이 고용을 줄여 발생하는 실업
구조적 실업	경제 구조가 바뀌면서 이전 기술이 더 이상 필요하지 않아 발생하는 실업
계절적 실업	계절이 변하면서 발생하는 실업
마찰적 실업	직장을 옮기는 과정에서 일시적으로 발생하는 실업

◉ 취업 정보를 제공하는 고용 지원 센터

◉ 노사 갈등으로 인한 파업

●고용을 안정시키려면 바람직한 노동 환경과 노사 관계가 필요해요

실업을 줄이고 고용을 안정시키기 위해 정부는 다양한 정책을 시행할 수 있어요. 경기 침체로 일자리가 줄어들면 정부는 *공공사업을 추진해 부족한 일자리를 보충해요. 새로운 기술을 익힐 수 있는 교육 프로그램을 지원하고 고용 지원 센터나 취업 박람회를 통해 취업에 대한 정보를 제공하는 것도 정부의 역할이에요. 더불어 실업 기간에도 일정 수준의 소득을 얻을 수 있도록 고용 보험 제도를 운영해 실업으로 인한 가계의 어려움을 줄여요. 기업은 창의적인 경영 혁신과 새로운 시장 개척을 통해 일자리를 창출하고, 근로자는 사회 변화에 적절히 대응할 수 있도록 꾸준히 자기 계발을 하는 것이 중요하죠.

바람직한 노사 관계를 확립하기 위한 노력도 필요해요. 노동을 제공하는 근로자와 근로자를 고용하는 기업의 이해관계는 다를 수 있어요. 이로 인한 노사 갈등이 심화되면 기업의 생산이 위축되고 근로자의 고용이 불안정해져요. 기업과 근로자는 서로를 믿고 협력해야 해요.

*공공사업 도로 · 항만을 건설하는 등 국가 또는 지방 자치 단체가 공익을 목적으로 벌이는 사업이다.

> 미국에 '인공 지능' 변호사가 등장했대! 머지않아 법정에서 로봇이 사람을 변호하는 일이 실제로 일어날 수도 있겠어.

> 그럼 인공 지능 때문에 실업자가 늘어날 수도 있겠네? 인공 지능 기술의 발전은 좋은 일인 줄로만 알았는데, 실업률을 높일 수도 있다니!

아래 그래프를 보면, 우리나라 물가 상승률은 2011년 이후 지속적으로 하락하고 있어요. 또한 우리나라 실업률은 2010년 이후 하락하다가 2014년부터 급격하게 증가하고 있음을 알 수 있어요. 소비자 물가 상승률이 계속해서 낮아진다는 것은 공급량에 비해 수요량이 적을 때 나타나는 현상으로 우리나라의 경제가 침체 상태임을 나타내요. 경제 침체가 계속되면 기업의 생산 활동이 위축되죠. 이는 실업이 더욱 증가하는 악순환으로 이어질 수 있어요. 물가와 고용 안정을 위해 각 경제 주체는 무엇을 해야 하는지 함께 알아봐요.

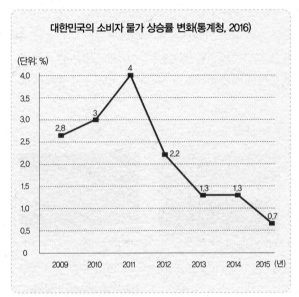

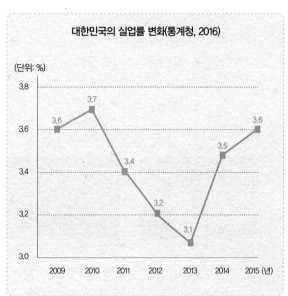

	정부	기업	가계
물가 안정을 위한 노력	경제 상황을 고려한 재정·금융 정책 실시.	물가에 너무 민감하게 반응하지 않기, 창의적인 경영 혁신.	합리적 소비, 물가에 맞는 임금 인상 요구.
고용 안정을 위한 노력	고용 지원 확대 등의 정책 시행, 공공 사업 추진, 실업 급여 제도 도입.	새로운 시장 개척, 신기술 개발 등으로 꾸준한 일자리 창출.	적극적인 자기 계발.

물가와 고용을 안정시키기 위해 우리는 어떤 노력을 할 수 있을까?

3 국제 거래와 환율

 1. 나라와 나라가 거래해요 2. 나라 사이의 거래 내용, 국제 수지 3. 미국 돈 1달러는 우리나라 돈으로 얼마?

커져라~! 생각 풍선 우리나라는 국제 거래에서 어떤 물건을 사고팔까요?

　우리나라에는 자원이 한정돼 있어 다른 나라에서 수입해야 하는 상품이 있어요. 반면 뛰어난 기술력으로 개발한 우리나라 상품을 다른 나라에 수출하기도 하죠. 이렇게 국제 거래를 이루기 위해서는 무역에 대한 세금인 관세를 내야 해요. 그런데 나라끼리 *자유 무역 협정(FTA)을 맺으면 관세를 내지 않거나 적은 관세를 내고 무역할 수 있어요. 우리나라가 주로 수입하거나 수출하는 상품은 무엇인지 알아보고, 자유 무역 협정의 장점과 단점은 무엇인지 생각해 봐요.

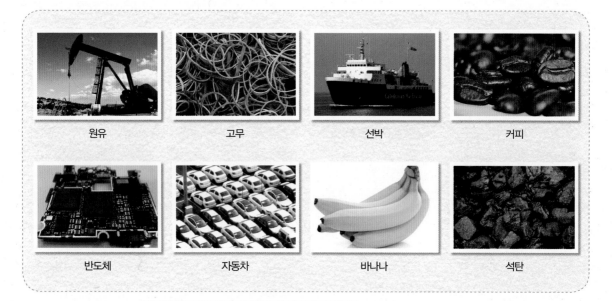

원유	고무	선박	커피
반도체	자동차	바나나	석탄

선박, 반도체, 자동차는 우리나라가 주로 수출하는 품목이야. 그리고 철강 제품, 가전제품 등은 원자재를 수입해서 우리의 기술로 조립, 가공한 다음 역수출하는 상품들이지.

원유, 고무, 커피, 바나나, 석탄 등 우리나라에서 나지 않는 원료나 식품은 수입에 의존해. 수입해 오는 나라와 자유 무역 협정을 맺어 적은 관세를 내고 수입해. 싼 값에 바나나와 커피를 살 수 있어. 커피와 바나나는 우리나라에서 재배할 수 없으니 저렴한 가격으로 수입하는 건 좋은 일이야. 그런데 만약 우리나라에서 많이 생산하는 상품을 싸게 수입한다면 우리나라 생산자들이 곤란하겠는걸?

*자유 무역 협정(FTA, Free Trade Agreement): 둘 이상의 나라가 서로 수출입 관세와 시장 점유율 제한 등의 무역 장벽을 없애고 자유롭게 무역을 하기로 약속하는 협정이다.

나라와 나라가 거래해요

호기심 톡톡 부산항은 세계에서 여섯 번째로 화물이 많이 들어오는 항구예요. 수많은 물건들이 부산항을 거쳐 우리나라에 들어오고 외국으로 나가죠. 그럼 다른 나라와의 거래는 어떻게 이뤄지는 것인지 자세히 알아볼까요?

우리나라 최대의 무역항인 부산항이야.

● 다른 나라와 거래할 때는 법률, 문화, 화폐 단위를 고려해요

국제 거래란 나라와 나라 사이에서 이뤄지는 거래예요. 최근 세계화가 활발히 진행되면서 국제 거래의 규모가 더욱 확대됐어요. 재화뿐만 아니라 자원과 기술, 서비스, 노동력 등의 생산 요소도 국경을 넘어 거래되고 있어요.

국제 거래에서는 상품의 이동이 국내 거래에 비해 자유롭지 못해요. 각 나라의 법률과 문화, 관습 등이 달라 거래에 제한이 있으며, 무역 과정에서는 *관세가 부과되고 *통관 절차를 거쳐야 해요. 국제 거래를 할 때 각 나라에서 사용하는 화폐가 다르기 때문에 자국의 화폐를 외국 화폐로 바꿔야 하고요. 또한 같은 상품이라도 나라에 따라 가격이 다른 점을 고려해야 하죠. 가격이 다른 이유는 나라마다 보유한 자원의 종류와 양, 기술 수준, 운송과 보관 비용이 다르기 때문이랍니다.

한편 인터넷을 비롯한 정보 통신 기술의 발달로 무역 형태가 변하고 있어요. *전자 무역과 온라인 수출이 활성화돼 시공간의 제약 없는 자유로운 국제 거래가 가능해졌답니다.

*관세 국외에서 수입하는 상품에 부과하는 세금이다.

*통관 절차 국경을 통과하는 화물에 대해 세관에서 실시하는 절차이다.

*전자 무역 인터넷 등의 통신망을 이용해 국가 간에 재화 또는 서비스를 거래하는 무역 형태이다.

나는 지금 미국 할리우드에서 만든 영화를 보러 왔어. 이 주스는 필리핀 산 망고로 만든 거야. 이탈리아산 가죽 신발을 신고, 중국 공장에서 생산한 원피스를 입었지. 스마트폰은 우리나라 브랜드야. 생산지와 브랜드 국적이 다 다르다니 신기하지 않니?

◎ 세계 무역 규모(네덜란드 경제정책분석국, 2016)

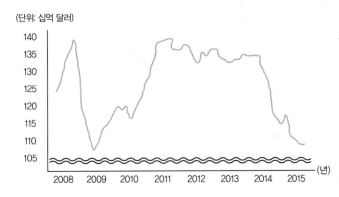

(단위: 십억 달러)

◎ 한국의 연도별 무역 의존도(통계청, 2015)

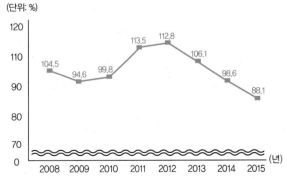

(단위: %)

●우리나라에서 생산하기 어려운 것을 수입해요

세계의 많은 나라들이 국제 거래를 하는 이유는 나라마다 상품을 생산할 수 있는 여건이 다르기 때문이에요. 국가별로 가지고 있는 자원의 종류와 양, 생산 요소의 질과 양에는 차이가 있어요. 그래서 각 나라는 자국이 생산하기에 유리한 것을 특화해 수출하고 생산 비용이 많이 들거나 생산할 수 없는 것을 수입한답니다.

한 나라가 어떤 상품을 다른 나라에 비해 저렴하게 생산할 수 있는 경우 그 상품에 대해 '절대 우위에 있다.'라고 해요. 한 나라가 어떤 상품을 다른 나라에 비해 낮은 기회비용으로 생산할 수 있는 경우에는 그 상품에 대한 '비교 우위에 있다.'라고 하고요.

오늘날의 국제 거래는 절대 우위보다 비교 우위의 영향을 많이 받아요. 우리나라는 반도체 생산 기술과 섬유 생산 기술이 모두 뛰어나죠. 하지만 반도체와 섬유를 모두 생산하는 대신 섬유를 수입하고 반도체를 집중적으로 생산하면 더 많은 이익을 얻을 수 있어요. 우리나라에서는 섬유 생산보다 반도체 생산이 비교 우위에 있기 때문이에요. 이처럼 세계 각 나라는 경쟁력이 있는 상품을 특화해 다른 나라와 교환하면 부족한 자원을 보완하고 이익을 극대화할 수 있답니다.

◎ 우리나라 반도체 기술로 만든 컴퓨터 메모리 칩

◎ 콜롬비아의 커피 농장

나는 커피 농장의 농부예요. 커피가 나지 않는 한국에 커피를 수출하죠.

◎ 우리나라 주요 수출 품목(한국 무역 협회, 2016)

순위	1960년대	1970년대	1980년대	1990년대	2000년대	2010년대
1	철광석	섬유	의류	의류	반도체	반도체
2	텅스텐	합판	철강판	반도체	컴퓨터	선박
3	명주실	가발	선박	신발	자동차	자동차
4	무연탄	철광석	섬유 직물	선박	석유 제품	무선 통신 기기
5	오징어	전자 제품	음향 기기	영상 기기	선박	석유 제품

●질서 있는 국제 거래를 위해 여러 나라가 협력해요

교통과 통신 수단이 발달해 세계 여러 나라가 경제, 정치, 사회, 문화 등 다양한 분야에서 활발하게 교류하는 지구촌 사회가 형성됐어요. 이러한 현상을 **세계화**라고 말해요. 세계화로 인해 세계 각국이 서로에게 미치는 영향력이 커지고 상호 의존도가 높아지면서 국가 간 협력이 중요해졌어요.

세계 무역 기구(WTO)는 국제 무역을 확대하고 국제 거래의 질서를 확립하기 위해 설립한 국제기구예요. 세계 무역 기구는 무역 분쟁이 발생했을 때 중재를 맡고 여러 국가 간의 무역 협상을 추진해요. 지리적으로 가깝거나 경제적 교류가 활발한 국가들은 **경제 협력체**를 형성하기도 하죠. 경제 협력체는 특정 지역의 경제 발전과 자유 무역 촉진을 목적으로 해요. 유럽 연합(EU), 아시아 태평양 경제 협력체(APEC), 동남아시아 국가 연합(ASEAN) 등이 있죠. 특정 개별 국가 간 무역 장벽을 완화하거나 없애는 **자유 무역 협정(FTA)** 역시 증가하고 있어요.

우리나라는 1967년 세계 무역 기구에 가입했어요. 이후 무역의 자유화와 무역 규범 개선을 위해 꾸준히 노력해 국제 거래의 성장을 주도하는 국가로 발돋움했답니다.

◎ 세계의 주요 경제 협력체

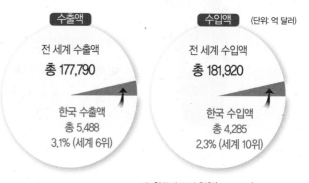

◎ 한국의 무역 현황(CIA, 2015)

◎ 세계 무역 기구(WTO)에서 2년마다 개최하는 회원국 대표 회의

◎ 아시아 태평양 경제 협력체(APEC) 정상 회의에 참석한 각국 대표

② 나라 사이의 거래 내용, 국제 수지

 호기심 톡톡 1997년, 우리나라는 외환 위기에 처해 경제적으로 힘든 시기를 보냈어요. 이 시기를 'IMF 시대'라고 부르기도 하죠. 다행히 전 국민이 힘을 모아 위기를 극복할 수 있었어요. 우리나라가 외환 위기에 처한 원인은 무엇이었을까요?

모든 국민이 자신의 금을 기부해 IMF를 극복했어.

● 다른 나라와의 거래 내역을 국제 수지로 나타내요

국제 수지란 국제 거래에서 한 나라가 일정 기간 동안 다른 나라와 거래한 내용을 계산한 거예요. 이때 다른 나라에서 벌어들인 돈이 많으면 국제 수지 흑자라고 하고, 다른 나라로 흘러나간 돈이 많으면 국제 수지 적자라고 해요. 국가는 국제 수지표를 작성해 외국과의 거래 내역을 기록해요.

국제 수지는 크게 **경상 수지**와 **자본·금융 계정**으로 구분돼요. 경상 수지는 상품을 거래한 내용과 대가 없이 주고받은 자금을 계산한 거예요. 자본·금융 계정은 국가 간 자본의 이동으로 발생하는 외화의 유출입을 나타낸답니다.

일반적으로 국제 수지의 흑자와 적자는 경상 수지를 기준으로 판단해요. 재화나 서비스의 수출이 수입보다 많으면 경상 수지 흑자가 발생해요. 경상 수지 흑자는 기업의 생산 증가와 고용 증가로 이어지고 그 결과 국민 소득도 높아지죠. 이때 지나치게 외화가 많이 유입되면 통화량이 늘어나 물가가 오를 수 있어요. 이때 무역 상대국은 적자를 보게 되므로 무역 마찰이 일어날 수도 있고요.

가정의 살림을 관리할 때 가계부를 쓰는 것처럼 국가도 국제 수지를 기록해서 경제를 관리해요. 국제 수지는 경상 수지와 자본·금융 계정으로 나뉘는데, 그 안에서도 더 세분화해 정리한답니다.

국제 수지의 주요 항목

국제 수지	경상 수지	상품 수지	외국과의 상품 거래(상품의 수출과 수입)
		서비스 수지	운송, 여행, 통신 서비스, 건설 서비스, 보험 서비스 등
		본원 소득 수지	임금, 이자, 배당 소득 등
		이전 소득 수지	재난을 당한 나라의 무상 원조, 해외 교포 송금 등
	자본·금융 계정	자본 수지	해외 이주비, 특허권 매매 등
		금융 계정	해외 직접 투자, 증권 투자, 준비 자산 등

수입이 수출보다 많으면 경상 수지 적자가 발생해요. 경상 수지 적자가 지속적으로 발생하면 기업의 생산이 위축돼 실업이 증가하고 국민 소득이 줄어들어요. 또한 외화가 부족해지면서 외국에 빚을 지게 되죠. 따라서 경상 수지 흑자를 유지하면서 국제 수지의 균형을 이루는 것이 국민 경제 안정에 도움돼요.

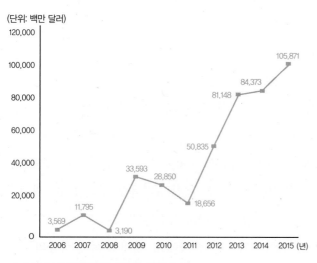

◈ 우리나라의 연도별 경상 수지(한국은행, 2016)

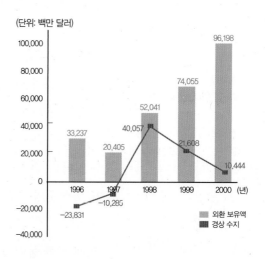

◈ 외환 위기 전후 우리나라의 경상 수지와 외환 보유액(통계청)

이미지로 이해해요 | 외화 유입과 지급의 사례를 알아봐요

국제 거래에서 외화를 벌어들인 것과 외화를 지급한 것은 어떤 경우인지 사례를 통해 알아봐요.

③ 미국 돈 1달러는 우리나라 돈으로 얼마?

호기심 톡톡 지구 상에서 화폐의 종류는 얼마나 다양할까요? 나라마다 고유한 화폐를 사용하는 만큼 화폐의 종류도 다양할 거예요. 그런데 다른 나라와 거래할 때 화폐의 가치가 서로 다르면 어떻게 해야 할까요?

나라마다 화폐의 종류와 가치가 달라요.

● 외화의 수요나 공급이 변하면 환율도 변해요

*외채 정부나 기업이 필요한 자금을 조달하기 위해 외국에 진 부채이다.

*차관 한 나라의 정부나 기업 등이 외국 정부나 기관으로부터 자금을 빌리는 행위 또는 그러한 자금을 뜻한다.

우리나라가 외국과 거래를 하려면 우리나라 화폐와 외국 화폐를 바꾸는 과정이 필요해요. 이때 서로 다른 두 나라 화폐의 교환 비율을 **환율**이라 해요. 예를 들어 달러 환율이 1,100원이면 우리나라 원화 1,100원을 미화 1달러와 교환할 수 있어요. 환율은 국내외 경제적·사회적 상황에 따라서 변해요. 상품의 가격이 그 상품의 수요와 공급에 의해 결정되는 것처럼 환율은 외화의 수요와 공급에 따라 결정되죠. 외국 상품의 수입, 우리나라 사람의 해외여행이나 해외 투자, *외채 상환 등이 증가하면 외화의 수요가 증가해요. 반대로 국내 상품의 수출, 외국인의 국내 여행이나 국내 투자, *차관 도입 등이 증가하면 외화의 공급이 증가해요. 외화의 수요가 증가하면 환율이 상승하고 외화의 공급이 증가하면 환율은 하락해요.

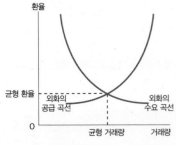

 환율의 결정

이야기 속 사회 | 환율이 변동할 때 어떤 기준이 적용될까요?

A국과 B국은 서로 무역을 하는 나라예요. 물건을 수출입하려면 서로 다른 나라의 화폐를 같은 가치로 맞춰야 하죠. 환율은 고정되지 않고 변동해요. 어떤 기준으로 환율이 결정되는지 이야기로 알아봐요.

> A국은 희토류를 비롯한 각종 지하자원이 풍부하며, 자연 경관이 뛰어나 관광업이 발달한 나라예요. B국은 희토류를 수입해 복합 동력 자동차를 생산하고 수출하는 나라죠. 최근 B국은 인기가 좋은 복합 동력 자동차를 지난해 생산량보다 30% 더 생산해 수출했어요. A국은 그만큼 더 많은 희토류를 B국에 수출했고요. 자동차 수출로 소득이 늘어나자 B국 국민 중 A국으로 여행을 가는 사람들이 많아졌어요. A국은 환경 보호를 위해 B국의 복합 동력 자동차 수입 비중을 더 늘렸어요.

	환율 상승	환율 하락
A국	자동차 수입	희토류 수출 관광객 유입
B국	희토류 수입 자국민의 A국으로의 관광 증가	자동차 수출

● 환율이 급격하게 변하면 국민 경제가 흔들려요

환율이 상승하면 우리나라 상품의 가격이 상대적으로 낮아져 수출이 증가해요. 수출이 증가하면 국민 경제는 활기를 띠죠. 그러나 외국 수입품의 국내 판매 가격이 올라 수입은 감소해요. 외국에서 수입해야 하는 원자재나 상품의 가격이 오르면서 국내 물가가 상승할 수 있고, 환율이 오른 만큼 외채 상환 부담이 늘어나기도 해요.

반면, 환율이 하락하면 수입품의 가격이 저렴해져 물가 안정의 효과를 얻을 수 있고 외채 상환의 부담은 줄어들어요. 하지만 수출이 감소해 국내 기업의 생산이 위축되고 실업이 증가하고 국민 소득이 감소할 수 있어요. 특히 우리나라는 수출 의존도가 높아 환율이 하락하면 경제 성장에 타격을 입고 국민 경제가 침체될 수 있어요.

환율이 급격하게 변동하면 국민 경제는 불안해져요. 따라서 국가의 경제 여건을 반영해 적정한 수준의 환율을 유지하는 것이 중요해요.

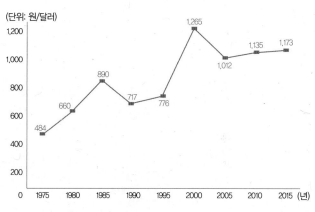

(단위: 원/달러)

❀ 우리나라 환율 변동 추이(통계청, 2016)

환율의 상승과 변동이 국민 경제에 미치는 영향

환율이 상승하면 상품을 수출하는 우리는 유리한 입장에 놓여. 만약 환율이 1달러에 우리나라 돈 1,000원이라면 열 개를 팔았을 때 10,000원을 벌어. 환율이 1,100원으로 오르면 11,000원을 버는 거지.

수입업자들은 수출업자들과 반대로 환율이 하락했을 때 유리해. 1달러에 우리 돈 1,000원이라면 열 개를 수입하면 10,000원을 내지만 900원으로 하락하면 9,000원에 수입할 수 있거든.

외국 학교 등록금은 일정하지만 환율이 하락하면 그만큼 우리나라 돈은 적게 드니 환율이 하락했을 때 나에게 유리하지.

한국 돈 환율이 오르면 한국 여행을 다녀와야지. 한국에서 필요한 돈이 10만 원이라고 했을 때 1달러 당 1000원일 때는 100달러를 준비해야 하지만 1달러당 1,100원일 땐 약 91달러 정도만 준비하면 되거든.

수출업자

수입업자

해외 유학생 자녀를 둔 부모

한국 여행을 계획 중인 외국인

마무리해 볼까요

한눈에 정리하기

● 이 장에서 다룬 이야기들을 떠올리며 보기에서 알맞은 단어를 골라 빈칸에 써 넣어 볼까요?

> 보기 노사 관계, 실업, 기업, 국내 총생산, 상승, 절대, 비교, 국제 수지, 통화량, 세계화, 물가

중단원	소단원	개념 정리
1. 국내 총생산의 이해	한 나라의 경제생활 수준을 확인하는 방법	• (㉠): 일정 기간 동안 한 나라 영토 안에서 생산된 최종 재화와 서비스를 시장 가격으로 계산한 총액. • 경제가 성장하면 국민 소득이 증가해 삶의 질이 높아지는 동시에 자원 고갈이나 환경 오염, 빈부 격차의 심화와 같은 부작용도 발생.
2. 물가와 실업	물가가 오르면 국민 생활은 어려워져요	• (㉡): 상품의 가격을 종합해 평균적으로 나타낸 값. • 물가는 상품에 대한 총수요보다 총공급이 적거나 상품의 생산 비용이 오를 때, 시중의 (㉢)이 많을 때 상승. • 물가 안정을 위해서는 정부와 (㉣), 근로자, 그리고 소비자가 함께 노력해야 함.
	일자리가 없으면 국민 경제가 힘들어져요	• (㉤)은 개인의 자아실현과 생계유지를 어렵게 하고 기업의 생산에 영향을 미쳐 결과적으로 국민 경제 전체를 위축시킴. • 기업과 근로자는 협동과 신뢰를 바탕으로 바람직한 (㉥)를 이뤄 고용 안정에 기여해야 함.
3. 국제 거래와 환율	나라와 나라가 거래해요	• 각 나라는 국제 거래로 생산 여건의 한계를 극복하고 경제적 이익을 추구할 수 있음. • 오늘날의 국제 거래는 (㉦) 우위보다 (㉧) 우위의 영향력이 더 큼. • (㉨)가 진행되면서 전 세계 국가 간의 거리가 가까워졌고, 국제 거래도 더욱 활발해짐.
	나라 사이의 거래 내용, 국제 수지	• (㉩): 한 나라가 일정 기간 동안 다른 나라와 거래해 발생한 모든 수입과 지출을 계산한 것. • 경상 수지 흑자가 발생하면 국내 기업의 생산이 증가하고 국민 소득이 늘어나는 반면, 경상 수지 적자가 발생하면 국내 기업의 생산이 감소하고 국민 소득이 줄어듦.
	미국 돈 1달러는 우리나라 돈으로 얼마?	• 환율: 나라 간 화폐의 교환 비율. • 환율이 (㉪)하면 수출이 증가하지만 수입 원자재나 상품의 가격이 인상됨. • 환율이 하락하면 수입이 증가하고 수출이 감소해 국내 경제가 침체될 수 있으나 외채 상환 부담이 줄어듦.

정답 ㉠ 국내 총생산 ㉡ 물가 ㉢ 통화량 ㉣ 기업 ㉤ 실업 ㉥ 노사 관계 ㉦ 절대 ㉧ 비교 ㉨ 세계화 ㉩ 국제 수지 ㉪ 상승

214 · 공부법 사회

시장 경제 체제에서 국가는 기본적으로 자유로운 시장 활동을 보장해 주는 것이 원칙이에요. 그러나 경제 상황이 매우 좋지 않을 때는 시장이 스스로 살아나기가 어려워요. 그럴 경우 국가가 경제 제도를 마련해 시장에 개입하는 것도 필요해요. 다음 글을 읽고 현재 우리나라 정부는 어떤 정책으로 시장에 개입하고 있는지 함께 살펴봐요.

시장 경제의 질서는 '보이지 않는 손'에 의해 저절로 세워진다!

18세기 영국의 경제학자 애덤 스미스는 국가가 개입하지 않아도 '보이지 않는 손'에 의해 시장 경제의 질서가 자연스럽게 서고 자원이 효율적으로 배분된다는 자유방임주의를 주장했어요. 하지만 1929년 *세계 대공황은 '보이지 않는 손'으로 해결되지 않았고, 세계의 자본주의 국가들은 극심한 경기 침체를 맞았어요. 부도로 문을 닫은 회사가 부지기수였으며 그로 인한 실업자도 어마어마했어요.

이에 경제학자인 존 메이너드 케인스는 정부의 시장 개입, 즉 '보이는 손'이 필요하다는 의견을 제기했어요. 정부의 적극적이고 석절한 경제 성책으로 불황을 극복할 수 있다는 것이었어요. 실제로 미국의 루스벨트 대통령은 케인스의 이론을 반영한 뉴딜 정책을 시행했고, 대공황으로 인해 침체된 경제는 점차 회복됐어요.

◐ 애덤 스미스(1723~1790)

경제를 살리기 위해서는 정부의 시장 개입이 필요하다!

*세계 대공황: 1929년 미국 뉴욕 주식 시장의 주가가 폭락하면서 세계 자본주의 국가들이 극심한 경기 불황을 겪게 된 사건이다.

◐ 존 메이너드 케인스(1883~1946)

우리나라 정부의 경제 정책	시행 목적과 내용
전기 요금 누진제	전기를 많이 사용할수록 전기 요금을 많이 내게 하는 제도로, 비생산 분야의 에너지 절약을 유도하기 위해 도입됐다. 우리나라는 1974년부터 전기 요금 누진제를 시행하고 있다. 전기를 사용하는 용도에 따라 여섯 가지로 구분하고 그중 주택용과 일반용 전기에 누진세를 부과한다.
공공 임대 주택제	정부가 시세보다 임대료를 저렴하게 책정해 주택을 임대하는 제도로, 서민의 주거 생활 복지를 목적으로 한다. 공공 건설 임대 주택은 국가나 지방 자치 자체의 재정으로 짓는 주택과 민간이 국민 주택 기금의 지원을 받아 짓는 주택, 공공 기관이 조성한 공공 택지에 짓는 주택으로 구분한다. 우리나라에서는 1972년부터 임대 주택을 건설하기 시작했고, 1993년 임대 주택법을 개정한 이후 임대 주택 건설과 보급을 확대하고 있다.
기초 노령 연금제	저소득층 노인의 생활 안정을 위해 국민연금 가입 여부와 관계없이 매달 정기적으로 연금을 지급하는 제도이다. 2008년부터 시행되기 시작했으며, 만 65세 이상의 노인 중 소득이 하위 60% 이내인 경우 매달 일정액의 연금을 받을 수 있다.

우리나라는 경제의 균형과 안정을 위해 다양한 정책을 시행하고 있구나!

12

지구촌의 질서를 위해 함께 힘써요

국제 사회와 국제 정치

무엇을 배울까요?

우리가 사는 국제 사회는 어떤 곳일까요? 국내 사회처럼 안정과 질서가 유지되는 곳일까요? 아니면 동물의 세계처럼 힘의 논리가 적용되는 정글과 같은 곳일까요? 국제 사회는 국가뿐 아니라 국제기구, 다국적 기업, 비정부 기구 등 다양한 행위 주체들이 서로 경쟁하고 갈등하는 동시에 서로 협력하고 공존하는 곳이에요.

국제 사회의 특성과 행위 주체를 알아보고, 국제 사회에서 각 주체가 경쟁하고 갈등을 겪고 협력하고 공존하는 모습이 나타난 구체적인 사례를 살펴봐요. 또한 국제 사회에서 우리나라는 어떠한 갈등을 겪는지, 그 갈등을 어떻게 해결해야 할지 생각해 봐요.

1 국제 사회의 특성과 행위 주체

1. 세계 여러 나라가 함께 어울려 살아요 2. 국제 사회를 움직이는 행위 주체들

커져라~! 생각 풍선 **세계 곳곳에 나타나는 갈등**

지구상에는 세계 여러 나라가 함께 공존하며 지구촌을 이뤄요. 지구촌 국가들은 모두 공평하게 잘사는 것은 아니에요. 빈곤과 병으로 고통받는 사람들도 있고, 국가 간 다툼이 일어나는 곳도 있어요. 각 나라들은 무엇 때문에 갈등을 겪고 있는지 함께 살펴봐요.

생각 이야기 1 A국의 중앙 정부와 경찰, 법원, 군대는 제대로 기능을 발휘하고 있어요. 하지만 B국의 정부는 내전으로 붕괴했고 경찰과 법원도 제 기능을 못하고 있어요. 또 B국의 군대는 서로 갈라져 전쟁을 벌이고 있어요.

◐ 잔디밭에서 여유롭게 시간을 보내는 사람들(왼쪽)과 전쟁으로 힘들어 하는 주민들(오른쪽)

돈에 눈이 먼 당신이 얄밉지만, 가뭄을 극복하려면 어쩔 수 없지.

잘 살고 싶은 건 다 같은 마음 아니겠소?

생각 이야기 2 사막 한가운데 있는 한 마을에는 아주 작은 규모의 농경지가 있어요. 마을 주민들은 땅을 더 차지하려고 서로 경쟁했어요. 사람들 사이에 갈등이 깊어져 싸움까지 일어났죠. 그러나 가뭄이 오래 지속돼 농경지가 사막화되자 주민들은 이제 농경지를 되살리기 위해 서로 협력하지 않을 수 없었어요.

생각 이야기 3 메콩강은 중국에서 시작해 동남아시아 여러 국가로 흘러요. 중국은 상류에 많은 댐을 지었어요. 최근 동남아시아에 가뭄이 들자 중국이 자국의 댐 수문을 열어 중·하류에 물을 공급했어요. 하지만 동남아시아의 국가들은 그동안 수자원을 통제해 온 중국에 대해 아직도 불만을 품고 있다고 해요.

진작 좀 열어 주지!

가뭄이 들었다고? 수문을 열어 줄게.

세계 여러 나라가 함께 어울려 살아요

호기심 톡톡 '만국에 대한 만국의 투쟁 상태'는 무슨 뜻일까요? 세계 여러 나라는 협력하지 않고 서로 싸우기만 하는 걸까요?

영국 철학자 홉스는 국제 사회의 질서를 위해 국가는 서로 계약 관계를 맺는다고 했어요.

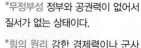
● 영국의 철학자 토마스 홉스 (1588~1679)

● 세계 여러 나라가 자국의 이익을 추구하며 서로 협력해요

국제 사회는 세계의 여러 나라가 정치, 경제, 문화 등 다양한 영역에서 서로 영향을 주고받는 사회를 말해요. 국제 사회에는 몇 가지 특성이 있어요.

첫째, 국제 사회의 기본 단위는 **주권 국가**예요. 각 주권 국가가 모여 국제 사회를 구성해요. 둘째, 국제 사회를 구성하는 국가들은 **자국의 이익**을 우선으로 추구해요. 국가 간 이해관계에 따라 갈등이 발생하기도 해요. 셋째, 중앙 정부가 안정과 질서를 유지하는 국내 사회와는 달리 국제 사회는 전체를 아우르는 중앙 정부가 없어요. 이러한 *무정부성으로 인해 국제 사회에서는 국가 간 갈등을 해결하기가 쉽지 않죠. 넷째, 국제 사회에서 각국은 평등한 주권을 갖는 것이 원칙이지만 실질적으로는 *힘의 원리에 따라 중요한 결정이 내려져요. 다섯째, 위와 같은 특성에도 불구하고 세계 여러 나라는 **협력을 추구**해요. 세계 각국은 합리성을 바탕으로 국제법, 국제기구, 국제 윤리를 발전시켜 국제 사회의 질서를 유지하고 평화를 이루고자 노력한답니다.

*무정부성 정부와 공권력이 없어서 질서가 없는 상태이다.

*힘의 원리 강한 경제력이나 군사력을 가진 강대국이 약소국에게 영향력을 행사하는 것을 의미한다.

● 국제 사회의 중요 안건을 논의하는 국제 연합(UN) 회의장

 여기서 잠깐! 국제 사회가 국내 사회나 동물 세계와 다른 점

각국이 모인 국제 사회와 각국 내부의 국내 사회의 특징은 무엇일까요? 또한 사람들이 모인 사회와 동물의 세계는 어떻게 다른지 특징을 비교해 봐요.

국제 사회의 특징	국내 사회의 특징	동물 세계의 특징
• 중앙 정부의 부재 • 국가 간의 분쟁이 발생하면 주로 힘의 논리로 해결	• 중앙 정부에 의해 안정과 질서 유지 • 구성원 간에 분쟁이 발생하면 정부 및 법원과 같은 국가 기관이 해결	• 약육강식 • 무리 혹은 개체 간에 문제와 갈등이 생기면 싸움으로 해결

❷ 국제 사회를 움직이는 행위 주체들

호기심 톡톡 국가 내에는 정부와 시민 단체, 기업, 이익 집단, 언론사 등 다양한 행위 주체들이
있어요. 그렇다면 국제 사회에는 어떤 행위 주체들이 있는지 알아볼까요?

내가 바로 내 삶의 행위 주체!
국제 사회에도 행위 주체가 있지.

● 국제 사회의 행위 주체는 국경을 뛰어넘어 활동해요

국제 사회의 가장 대표적인 행위 주체는 **국가**예요. 국제 사회에는 국가가 약
200여 개 정도 있어요. 국가는 영토, 주권, 국민으로 구성되고, 국민 국가나 주권
국가로 불려요. 최근에는 국가뿐만 아니라 국제기구, 다국적 기업, 비정부 기구
와 같은 행위 주체들의 영향력도 커지고 있어요.

국제기구는 두 개 이상의 국가가 참여해 만든 국제 협력체예요. 국제기구는 국
제 사회 행위 주체 사이의 평화와 협력을 위해 힘쓰죠. 대표적인 국제기구로는
국제 연합(UN)이 있어요. 국제 연합은 국제 사회의 평화 유지와 전쟁 방지, 국제
협력을 위해 세워졌는데, 190여 개 이상의 회원국으로 구성돼요.

◉ 두 개 이상의 국가들이 협력해 만
드는 국제기구

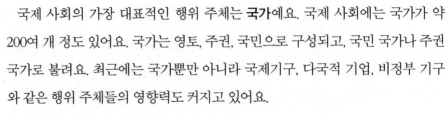

이야기 속 사회 | 비정부 기구, 테러 단체 등 국제 사회의 다양한 행위 주체

국제기구, 다국적 기업, 비정부 기구 그리고 테러 단체 등 국제 사회의 다양한 행위 주체에 대한 실제 모습은 어
떤지 사례를 함께 살펴봐요.

이야기 1 이슬람 극단주의 무장 단체인 '이슬람 국가
(IS)'에 의한 테러가 유럽에서 계속해서 일어나고 있어요.
제2차 세계 대전 이후 확립된 현재의 국제 질서에서 주요
행위 주체는 국가예요. 그러나 '이슬람 국가'는 무장 단체
로서 국제 질서에 개입해 그동안의 통념을 뒤집었어요.

이야기 2 비정부 기구는 인종, 종교, 국적,
성별과 관계없이 난민 문제, 개발 도상국의 어
린이 문제, 교육 문제, 의료 문제, 환경 문제 등
국가가 미처 신경 쓰지 못하는 부분을 해결하
려고 노력해요.

◉ 2015년 11월에 발생한 프랑스 파리 테러 추모 현장

◉ 비정부 기구의 도움을 받은 콩고 어린이들

다국적 기업은 두 개 이상의 국가에서 이윤 활동을 하는 기업이에요. 세계가 하나의 시장이 되면서 그 영향력이 더욱 커졌어요. 다국적 기업의 연 매출액이 중소 국가의 국민 총생산보다 큰 경우도 있어요. 특히 석유나 곡물, 의약품 영역의 다국적 기업은 국제 사회의 에너지·식량·건강 산업에 영향을 많이 미쳐요.

비정부 기구는 각국의 정부가 아닌 시민들의 자발적 참여로 이뤄진 국제단체예요. 비정부 기구는 환경, 인권, *구호, 반전, 반핵, 동물 보호 등 국가나 다국적 기업이 기여하기 어려운 영역에서 활동해요.

이외에도 국제 사회에는 국제 언론사, 국제 금융 집단, *테러 집단, 종교 집단, 개인 등 다양한 행위 주체가 존재해요. 이슬람 극단주의 무장 단체인 '이슬람 국가(IS)' 같은 테러 집단은 국제 사회의 불안정과 전쟁 가능성을 높이고 있어요.

*구호 빈곤, 재해, 재난, 내전, 전쟁 등으로 인해 어려움에 처한 사람을 도와주고 보호하는 일이다.

*테러 집단 목적을 이루기 위해 폭력으로 공포를 불러일으켜 상대방을 압박하는 집단이다.

◎ 국경을 넘어 세계 여러 나라의 환경과 인권 보호 등을 위해 활동하는 비정부 기구

◎ 미국에 본사가 있는 다국적 기업의 에스파냐 바르셀로나 매장

이야기3　정보 기술 분야의 다국적 기업 마이크로소프트는 빌 게이츠와 폴 앨런이 창업했어요. 본사는 미국 워싱턴 주 애드먼드 시에 있으며 2011년 기준 세계 여섯 개 지역 본부를 운영해요. 또한 107개 국가에서 약 9만 명의 직원이 근무하고 있어요.

◎ 마이크로소프트 창업자 빌 게이츠

이야기4　핵 안보 정상 회의에서 핵 개발을 이어가는 북한에 맞서 한반도 비핵화를 위한 국제 사회의 협력이 계속 필요하다는 안건이 계속해서 나오고 있어요. 핵 안보 정상 회의는 미국 버락 오바마 전 대통령이 2009년 4월 체코 프라하 연설에서 핵안보 강화 필요성을 강조하면서 발족된 회의예요.

◎ 핵 안보 정상 회의

2 국제 사회의 경쟁과 협력

 1. 국제 사회에서 경쟁과 갈등이 일어나는 이유 2. 국제 사회의 공존을 위해 노력해요

커져라~! 생각 풍선 협력으로 갈등을 해결하는 국제 사회

세계의 여러 나라들이 각자의 이익을 추구하다 보면 다른 나라와 갈등을 겪는 경우가 있어요. 심하면 전쟁이 일어나기도 해요. 국제 사회에서 각 나라가 질서를 유지하고 갈등을 겪지 않으려면 어떻게 해야 할까요? 사례를 통해 생각해 봐요.

시험에서 1등 하려면 남들보다 공부를 많이 해야 해. 경쟁 선포!

나도 그렇게 생각해. 하지만 모둠 활동 점수를 잘 받으려면 우리는 서로 도와야 해.

생각 이야기 1 성준이와 은혜는 같은 반 친구예요. 둘은 시험을 볼 때마다 1등 자리를 두고 겨루는 경쟁자이기도 하죠. 그런데 사회 수행평가 활동에서 성준이와 은혜가 같은 모둠이 됐어요. 항상 서로를 이기기 위해 치열하게 경쟁하던 성준이와 은혜이지만 이번만큼은 서로를 도와야 해요. 두 친구가 힘을 합쳐 노력해야 좋은 결과물을 만들어 높은 점수를 받을 수 있거든요.

생각 이야기 2 예루살렘은 유대교와 기독교, 이슬람교 세 종교 모두의 성지예요. 나라가 없는 유대인들은 예루살렘으로의 귀향을 꿈꿔 왔죠. 1947년, 국제 연합(UN)은 이스라엘 건국을 승인했고, 유대인들은 팔레스타인 땅의 56%를 넘겨받았어요. 그러자 아랍 국가들이 이에 반대하면서 수차례의 중동 전쟁이 일어났어요. 이 지역에서는 70년이 넘도록 유혈 충돌이 계속되고 있어요. 갈등을 해결하기 위해 미국, 유엔 등 국제 사회가 협력해 중재에 나서고 있답니다.

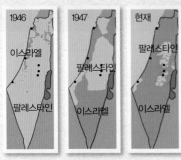

◎ 이스라엘과 팔레스타인의 영토 변화

생각 이야기 3 국제 연합 기후 변화 협약(UNFCCC) 당사국 총회는 2015년 12월에 파리 기후 협약을 채택했어요. 환경 보호와 지구 온난화 방지를 위해 195개 참가국은 2021년부터 온실가스 감축에 나서기로 했어요. 파리 기후 협약으로 화석 연료 사용을 줄이기 위한 국제 사회의 협력이 강화됐어요.

◎ 2015년 국제 연합 기후 변화 협약 총회에 모인 각국 대표들

① 국제 사회에서 경쟁과 갈등이 일어나는 이유

호기심 쏙쏙 지구 곳곳에는 지금 이 순간에도 서로에게 총을 겨누며 피 흘리는 사람들이 있어요. 국제 사회에서는 왜 이러한 경쟁과 갈등 상황이 발생하는 걸까요?

카슈미르는 인도와 파키스탄 중 어느 나라에 속하는지에 대한 문제로 분쟁을 겪고 있어요.

● 자국의 이익을 우선시하는 과정에서 갈등이 일어나요

국제 사회에서는 각 행위 주체들이 서로 다른 가치나 종교, 이해관계를 추구하는 가운데 경쟁과 갈등이 발생해요. 국제 사회에서 경쟁과 갈등이 일어나는 이유는 다음과 같아요.

첫째, 국제 사회에는 질서를 유지하는 중앙 정부가 없어요. 때문에 갈등을 미리 방지하거나 갈등이 일어났을 때 이를 중재하고 해결하기가 어려워요. 둘째, 국제 사회를 구성하는 세계 각국은 자국의 이익을 최우선으로 여겨요. 이 과정에서 국가 간 이익이 충돌하고 경쟁과 갈등이 나타나요. 셋째, 국제 사회에는 서로 다른 종교, 인종, 문화가 존재해요. 이러한 정체성의 차이로 경쟁과 갈등이 일어날 수 있어요. 종교 전쟁이나 인종 분쟁이 대표적이에요. 넷째, 국제 사회의 권력, 자본, 영토, 자원 등은 한정적이에요. 이러한 *희소성 때문에 국가나 다국적 기업 등 국제 사회의 행위 주체 사이에 경쟁과 갈등이 발생해요.

*희소성 사람의 욕망이나 기대에 비해 그것을 충족할 수단이 부족한 상태이다.

여기서 잠깐! | 국제 갈등, 어디에서 일어나고 있을까요?

다음은 국제 갈등과 분쟁의 대표적인 유형과 사례를 제시한 표예요. 표 안의 갈등 사례는 어느 지역에서 일어났는지 지도에서 확인해 봐요.

국제 갈등과 분쟁의 유형	사례
종교 분쟁	스리랑카의 불교 신자와 힌두교 신자간의 갈등
전쟁	아프가니스탄
내전	시리아 내전
영토 분쟁	카슈미르 지방을 둘러싼 인도와 파키스탄의 갈등
자원 분쟁	체첸의 독립 주장과 러시아의 반대로 인한 갈등
민족 분쟁	터키에서 쿠르드 족의 독립 운동

② 국제 사회의 공존을 위해 노력해요

호기심 쏙쏙 우리나라 119 구조대 중에는 '국제 구조대'라는 조직이 있어요. 재해를 입은 다른 나라에 파견돼 구조 활동을 하죠. 이처럼 국제 사회에서 행위 주체들이 서로 도움을 주고받는 이유는 무엇일까요?

우리나라 119 국제 구조대는 다른 나라가 어려움에 처하면 도움을 주러 가요.

● 상호 의존하는 국제 사회, 협력과 공존이 필요해요

국제 사회가 협력과 공존에 나서는 근본적인 이유는 다음과 같은 국제 사회의 흐름 때문이에요.

첫째, 국제 사회가 상호 의존 관계의 시대로 접어들었어요. 미국의 금융 위기가 세계 경제에 영향을 미치는 것도 각 나라가 상호 의존 관계에 있기 때문이에요. 상호 의존 관계에서 갈등이 깊어지거나 지속되는 것은 관련 행위 주체 모두에게 피해를 가져오므로 국제 협력과 공존이 필요하죠.

둘째, 인류 공동의 문제인 환경 문제가 심각해지고 있어요. 온난화, 해수면 상승, 이상 기후, 식수 부족 등은 인류의 생존을 위협해요. 지구는 인류 공동의 생활 터전이므로 국제 사회가 환경을 지키기 위해 협력해야 해요.

셋째, 인류의 보편 가치인 인권 보호에 대한 인식이 높아졌어요. 빈곤과 기아, 차별, 착취, 난민 문제뿐 아니라 *집단 학살과 같은 반인도적 범죄를 극복하기 위해 국제 사회가 함께 노력해야 해요.

*집단 학살 인종이나 종교적 차이를 이유로 어떤 특정 집단을 대량으로 가혹하게 죽이는 행위이다.

넷째, 전쟁과 핵무기 사용에 대한 불안이 지속되고 있어요. 국제 사회는 서로 협력하며 평화를 위해 노력하고 있어요.

여기서 잠깐! | 국제 사회가 협력해야 지구 종말 시계를 되돌릴 수 있어요

핵무기와 기후 변화 등 인류를 위협하는 위험 요인을 연구하는 미국 핵과학자회(BAS)는 1947년부터 매년 '지구 종말 시계'를 재설정해 왔어요. 재앙을 일으킬 수 있는 다양한 위협의 발생 가능성을 경고하려는 목적이죠. 2017년, 미국 핵과학자회는 우리가 종말에 바짝 다가섰다고 발표했어요. '지구 종말 시계'를 자정 2분 30초 전에 두기로 결정한 거예요. 자정은 지구 종말 시간을 가리켜요. 이는 1983년 이래 자정에 가장 가까운 설정이에요.

현재 지구를 가장 위협하는 요소는 지구 온난화와 핵 문제예요. 온실가스 배출량을 줄이고 핵무기를 억제하는 국제적 감시 기구가 적극적으로 활동할 수 있도록 국가 간의 합의와 협력이 필요해요.

지구 종말 시계가 자정 2분 30초 전을 가리키고 있어요.

○ 2016년의 지구 종말 시계

다음의 국제 사회 문제를 해결하기 위해 협력이 필요한 이유는 무엇인지, 어떻게 협력하는 것이 바람직한지 함께 알아봐요.

국제 난민 문제

- 협력이 필요한 이유: 기아, 내전 등으로 수천만 명의 난민이 발생하고 있어요.
- 협력 방법: 난민 문제를 한두 국가가 해결할 수는 없어요. 세계의 국가들은 난민 수용 정책을 내놓아야 해요.

미세 먼지

- 협력이 필요한 이유: 미세 먼지는 해당 국가만 영향을 받는 것이 아니라 바람을 타고 주변 국가까지 날아가요.
- 협력 방법: 미세 먼지의 영향을 받는 국가 대표들이 모여 미세 먼지 예방 및 감소를 위한 조약을 체결해야 해요.

핵무기 보유

- 협력이 필요한 이유: 핵무기를 사용하는 전쟁이 발생하면 지구 전체가 위험해요.
- 협력 방법: 핵무기 보유국들이 핵무기를 감축하고 추가 생산을 하지 않겠다는 국제 협약을 체결해야 해요.

기아 문제

- 협력이 필요한 이유: 아시아, 아프리카 등 여러 지역에서 식량 부족으로 굶주리고 있어요.
- 협력 방법: 선진국들이 해당 지역의 농업 생산을 늘릴 수 있는 방안에 대해 논의하는 협의체를 구성해야 해요.

전염병 등 보건 문제

- 협력이 필요한 이유: 신·변종 감염병은 주변 국가에도 전염될 수 있으며 막심한 피해를 불러와요.
- 협력 방법: 주변 국가와 감염병 연구를 위한 기구를 구성하고 발병 시 정확한 원인과 현황을 공유해야 해요.

인종 차별 문제

- 협력이 필요한 이유: 세계에는 다양한 인종이 살고 있어요. 국제 사회가 더불어 살기 위해 인종 차별을 없애야 해요.
- 협력 방법: 인권이라는 보편적 가치 실현을 위해 국제기구가 중심으로 교육 및 차별 방지를 위해 협력해야 해요.

● 세계 여러 나라는 협력과 공존을 위해 외교 활동을 해요

*외교 국가가 다른 국가와 교섭해 대외 관계를 맺는 것이다.

*원조 자금, 물품, 기술, 인력 등으로 다른 나라를 도와주는 행위이다.

*군비 축소 전쟁 무기를 줄이거나 폐기하는 것이다.

*유엔 평화 유지 활동 국제 연합 (UN)이 분쟁 당사국의 동의를 얻어 일정한 군대로 구성된 유엔 평화 유지군이나 감시단을 분쟁 지역에 파견해 사회 질서 유지와 갈등 해결을 돕는 것이다.

국제 사회는 협력과 공존을 실현하기 위해 다양한 *외교 활동을 해요.

첫째, 환경 문제 해결을 위해 여러 나라가 서로 긴밀한 외교 관계를 형성해요. 환경 문제에 관련된 대표적인 국제 협력으로는 지구 온난화 방지를 위해 체결된 교토 의정서와 파리 기후 협약이 있어요. 교토 의정서는 2020년 종료되는 협약이고, 파리 기후 협약은 그 이후 기후 변화에 대응하기 위한 국제 협력이에요. 교토 의정서에서는 선진국만이 온실가스 감축 대상이고 개발 도상국은 제외됐지만, 파리 기후 협약이 체결되면서 195개 참가국 모두가 감축 대상이 됐어요.

둘째, 세계 여러 나라는 외교 활동으로 인권을 보호하려고 해요. 인권 보호를 위해 국가나 국제기구가 다른 국가에 인도주의적 개입을 하기도 해요. 인도주의적 개입은 특정 국가 내에서 집단 학살과 같은 반인도적 범죄가 발생한 경우 그 나라 국민의 인권 보호를 위해 다른 국가나 국제기구가 개입하는 활동을 의미해요.

◎ 경제 협력 개발 기구(OECD)의 개발 원조 위원회 위원국 지도

셋째, 국제 사회는 개발 도상국의 발전을 위한 국제 협력을 추구해요. 특히 우리나라를 비롯한 선진국 모임인 경제 협력 개발 기구(OECD) 회원국들은 개발 도상국에 대한 *원조를 확대하기 위해 노력하고 있어요.

넷째, 전쟁 방지와 평화 유지를 위해 외교 활동을 해요. 1980년대부터 1990년대까지 미국과 소련은 *군비 축소 회담을 꾸준히 개최하면서 전쟁 무기를 줄이는 데 합의했어요. 또한 국제 연합(UN)은 국제 분쟁이 일어난 지역에 유엔 평화 유지군을 파견해 사회 질서를 안정시키고 갈등의 해결을 돕는 등 *유엔 평화 유지 활동을 펼치고 있어요.

◎ 1979년 제2차 전략 무기 제한 협정(SALT II)을 조인한 미국과 소련

◎ 2010년 지진이 일어난 아이티에서 활동하는 유엔 평화 유지군

국제 사회에는 경제적으로 풍요로운 나라가 있는 반면에 식량 부족으로 기아 문제를 겪는 나라도 있어요. 경제 성장을 위해 자연을 훼손하는 지역이 있는가 하면 자연을 보존하기 위해 산업 시설을 엄격하게 규제하는 지역도 있어요. 빈곤과 기아 문제가 개발 도상국에 집중된 문제라면 기후 변화 문제와 불평등 문제, 경제 성장 문제는 전 지구촌이 겪고 있는 문제예요. 지구촌 사람들이 모두 잘 살며 깨끗한 지구를 다음 세대에 물려주려면 각 나라는 함께 노력해야 해요. 이를 위해 국제 연합(UN) 회원국들은 지속 가능 개발 목표를 설정했어요. 지속 가능 개발 목표는 현 세대의 필요를 충족시키면서 미래 세대가 살아갈 환경을 해치지 않는 개발을 의미해요. 국제 연합 회원국들은 2030년까지 하루 1.25달러(약 1,400원) 미만으로 생활하는 전 세계 극빈층을 없애고, 빈곤 속에 사는 사람을 최소 절반으로 줄이기로 했어요. 지속 가능 개발 목표에 대해 구체적으로 알아봐요.

1	모든 국가에서 모든 형태의 빈곤 종식
2	기아의 종식, 식량 안보 확보, 영양 상태 개선 및 지속 가능 농업 증진
3	모든 사람의 건강한 삶을 보장
4	모든 사람에게 형평성 있는 양질의 교육 보장, 평생 교육 기회 증진
5	성 평등 달성 및 여성·여아의 역량 강화
6	식수와 위생 시설 접근성 증진, 지속 가능한 관리 시스템 확립
7	모든 사람에게 지속 가능한 에너지 보장
8	포괄적이고 지속 가능한 경제 성장, 완전 고용과 양질의 일자리 증진
9	건실한 인프라 구축, 포용적이고 지속 가능한 산업화 진흥 및 혁신
10	국가 내·국가 간 불평등 완화
11	포용적인·안전한·회복력 있는·지속 가능한 도시와 거주지 조성
12	지속 가능한 소비 및 생산 패턴 확립
13	기후 변화와 그 영향에 대처하는 긴급 조치 시행
14	지속 가능한 발전·환경을 위한 해양 자원 보존과 지속 가능한 이용
15	육지 생태계의 보호와 복구, 생물 다양성 보호, 지속 가능한 수준의 생태계 이용, 지속적인 삼림 관리, 사막화·토지 황폐화 중단 및 회복
16	지속 가능한 발전을 위한 사회 증진, 모든 수준에서 효과적이고 책무성 있고 포용적인 제도 구축, 모두가 접근 가능한 사법 제도 확립
17	이행 수단 강화 및 지속 가능 발전을 위한 글로벌 파트너십 재활성화

3 우리나라의 국가 간 갈등 문제

1. 우리나라가 직면한 국가 간 갈등 2. 국가 간 갈등 해결을 위한 우리의 노력

커져라~! 생각 풍선 **주변 나라들과 역사 · 군사 · 영토 갈등을 겪다**

우리나라는 주변 국가와 어떤 갈등을 겪고 있을까요? 지리적 문제뿐 아니라 과거 역사 속에서의 갈등이 현재까지 이어진 경우도 있어요. 갈등 내용을 함께 살펴봐요.

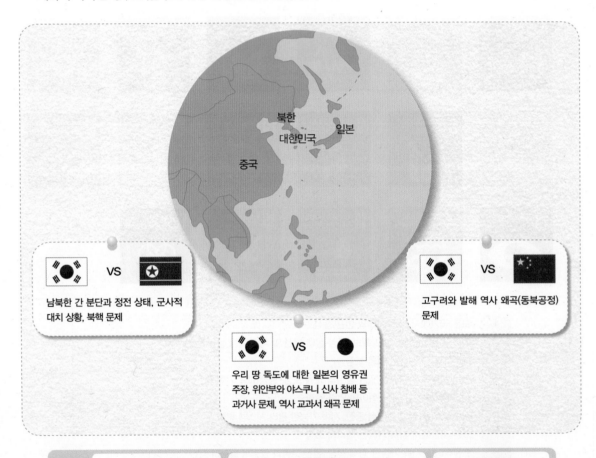

남북한 간 분단과 정전 상태, 군사적 대치 상황, 북핵 문제

우리 땅 독도에 대한 일본의 영유권 주장, 위안부와 야스쿠니 신사 참배 등 과거사 문제, 역사 교과서 왜곡 문제

고구려와 발해 역사 왜곡(동북공정) 문제

	남북한 갈등	한일 갈등	한중 갈등
해결 방안	6 · 25 전쟁(1950~1953년)으로 남한과 북한이 분단된 이후 정전 상태가 계속됐어요. 북한의 핵 실험과 미사일 발사 등으로 남북한 간 갈등이 고조되고 있어요.	우리나라가 실효적으로 지배하고 있는 독도를 일본이 자신의 영토라고 주장해요. 일제 강점기에 강제 동원한 일본군 위안부 문제도 제대로 인정하지 않아요. 또한 일본의 역사 교과서에 이 문제를 왜곡해 기술하고 야스쿠니 신사에 정치인들이 정기적으로 참배해 우리나라, 중국과 갈등을 일으켜요.	중국은 동북공정이라는 프로젝트로 우리나라 역사인 고구려사와 발해사를 왜곡해 중국 지방 정부의 역사로 만들려고 해요.

1 우리나라가 직면한 국가 간 갈등

호기심 톡톡 우리나라는 북한과 군사적으로 대치 중이며, 일본이나 중국과는 영토와 역사 문제로 갈등을 빚고 있어요. 무엇 때문에 갈등하는지 자세히 알아볼까요?

통일이 되면 이 철조망도 필요 없겠지?

● 우리나라는 북한, 일본, 중국과 갈등을 겪고 있어요

우리나라는 주변 국가와 여러 가지 문제로 갈등을 겪고 있어요. 먼저, 같은 민족이지만 분단된 남북은 평화 상태가 아닌 휴전 상태이며 군사적으로 대치를 계속하고 있어요. 이런 상황에서 북한의 핵무기 개발과 무력 도발은 남북 갈등을 더욱 고조시켜요.

다음으로, 우리나라와 일본은 여러 부분에서 갈등을 빚고 있어요. 우리 영토인 독도에 대한 일본의 영유권 주장, 일본군 위안부를 강제로 동원하지 않았다는 일본 정부의 주장, 일본 정치인의 야스쿠니 신사 참배, 독도와 위안부 문제에 대한 일본 역사 교과서 왜곡 등의 문제가 있죠.

우리나라는 중국과도 역사 문제로 갈등을 겪고 있어요. 중국은 동북공정으로 우리나라의 역사인 고구려와 발해사를 중국 지방 정부의 역사로 편입하려 해요.

○ 남북 군사 분계선에 있는 판문점

○ 전쟁에 참여한 사람들의 위패가 있는 일본 야스쿠니 신사

이미지로 이해해요 | 전 세계에서 지정학적으로 가장 민감한 곳

우리나라는 주변 나라와의 갈등 때문에 지정학적으로 민감한 곳으로 불려요. 영국 국제 전략 연구소에 따르면 2015년 조사 결과 전 세계 총 군사 비용은 줄었지만 아시아는 군사 비용이 증가했대요. 북한의 핵과 미사일 개발, 중국의 경제·군사적인 급성장에 대한 미국의 견제, 일본의 군사 재무장 등을 원인으로 동북아시아의 긴장이 고조됐으며 이는 군사 비용의 증가로 이어진 거예요.

최근 북한은 장거리 미사일을 개발하고 시험 발사를 시행해 이에 맞서는 국가들의 가상 군사 훈련이 이어져 전 세계를 긴장하게 하기도 했어요.

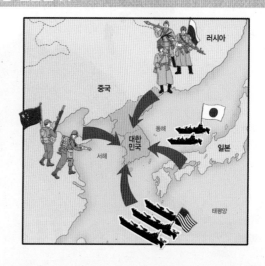

② 국가 간 갈등 해결을 위한 우리의 노력

호기심 톡톡 친구와 겪고 있는 갈등을 해결하지 않으면 마음이 편치 않고 학교생활에도 지장을 줘요. 국가도 마찬가지예요. 우리나라가 직면한 갈등을 어떻게 해결할 수 있는 지 알아볼까요?

언제 화해하지?
풀긴 풀어야 할 텐데······

● 우리나라가 직면한 국가 간 갈등을 어떻게 해결해야 할까요?

우리나라가 직면한 국가 간 갈등을 해결하려면 우리나라와 관련 국가들 간의 노력뿐 아니라 각국 시민 사회의 활동도 중요해요.

우리나라가 안고 있는 국가 간 갈등을 해결하기 위해서는 우선 국가 간 갈등은 서로에게 득이 되지 않는다는 인식이 필요해요. 우리나라가 위치한 동북아시아 지역의 나라들은 경제적 상호 의존 관계를 맺고 있어요. 국가 간 갈등이 일어나 한 나라에 경제적 문제가 생기면 상호 의존 관계에 있는 나라들 모두가 피해를 입죠. 따라서 서로 불신하고 갈등하는 것보다 서로를 이해하고 신뢰를 쌓는 것이 바람직해요.

◎ 해군 독도 방어 전술 기동 훈련

둘째, 국가 간 갈등을 평화적으로 해결하도록 하는 제도가 필요해요. 북핵 문제를 해결하기 위해 *6자 회담을 개최하는 것처럼 갈등 상황에서는 대화와 설득이 필요해요.

셋째, 관련 국가와 *시민 사회 구성원들 사이에 평화, 인권, 민주주의 같은 인류 보편 가치를 공유해야 해요. 보편 가치를 공유하는 국가와 시민 사회는 국가 간 갈등이나 전쟁에 적극적으로 개입하기 어려워요.

넷째, 북한과의 갈등을 해결하고 평화를 구축하기 위해 노력해야 해요. 남북 사이에서 평화가 구축되지 않는다면 우리나라뿐 아니라 동북아시아 지역 전체도 평화로울 수 없어요.

다섯째, 왜곡된 사실에 대해 정부 차원에서 지속적으로 항의하고 시정을 요구해야 해요. 우리 고유의 영토인 독도에 대한 일본의 부당한 영유권 주장이나 일본의 과거사와 교과서 왜곡, 중국의 역사 왜곡 문제 등을 국제 사회에 알리고 시정하라고 요구하는 자세가 필요해요.

여섯째, 각국의 시민 사회 단체들이 서로 교류하고 힘을 합쳐야 해요. 국가 간 협력뿐 아니라 시민 사회의 협력도 동북아시아 평화 건설에 영향을 주기 때문이에요.

*6자 회담 북핵 문제를 해결하기 위해 남한과 북한, 미국, 중국, 일본, 러시아가 참여한 회담이다.

*시민 사회 신분적 구속에 지배되지 않으며, 자유롭고 평등한 개인의 이성적 결합으로 만들어진 사회. 시민 혁명을 계기로 이뤄진다.

◎ 위안부 피해자들을 기리며 올바른 역사 인식을 위해 세워진 평화의 소녀상(서울 일본 대사관 앞)

◎ 세계 평화를 위해 국제적으로 협력하며 활동하는 시민 단체 로터리 클럽

마무리해 볼까요

● 이 장에서 다룬 이야기들을 떠올리며 보기에서 알맞은 단어를 골라 빈칸에 써 넣어 볼까요?

> **보기** 상호 의존, 인도주의적, 국제 사회, 신뢰, 보편, 행위 주체, 희소성, 동북공정

중단원	소단원	개념 정리
1. 국제 사회의 특성과 행위 주체	세계 여러 나라가 함께 어울려 살아요	• (㉠　　　)의 특성: 주권 국가를 기본 단위로 구성, 자국의 이익 우선 추구, 무정부성, 힘의 원리에 의한 문제 해결 성향, 합리성을 바탕으로 협력과 평화 추구.
	국제 사회를 움직이는 행위 주체들	• 국제 사회의 (㉡　　　): 국가, 국제기구, 다국적 기업, 비정부 기구, 국제 언론사, 국제 금융 집단, 테러 집단, 종교 집단, 개인 등이 존재. • 국가는 영토, 주권, 국민으로 구성되며 주권 국가 또는 국민 국가로 불림.
2. 국제 사회의 경쟁과 협력	국제 사회에서 경쟁과 갈등이 일어나는 이유	• 국제 사회의 경쟁과 갈등 발생 원인: 국제 사회의 무정부성, 자국의 이익을 우선적으로 추구하는 국가들의 이기심, 정체성의 차이, 권력이나 자본, 영토, 자원 등의 (㉢　　　).
	국제 사회의 공존을 위해 노력해요	• 국제 사회의 협력과 공존: (㉣　　　) 관계의 심화, 환경 보호 노력, 인권 보호 노력, 반전과 반핵 노력. • 국제 사회의 협력과 공존을 위한 외교적 노력: 환경 보호를 위한 교토 의정서와 파리 기후 협약, 인권 보호를 위한 (㉤　　　) 개입, 개발 도상국 지원을 위한 원조 확대, 전쟁 방지를 위한 군비 축소.
3. 우리나라의 국가 간 갈등 문제	우리나라가 직면한 국가 간 갈등	• 남북 간 갈등: 남북 간 정전 상태와 무력 대치 상황, 북핵 개발 • 한일 간 갈등: 독도, 일본군 위안부 문제, 일본 역사 교과서 왜곡, 일본 정치인 야스쿠니 신사 참배 • 한중 간 갈등: (㉥　　　) 문제.
	국가 간 갈등 해결을 위한 우리의 노력	• 국가 간 갈등의 해결 방안: 국가 간 갈등은 서로에게 피해라는 인식 공유, 국가 간의 이해 증진과 (Ⓐ　　　) 구축, 평화적 해결을 위한 제도 구축, 평화와 인권과 민주주의 등 인류 (◎　　　) 가치 공유, 사실 왜곡에 대한 정부 차원의 항의와 시정 요구.

정답 ㉠ 국제 사회 ㉡ 행위 주체 ㉢ 희소성 ㉣ 상호 의존 ㉤ 인도주의적 ㉥ 동북공정 Ⓐ 신뢰 ◎ 보편

동북아시아가 강경한 *민족주의의 대결장이 되고 있어요. 민족주의는 국가가 국제 정치적 원칙이나 개인의 이해관계보다 더 중요하다고 여기는 방식이에요. 자기 민족과 국가의 위대함과 통일성을 강하게 믿는 이념이기도 하죠.

최근의 한중일 간 갈등은 각국에서 민족주의가 득세한 결과물이에요. 각국의 정치인들은 민족주의의 빗장을 풀어 자국의 국민들을 부추겨 그간 동북아시아에서 서서히 축적돼 온 협력과 상생, 연대의 가치를 무너뜨렸어요. 동북아시아에 번지는 민족주의를 진화하기 위해서는 무엇보다 각국 정치인들이 자국민을 상대로 공격적인 민족주의를 조장하지 않아야 해요. 공격적인 민족주의를 무기로 삼아 서로 갈등하고 충돌하는 것은 어느 누구에게도 도움이 되지 않는다는 공동의 인식과 합의가 필요하답니다.

히틀러가 정권을 잡았던 독일에서는 개인의 자유, 평등, 인간성의 가치는 인정받지 못했고, 국가와 민족을 절대적으로 여겼어요. 유대인을 학살하고 다른 국가에 대한 침략 전쟁을 합리화하는 데 사용됐죠. 일본 역시 텐노제라는 절대주의 체제를 세우고 왕, 귀족, 지주 중심의 민족주의를 전개했어요. 일본은 청일 전쟁, 러일 전쟁, 제1차 세계 대전에서 승리를 거둔 후 대규모 침략 전쟁에 나섰어요.

❍ 독일 나치 정권이 수많은 유대인을 학살한 아우슈비츠 강제 수용소

❍ 태평양 전쟁의 도화선이 된 일본의 미국 하와이 진주만 공습

유대인인 아인슈타인은 독일에서 태어나 어린 시절을 그곳에서 보냈어요. 그는 어릴 때 유대인이라는 이유로 차별받았어요. 히틀러가 정권을 잡았을 때는 미국으로 망명을 떠났죠. 아인슈타인은 민족주의를 '소아병', '인류의 홍역'이라고 표현했어요. 시민 의식이 더 성숙하고 발전하기 위해서는 민족주의를 이겨내고 극복해야 한다는 의미예요.

민족주의는 정치적 견해이므로 사람마다 민족주의를 대하는 태도가 다를 수 있어요. 여러분은 민족주의에 대해 어떻게 생각하나요?

12쪽 등교하는 모습 ⓒ 창공

22쪽 상 지하철역 사람들 ⓒ Ian Muttoo

27쪽 상좌 장애인 차별 금지법 시행 포스터 ⓒ 국가인권위원회

27쪽 상우 다문화 사회 여성 가족부 포스터 ⓒ 여성 가족부

28쪽 하 한국양성평등교육진흥원 포스터 ⓒ 한국양성평등교육진
    흥원

29쪽 상 영화 '미라클 벨리에' 포스터 ⓒ 미라클 벨리에

29쪽 하 영화 '미라클 벨리에' 장면 ⓒ 미라클 벨리에

34쪽 상 할랄 인증 ⓒ Mu

37쪽 하좌 2010년 시리아의 팔미라 유적 ⓒ Bernard Gagnon

37쪽 하우 2015년 파괴된 팔미라 유적 ⓒ Jawad Shaar

38쪽 하 한글 공익 광고 ⓒ 한국방송광고진흥공사

39쪽 좌 영화 '강가의 소녀' 장면 ⓒ 강가의 소녀

39쪽 우 영화 '강가의 소녀' 포스터 ⓒ 강가의 소녀

48쪽 하 국회 의사당 ⓒ Alain Seguin

62쪽 좌 영국 왕가의 모습 ⓒ Carfax2

67쪽 상 클레이스테네스 ⓒ www.ohiochannel.org

67쪽 하좌 아테네 아고라 유적 ⓒ psyberartist

73쪽 상 국회 의사당 ⓒ frakorea

73쪽 중1 입법부(국회 의사당 내부) ⓒ 서울특별시 소방재난본부

73쪽 중2 행정부(정부 서울 청사) ⓒ Hnc197

73쪽 하 사법부(대법원) ⓒ Person50

78쪽 상 투표 함 ⓒ Revi

79쪽 상 중앙 선거 관리 위원회 누리집 ⓒ 중앙선거관리위원회
    (www.nec.go.kr)

81쪽 상 지방 선거 투표용지 ⓒ Ha98574

82쪽 하 울산광역시 태화강 ⓒ Rhythm

85쪽 상 그리스의 국민 투표 ⓒ Ggia

85쪽 중 브라질의 전자 투표 기기 ⓒ José Cruz

86쪽 서울 중앙 지방 법원 ⓒ 2016 참여연대

89쪽 하 정의의 여신 유스티티아 ⓒ dierk schaefer

94쪽 하1 증기 기관 ⓒ Petar Milošević

103쪽 상 함무라비 법전 뒷면 ⓒ Gabriele Barni

103쪽 하중 함무라비 법전 부조 ⓒ Mary Harrsch

103쪽 하우 함무라비왕 ⓒ Leon Reed

104쪽 좌 1970년대 청계천 풍경 ⓒ 서울특별시, 서울 사진 아카이
    브(http://photoarchives.seoul.go.kr), 2016

110쪽 좌 국경 없는 의사회 ⓒ UK DFID

110쪽 우 라스베이거스 소비자 가전 전시회에 참여한 다국적 기업
    ⓒ LGEPR

111쪽 중1 1970년대 가족계획 포스터 ⓒ 인구보건복지협회

111쪽 중2 1980년대 가족계획 포스터 ⓒ 인구보건복지협회

111쪽 중3 1990년대 가족계획 포스터 ⓒ 인구보건복지협회

111쪽 중4 2000년대 가족계획 포스터 ⓒ 인구보건복지협회

112쪽 상 광화문 보도 건설 ⓒ 서울특별시

113쪽 상 가족계획 사업 차량 ⓒ 서울특별시

115쪽 좌 다문화 가족 전통 음식 만들기 행사 ⓒ LG전자

115쪽 우 서울 이태원 문화 축제 ⓒ LG전자

121쪽 상 파리 유엔 기후 변화 협약 ⓒ UNclimatechange

121쪽 중좌 입국을 기다리는 이주 난민들 ⓒ istian Michelides

121쪽 하 에스파냐 마드리드에서 열린 그린피스 캠페인 ⓒ
    OsvaldoGago

122쪽 풍선 ⓒ hdwallpaperfun

124쪽 상중 미국 장애인 화장실 안내판 ⓒ Nickcider13

124쪽 상우 미국 성 중립 화장실 안내판 ⓒ The Crow's Nest

128쪽 상 CCTV ⓒ Hustvedt

128쪽 하 돔형 CCTV ⓒ Sanderflight

129쪽 상 아일란 쿠르디 추모 벽화 ⓒ Frank C. Müller

129쪽 하 독일로 향하는 난민들 ⓒ Bwag

131쪽 상 대법원 ⓒ Person50

131쪽 하 헌법 재판소 ⓒ Wndeowjdqh

133쪽 상 PC방 ⓒ by Hachimaki

134쪽 하 마트 보이콧 ⓒ Vidsich

137쪽 상 마르틴 니묄러 목사 ⓒ J.D. Noske

138쪽 상좌 대법원 정면 ⓒ Person50

138쪽 상우 대전 정부 청사 ⓒ Yoo Chung

138쪽 하 국회 의사당 ⓒ clumsyforeigner

141쪽 상 대한민국 국회 누리집 ⓒ 대한민국 국회(www.assembly.
    go.kr)

143쪽 좌 대한민국 국회 본회의장 ⓒ Dmthoth

143쪽 우 기획 재정 위원회 업무 보고 ⓒ 한국은행

145쪽 상 대통령 ⓒ Korea.net

147쪽 상 대전 정부 청사 ⓒ Yoo Chung

150쪽 상 법원 ⓒ YunHo LEE

151쪽 상 헌법 재판소 ⓒ Wndeowjdqh

155쪽 상좌 인공 지능 로봇 '토피오' ⓒ Global Panorama

155쪽 하 데미스 하사비스 ⓒ PhOtOnQuAnTiQuE

163쪽 상 아파트 분양 ⓒ 황금나침반

165쪽 좌 의류 공장 ⓒ Fahad Faisal

166쪽 상 방수 기능이 있는 휴대 전화 ⓒ Andri Koolme

166쪽 하좌 자동차 공장 ⓒ Siyuwj

167쪽 하 기획 재정부 ⓒ Minseong Kim

168쪽 하 기업의 벽화 그리기 봉사 ⓒ LG전자

169쪽 하 시애틀에 있는 스타벅스 1호점 ⓒ postdlf

175쪽 상 김만덕 초상 ⓒ 김만덕 기념관

175쪽 하좌 물상객주를 운영하던 김만덕 ⓒ 김만덕 기념관

175쪽 하우 김만덕의 집 앞에 모인 사람들 ⓒ 김만덕 기념관

176쪽 상좌 재래 시장 ⓒ Laurie Nevay

176쪽 상우 증권 시장 ⓒ Rafael Matsunaga

176쪽 하 슈퍼마켓 ⓒ Open Grid Scheduler / Grid Engine

179쪽 상 서울 남대문 시장 ⓒ IGEL

179쪽 하 시장 풍경 ⓒ Gaël Chardon

197쪽 상 서울 전경 ⓒ Larry Koester

199쪽 하 서울의 교통 체증 ⓒ Doo Ho Kim

204쪽 좌 안산 종합 고용 지원 센터 ⓒ 한국학중앙연구원

204쪽 우 노동자 파업 ⓒ Nick Efford

207쪽 상 부산항 ⓒ Laurie Nevay

208쪽 상 우리나라 반도체 기술로 만든 컴퓨터 메모리 칩 ⓒ
CrazyD

209쪽 하좌 세계 무역 기구의 각료 회의 ⓒ World Trade
Organization

209쪽 하우 아시아 태평양 경제 협력체 정상 회의에 참석한 각국
대표 ⓒ Galería de la Cancillería del Perú

212쪽 상 세계의 다양한 화폐 ⓒ Japanexperterna.se

216쪽 상좌 국경 없는 의사회 ⓒ lakareutangranser

216쪽 중좌 기업 ⓒ Ziggymaster

216쪽 중우 시리아 내전 ⓒ Christiaan Triebert

216쪽 하좌 난민 ⓒ Irish Defence Forces

216쪽 하우 국제 연합 깃발 ⓒ sanjitbakshi

218쪽 우 알제리 내전 ⓒ Western Sahara

220쪽 상 여러 나라의 국기 ⓒ Wilson Dias/Abr

220쪽 하좌 파리 테러 희생자 추모 ⓒ Sefer azeri

220쪽 하우 비정부 기구의 지원을 받은 콩고 어린이들 ⓒ Julien
Harneis

221쪽 상좌 비정부 기구의 캠페인 ⓒ Oxfam International

221쪽 상우 에스파냐 바르셀로나 애플 매장 ⓒ Jordiferrer

221쪽 하좌 빌 게이츠 ⓒ World Economic Forum

221쪽 하우 핵 안보 정상 회의 ⓒ Narendra Modi

222쪽 하 2015년 국제 연합 기후 변화 협약 총회에 모인 각국 대표
들 ⓒ Presidencia de la República Mexicana

223쪽 상 카슈미르 분쟁 ⓒ Farooq Khan/epa/Corbis

224쪽 상 119 국제 구조대 ⓒ 소방방재청

224쪽 하 지구 종말 시계 ⓒ Jim Lo Scalzo / EPA

225쪽 상좌 국제 난민 문제 ⓒ Dragan Tatic / Bundesministerium
für Europa, Integration und Äusseres

225쪽 상우 미세 먼지 ⓒ taylorandayumi

225쪽 중좌 핵무기 보유 ⓒ Antônio Milena

225쪽 중우 기아 문제 ⓒ khym54

225쪽 하좌 보건 문제 ⓒ Army Medicine

225쪽 하우 인종 차별 문제 ⓒ The All-Nite Images

226쪽 상 경제 협력 개발 기구의 개발 원조 위원회 위원국 지도 ⓒ
CLWKevin

226쪽 하우 유엔 평화 유지군 ⓒ Global Panorama

229쪽 상 군인 ⓒ 대한민국 국군 Republic of Korea Armed Forces

229쪽 중 판문점 ⓒ Henrik Ishihara Globaljuggler

229쪽 하 일본 야스쿠니 신사 ⓒ Wiiii

230쪽 하 해군의 독도 방어 전술 기동 훈련 ⓒ 대한민국 국군

231쪽 좌 위안부 피해자들을 기리는 평화의 소녀상 ⓒ YunHo
LEE

233쪽 좌 아우슈비츠 수용소 입구 ⓒ Tulio Bertorini